MÉMOIRES

DE LA SOCIÉTÉ

D'HISTOIRE ET D'ARCHÉOLOGIE

DE

CHALON-SUR-SAONE

MONTBÉLIARD

IMPRIMERIE P. HOFFMANN

1891

MÉMOIRES
DE LA
SOCIÉTÉ D'HISTOIRE & D'ARCHÉOLOGIE

MÉMOIRES

DE LA SOCIÉTÉ

D'HISTOIRE ET D'ARCHÉOLOGIE

DE

CHALON-SUR-SAONE

MONTBÉLIARD
IMPRIMERIE P. HOFFMANN
1891

INTRODUCTION

O N ne compte plus les Cartulaires originaux qui ont disparu en France, par des causes diverses, depuis le XVIIIe siècle : celui de Paray-le-Monial est du nombre. Il en est peu dont la reconstitution matérielle ait présenté moins de difficultés et offre plus de chances d'exactitude : la plupart des érudits qui en prirent des extraits eurent le soin de noter le feuillet de chaque pièce.

Les sources mises à contribution pour la présente édition sont au nombre de six. Les voici, rangées d'après leur rang d'ancienneté et précédées de la lettre qui les désigne dans les notes, C réservé pour le Cartulaire primitif.

S. Copie partielle, de la main du généalogiste DU BOUCHET; j'ai décrit ailleurs[1] ce manuscrit de la bibliothèque de M. Giraud, qui a fait partie successivement des cabinets de Le Febvre de Caumartin, de Secousse et de Valbonnais. F° 41ª : Extraict d'vn ancien Cartulaire du Prieuré de Pared, dont le commencement est presque consumé par le temps et par

---

1. Cartulaire de St-André-le Bas, p. xij-iij.

lambeaux. *Renferme la transcription de 36 chartes, terminée au f° 45ᵇ.*

B. *Le tome LXXV des copies de* Baluze *à la Bibliothèque Nationale* (Arm. III, pag. 2, n° 1), *auquel j'ai fait déjà maints emprunts, contient (du f° 1 au folio 15) le texte ou l'analyse de soixante pièces du* Cartulaire de Paray.

MB. *Le recueil de pièces sur l'histoire des divers monastères de l'ordre de Saint-Benoît, formé aux XVIIe et XVIIIe siècles et intitulé* Monasticon Benedictinum, *offre dans son 32e vol. (auj. ms. lat. 12689 de la Bibl. Nat.) une série d'extraits du* Cartulaire de Paray *(f^us 15-31ter).*

R. *Aux archives de la préfecture du Rhône, à Lyon, se trouve la transcription en forme de 17 chartes tirées des* Cartulaires de Paray *et* de Marcigny. *En tête*: Ex veteri Cartulario manuscripto monasterii Paredi, sub initio sæculi duodecimi descripto, cui tamen posteriore quædam cartæ adjectæ sunt recentiore manu. *Les n°s 1, 2, 4, 6, 7, 8, 9, 10, 11, 14 et 17[1] sont dits extraits* ex Cartulario Paredi *et correspondent ici aux n°s 96, 97, 114, 86, 26, 138, 136, 20, 88, 28 et 203 ; les n°s 3, 5, 12, 13, 15 et 16 sont tirés* ex veteri Cartulario manu scripto monasterii Marciniaci, descripto circa annum 1140 : *ils ont été reproduits dans l'*Appendice *sous les n°s 215 à 220. A la fin cette attestation :*

Extrait pris, vidimé et collationné par moy, notaire royal soubsigné, sur deux cahiers en parchemin, dont l'un est intitulé : Cartularium monasterii Paredi, et l'autre : Cartularium monasterii Marciniaci, représentés et à l'instant retirés par le révérend père dom Henry Hugonnet, prêtre, religieux profès de l'abbaye de Cluny, qui avait entre les mains les deux

---

[1]. *La source de ce dernier est accompagnée de cette indication*: Carta precedens inscripta fuit recentiori manu.

susdits cahiers ou Cartulaires et s'est soubsigné avec moy dit notaire royal. Fait en ladite abbaye de Cluny, le dixneuvième jour du mois d'octobre mille sept cent vingt cinq. Lequel présent extrait est pour servir à M. le comte de Busseuil ou autres à qui il appartiendra ce que de raison.

(Signé) D. Henri Hugonet.

Contrôlé au bureau de Cluny, le   (Signé) Jandet,
19 octobre 1725. R. six sols.   not^e royal.
(Signé) Guillet [1].

M. *La collection de* Chartes et Diplômes *connue sous le nom de l'historiographe* Moreau *enfermait dans ses* 284 *volumes* [2] *beaucoup de copies (parfois à double) tirées du* Cartulaire de Paray. *On rencontre la première dans le t. XI (971-6, II), f*^o 99, *avec ce préambule* :

Du Cartulaire du prieuré des Bénédictins de Paray, ordre de Cluny, composé de 114 feuillets in-quarto, en parchemin, brochés et couverts de carton.

N^a. Quoique les premiers feuillets soient lacérés et emportés en grande partie, on a cru devoir donner ce qui en reste, à raison de ce qu'on y trouve des dates et des faits qui ont paru mériter d'être connus. Il ne paroit pas, par le Catalogue des chartes imprimées, que ce qui va suivre ait été donné.

La 1re page, dont il n'existe presque rien, contenoit un préambule où l'auteur rendoit compte des motifs de son entreprise ; on peut lire à la fin ce qui suit :...... Litterarum *etc.*

Pour ne pas répéter la chose indéfiniment, le copiste a noté au n° 8 *que tous les titres sont écrits en lettres rouges.*

Les volumes de la collection Moreau qui m'ont fourni des

---

1. Je suis redevable d'une copie de ce cahier à l'obligeance du regretté archiviste du Rhône, M.-C. Guigue.
2. Voir sur cette collection : Léop. Delisle, Cabinet des mss. de la biblioth. impér., t. II, p. 557-66 ; Xav. Charmes, Le comité des travaux historiques, t. I, p. iv et suiv.

chartes de Paray portent les n°s 11, 12, 13, 14, 16, 18, 19, 20, 21, 23, 26, 30, 31, 32, 36, 38, 40, 45, 50, 54, 63, 64, 65 *et* 276.

L. *C'est l'avocat* Lambert de Barive *qui avait été chargé, dans la vaste enquête historique dirigée par Moreau, d'explorer les archives de Cluny, où se trouvait, on l'a vu, dès* 1725 *le* Cartulaire de Paray-le-Monial. *Une partie de sa copie n'est entrée à la Biblioth. Nation. qu'en* 1855[1], *où elle prit le n° 215 des* Cartulaires : *c'est aujourd'hui le n° 9884 du fonds latin, comprenant 46 feuillets. Au* 1er :

Notes prises sur le Cartulaire des prieur et religieux du prieuré de Paray, ordre de Cluny, janv^r 1782.

Ce Cartulaire, grand in-4° en parchemin, couvert de même, contient cent quatorze feuillets cottés en chiffres romains, dont plusieurs, surtout au commencement et vers la fin, sont lacérés et morcelés. L'écriture est d'environ l'an 1200, époque aprochant des plus anciens cartulaires.

Ailleurs, (f°s 5, 32), *Lambert écrira :* Ce Cartulaire est du 12e siècle, sa fin est un peu postérieure.

Ses attestations sont conçues sous une forme qui subit quelques variantes ; je reproduis la plus ample :

Transcrite de mot à autre, suivant l'ortographe et la ponctuation dud. Cartulaire, par moi soussigné, commissaire du Roi pour la recherche des anciennes chartes et des monumens concernant l'histoire, le droit public, etc. sous les ordres de monseigneur le garde des sceaux, la présente copie par duplicata pour la maison de Busseul, conforme à celle que j'ai cy devant envoyée à Paris au dépôt prescrit par Sa Majesté, aux archives du prieuré de Paray, au mois de novembre 1786.

LAMBERT DE BARIVE.

---

1. DELISLE, *ouv. cité, tome II, p. 584* ; CHARMES, *ouvr. cité, t. I. p. 143.*

A l'investigation de ces recueils mss. il aurait fallu joindre le dépouillement d'un dictionnaire imprimé, qui les devance par le temps et les égale en exactitude : je veux parler de l'immortel Glossarium mediæ latinitatis *de* Du Cange. *Dans la liste des* Tabularia seu Chartularia ecclesiarum, monasteriorum, etc., *au nombre de 328, qu'il a compulsés, figure :* Tabularium Prior. S. Petri de Paredo in Burgundia[1]. *Puisse le regret que j'éprouve de m'en être aperçu trop tard rendre plus avisés les érudits qui auraient à restituer un cartulaire dans des conditions analogues*[2] *!*

Dans sa préface (n° 1) *le compilateur anonyme du* Cartulaire de Paray *nous renseigne sur les motifs qui lui ont fait entreprendre ce travail; plus loin* (12) *il précisera l'époque. Comme ailleurs, celle-ci dut correspondre au point culminant de la prospérité matérielle de l'établissement : on sentit le besoin de tenir ses parchemins en règle, pour se défendre contre les revendications des uns et les convoitises des autres. Il faut savoir gré au rédacteur d'avoir soigneusement recueilli les souvenirs de son monastère ; ils fournissent pour l'histoire de la contrée aux* X^e, XIe *et* XIIe *siècles des éléments précieux : ils seraient plus complets si les premiers feuillets du Cartulaire n'avaient un peu souffert; c'étaient les plus intéressants.*

Le textus *qui suit la préface est coupé en chapitres : une première division va de* 1 (2) *à* cxvii (64), *avec des lacunes dans notre édition qui ne doivent porter que sur des chartes de médiocre intérêt, puisqu'elles ont été délaissées par tous ceux qui ont*

---

1. Ed. Didot, *t. VI*, p. 457 b.
2. *Ne serait il pas à désirer qu'on fît une table des passages tirés par* Du Cange *de ces divers* Cartulaires ? *Le travail (long et fastidieux, je l'avoue) d'un seul profiterait à tous : on pourrait d'ailleurs le restreindre aux documents irrémédiablement perdus.*

eu le Cartulaire *entre les mains. Une nouvelle division prend au chap.* LXXIX (67) *et se termine avec* CXV (87) : *on pourrait croire à une simple interversion des quaternions de l'original, si les mêmes numéros ne se retrouvaient dans les deux partitions. Du n° 88 (qui commence par ces mots significatifs :* In præcedenti narratione hujus operis) *au n° 95 on sent une addition postérieure. Avec le n° 96 commence une nouvelle division par chapitres : elle ne figure que d'une manière intermittente. On constate le commencement d'une quatrième partie au n° 165* (Incipiunt cartæ Baronenses).

Outre le Cartulaire, *cette édition comprend un* Appendice *de chartes relatives à Paray, au nombre de 18 : elles ont été puisées à des sources diverses, indiquées au bas de chacune d'elles.*

Plusieurs auteurs ont parlé, avec des mérites divers, de l'ancien prieuré de Paray[1]. *M.* Canat de Chizy *a profité des bonnes feuilles de la présente publication : il est juste de dire qu'il en avait, le premier, réuni les principaux éléments. On peut seulement regretter qu'il n'en ait pas eu la totalité sous les yeux, qu'il n'ait pas non plus donné assez d'ampleur à son cadre ; son travail aurait été définitif. Ce n'est pas le lieu de réaliser ici ce* desideratum. *Je vais seulement tracer les grandes lignes, fixer les*

---

1. MABILLON, Annales ordinis S. Benedicti, *lib.* XLVIII, n° 51 *édit. 1739, t. III, p. 597-8), lib.* L, *n° 101 (t. IV, p. 122-3)* ; Gallia Christiana *nova, 1728, t. IV, c. 444-5* ; Paray-le-Monial; le pèlerinage du Sacré-Cœur....., Moulins, 1873, gr. in-18, p. 22-9; CUCHERAT (F.), Histoire abrégée de Paray-le-Monial, *dans ses* Saints Pèlerinages de Paray-le-Monial et de Verosvres, 3° édit., Chalon-sur-Saône, *1874, in-12, p. 115-78* ; CANAT de Chizy (M¹), Origines du prieuré de Notre-Dame de Paray-le-Monial, Chalon-sur-Saône, août *1876, pet. in-8° de 2 f.-138 p.* ; CUCHERAT (F.), Premières origines de Paray-le-Monial, *dans* Le pèlerin de Paray-le-Monial: à part, Paray-le-Monial, *1877* ; LEFÈVRE-PONTALIS (Eug.), Étude historique et archéologique sur l'église de Paray-le-Monial, *dans les* Mémoires de la Société Eduenne, *1885, nouv. sér., t. XIV, p. 333-59* : à part, Autun, *1886, gr. in-8° de 31 p.*

points saillants de l'existence du monastère, de sa fondation au milieu du XIVe siècle ; ce sera le moyen de dater approximativement un bon nombre de chartes, les autres étant dépourvues de tout synchronisme autre que la présence de personnages secondaires. Chose étonnante : sur 212 *chartes, sept seulement sont pourvues de notes chronologiques* (2, 176, 187, 189, 192, 202, 206) ; *en réalité cinq au maximum peuvent être datées avec certitude.*

Fils de Robert, vicomte d'Autun (2), *et d'Ingeltrude* (2, 134, 195 ?), Lambert *devint premier comte héréditaire de Chalon-sur-Saône* (2) *par son alliance avec Adélaïde* (5, 165, 180, 193, 195-6, 213), *fille de Robert de Vermandois ; son frère Robert fut aussi vicomte de Chalon* (8, 165, 185, 213). *Reconnaissant des bienfaits de Dieu, il songea à perpétuer sa gratitude par une fondation pieuse : c'était vers* 971 [1]. *Il s'entendit avec l'abbé de Cluny, saint Maïeul* (2, 14, 213-4). *Celui-ci jeta les yeux, dans le diocèse d'Autun* (213-4), *sur une vallée couverte de broussailles* (dumosa), *à laquelle on donna le nom d'Orval* (Aurea Vallis). *Les travaux de construction commencèrent en* 973 (2). *L'église, bâtie sur la colline* (colliculum), *fut consacrée en grande pompe* (cum magna gloria), *sous le vocable du St-Sauveur, de la vierge Marie et de s^t Jean-Baptiste* (2, 187, 213-4)[2], *en présence du fondateur et de sa famille, de trois évêques*[3] *et d'une multitude de clercs, moines et laïques* (2). Lam*bert dota princièrement le monastère* (3, 7, 165) ; *les seigneurs*

---

1. *D'après l'achèvement en* 977, septimo anno (2).
2. RADULPH. GLABER, Histor. lib. III, c. 2 (D. BOUQUET, t. X. p. 27), RAYNALDUS Sinemur., Vita s. Hugonis Cluniac., cap. 3, n. 21 :... vener. patrem, qui tunc forte in altera ecclesia, Dei scilicet Genitricis, divino operi insistebat (Acta ss. Bolland., april. t. III, p. 652, édit. Palmé, p. 660).
3. *Rodolphe de Chalon, Jean (de Mâcon) et Isard* (165).

des environs l'imitèrent plus tard à l'envi[1]. Le comte mourut, loin des siens, le 22 févr. 988/9, après avoir ordonné de rapporter ses restes à Orval (4), qui devint le tombeau de sa famille.

Son fils Hugues Ier, déjà chanoine d'Autun[2], lui succéda(5), au préjudice d'un autre, nommé Maurice (5, 180, 193), resté inconnu aux historiens[3]. Orval avait ressenti les bienfaits du nouveau comte avant son avènement (195); il les multiplia (6, 140, 180, 182-3-4-5-6, 193-4, 199), mais il n'est pas facile de préciser ceux qui sont antérieurs à son élévation sur le siège épiscopal d'Auxerre, où il fut sacré le 5 mars 999. Peu de jours après (mai), il unit le cœnobium de fondation encore récente à l'abbaye de Cluny, qui avait alors à sa tête s^t Odilon (213)[4]. On ne saurait hésiter sur le motif qui amena cette grave décision, confirmée par diplôme du roi de France, le pieux Robert (214)[5]; elle est indiquée en termes laconiques, mais formels : un certain relâchement s'était introduit dans la communauté (refrigescente caritate, supercrescens iniquitas).

1. Notons, entre autres, ceux d'Anglure (108, 157-8), de Bourbon-Lancy (107, 115-6-7, 130-1, 154, 157-8, 200-1, 211), Busseuil (20, 28, 49, 86, 88, 96-7, 203), Chassagnes (25), Chaumont (206), Chevenizet (22), Cypierre (59, 204), Digoin (52, 64, 66, 76-7, 152, 159, 167, 175-6, 179), Fautrières 169-70), la Guiche (17), Le Blanc (24, 79), Perrigny (38, 53, 119), Saligny (127, 153), Semur (69) et Varennes (55, 104-5-6, 112, 150, 161); on trouve encore deux vicomtes d'Auvergne (15, 148) et un seigneur du Forez (91).
2. Gallia Christiana nova, t. XII, c. 284.
3. RADULPH. GLABER, op. cit. : Præter eum pater non habuit sobolem sexus masculini (l. c.); Historia episcop. Autissiodor., c. 49 : Huic non par erat affinitate germanus frater, qui videlicet hæreditario jure res paternas regere potuisset (BOUQUET, t. X, p. 171). — Le n° 184 mentionne leur sœur Mathilde, mariée à Geoffroy de Semur, et leur neveu Otto ou Otte-Guillaume, qui devint comte de Nevers, puis de Bourgogne.
4. BERNARD et BRUEL, Recueil des chartes de Cluny, 1884, t. III, p. 562-6 (n° 2484).
5. Ibid., p. 566-8 (n° 2485).

Ce fut comme une nouvelle fondation. Quittant la colline, les moines s'établirent sur les bords de la Bourbince et construisirent une nouvelle église. Le comte-évêque l'enrichit des reliques de saint Grat, dont ses officiers dépouillèrent le prieuré de St-Laurent de Chalon. Un grand concours de populations éloignées participa à cette translation, le 13 mai[1]; *la consécration eut lieu le 9 décemb.* 1004[2], *en l'honneur de saint Gervais et de saint Grat* (1, 76, 86): *on estime que de cette église du XIe siècle il subsiste encore le narthex. Il faut rapporter à ce temps la multiplication du vin opérée à Orval par s^t Odilon, au témoignage de son biographe, s^t Pierre Damien*[3].

Hugues ne prit jamais le titre de supérieur de la communauté. On trouve de son vivant les prieurs Andrald (12, 96, 145), *qu'on pourrait, avec quelque hésitation, identifier avec le doyen Adrald* (82), *et* Gontier (12, 111, 142), *vers* 1036, *qui le devint de Cluny. Il eut pour successeur (en* 1039*) dans le comté de Chalon son neveu* Thibaud de Semur (7, 96, 101, 111, 140, 184, 194), *qui continua de favoriser l'établissement fondé par son aïeul* (9, 107). *Trois prieurs semblent correspondre à son époque:* Séguald (12), *le même peut-être qui succéda comme prieur de Cluny à s^t Hugues* (1049), Girbert (12, 43, 179) *et* Aymard (133, 135). *Vers* 1065, *Thibaud se rendit en Espagne, sans doute à Saint-Jacques en Galice: il tomba malade et mourut à Tolosa en Biscaye* (10). *Suivant ses dernières volontés, son corps fut rapporté, non sans peine* (cum multo labore), *à Paray*[4].

---

1. S. Grati episc. Cabilon. Vita, auct. anonymo, *dans* PERRY, Hist. de Châlon-sur-Saône, *1659, pr., p. 24*; Acta ss. Bolland., *octob. t. IV. p. 286-8.*
2. COURTÉPÉE, Description du duché de Bourgogne, *réimpr., t. III, p. 53.*
3. Acta ss. Bolland., *jan. t. I, p. 76.*
4. C'est la première fois que ce nom paraît dans le Cartulaire: *on trouve*

Il laissait pour héritier un jeune fils, Hugues II. *Devenu grand* (egressus metas infantiæ), *il voulut se rendre en pèlerinage au tombeau de saint Jacques, peut-être pour réaliser le pieux dessein de son père. Lui aussi décéda en chemin (vers 1078) et ses dispositions en faveur de Paray ne furent pas exécutées par ses successeurs* (11, 40, 45, 209). *Il avait marié sa sœur Ermengarde à Humbert de Bourbon*[1], præpotentem virum (107)[2]. *C'est de son temps que fut rédigée la partie primitive et principale du Cartulaire* (12), *qui devint nécessaire sous la longue et prospère administration du prieur Hugues*[3] (21, 24-5, 27, 34, 46, 48, 49, 53, 58, 60-1, 66, 76, 87-8, 91-2-3 4, 107-8, 115, 123, 130, 132, 154-5, 157-8-9, 160 1-2-3, 167-8, 170, 192, 208, 210, 216, 218 [4]), *contemporain de l'abbé de Cluny du même nom. On contracta avec l'évêque Aganon et le chapitre d'Autun une association spirituelle* (16).

Le comté de Chalon tombait en quenouille : les additions au Cartulaire *n'en poursuivent pas l'histoire. On y constate cependant que la sœur aînée de Hugues II*, Adélaïde, *le gouverna*

---

encore Orval *dans un accord, qui ne saurait être postérieur à* 1066, *avec l'évêque de Nevers Hugues* (145). *Dès* 877 (?) Paredus *est mentionné dans une charte de Charles-le-Chauve en faveur de St-Andoche*; *mais l'éditeur a justement hésité sur son authenticité* Biblioth. de l'école des chartes, *1839, t. I, p. 210*).

1. *Le* Cartulaire de Paray *a permis à M.* Canat *de Chizy de dresser pour la première fois la généalogie de cette illustre famille à partir d'Anceau* (Ansedeus), *de la fin du X*[e] *siècle au milieu du XII*[e].

2. *Une précieuse épave du chartrier de Cluny nous apprend que la jeune Ermengarde résidait à Busseuil quand Humbert de Bourbon la demanda en mariage ; elle confirma, en novemb.* 1083 (1084), *la donation de Digoin faite par son mari* (107) *à Paray* (Bernard et Bruel, Recueil des chartes de Cluny, *1888, t. IV, p. 760-2, n° 3602*).

3. *Le nom de sa mère,* Aya, *et les circonstances de son entrée en religion nous sont révélés par un extrait du Cartul. de Marcigny* (215).

4. *Hugues figure en outre dans les* n[os] *3067 et 3607 des* Chartes de Cluny (*t. IV, pp. 253 et 769*) : *la dernière pièce est de l'année 1085.*

(87, 152, 192) *pendant l'interrègne causé par les divisions de* Guy de Thiers (87, 152, 208) *et de* Geoffroy de Donzy (87); *tous deux partirent pour la croisade de* 1096. *On construisit à cette époque la tour de gauche du clocher; il se produisit un accident, qui donna l'occasion à saint Hugues de rendre à la vie un jeune novice, grièvement blessé par la chûte d'une pièce de bois*[1]. *A une fête de saint Jean-Baptiste, le même abbé de Cluny guérit miraculeusement une femme à Paray*[2]. Bernard *en était prieur sous l'abbé Ponce* (190), *soit après l'an* 1109[3]: *il le fut ensuite de Cluny* (207, 209). *Il eut pour successeur à Paray* Artaud[4], *qui participa, probablement à la fin de janv.* 1119, *à la levée de l'excommunication encourue par un certain* Charles *et ses complices* (207); *la disparition (peut-être volontaire) d'un feuillet nous prive des causes de cette mystérieuse affaire.* Guillaume Ier *était déjà comte de Chalon, mais on ne le rencontre* (201, 204, 209) *que sous les prieurs* Burchard (200-1) *et* Girard de Cypierre (95, 202, 204, 206, 210). *C'est sous ce dernier* (1147-51), *du temps de Pierre le Véné-*

---

1. Vita s. Hugonis Cluniac., auct. Raynaldo Vezeliac., *dans* Acta ss. Bolland., april. t. *III*, p. *652 (éd. Palmé, p. 660)* ; Alia, auct. Hildeberto Cenoman., *dans rec. cité, p. 641 (649)* = Lefèvre-Pontalis, *ouvr. cité, p. 335 (t. à p., 7)*.

2. Vita s. Hugonis Clun., auct. Hugone monacho, *dans rec. cit., p. 659 (667)*.

3. *Cette année ou la suivante (à cause du style de l'Incarnation), eut lieu à Nevers un accord entre l'évêque d'Autun et les moines de Cluny, sous la médiation du légat Richard, évêque d'Albano* (189). *Deux ans après, on retrouve ce cardinal apud Paredum, confirmant par sa présence une convention analogue entre les évêques de Mâcon et de Nevers, au sujet de l'église de Champvert (Nièvre) : l'éditeur du Cartul. de St-Vincent de Mâcon* (n° 559) *a hésité (p. 568) entre Paray-le-Monial et Paray-le-Frézy (Allier); ajoutons que dans cet acte figure le même évêque d'Autun.*

4. *Il est qualifié* prior Cluniacensis et Parede *dans une charte* (176) *expressément datée de* 1149, *sous l'abbé Hugues, laquelle doit être, d'après M.* Canat de Chizy, *de l'an* 1123 *(ouvr. cité, p. 126)*.

rable (et non au XIII⁰ siècle), que fut reconstruite l'église qui subsiste encore[1].

Au prieur Achard[2] *succéda (peut-être avec un intermédiaire)* Jean, *sous l'abbé Thibaud. Ceux-ci obtinrent à Lourdon, en* 1180, *du comte de Chalon,* Guillaume II, *qu'il renoncerait pour l'avenir à toute exaction : ce fut la charte de franchises de la commune de Paray* (221), *approuvée la même année par le roi Philippe-Auguste* (222). *La comtesse* Béatrix *la confirma en* 1205 (225-6) *et son fils* Jean *en* 1228[3]. *Le duc de Bourgogne* Hugues IV *en fit de même en* 1243 (227); *il acquit en outre de Perrin de Semur, en* 1271, *le tiers du péage de Paray-le-Monial,* Moinali (231). *Dans l'intervalle le prieuré, avec toutes ses dépendances, avait été uni à la mense abbatiale de Cluny, par le pape* Alexandre IV (228); *Clément VI se prononça dans le même sens* (245). *Mentionnons encore le doyen* Jean *en* 1296[4] *et le prieur* Henri *en* 1315 (242), *et finissons par quelques mots sur les* Visites Clunisiennes de la province de Lyon, *dont le texte termine le volume.*

Les originaux me furent confiés en 1876 *par M. le maire de Cluny; ils font aujourd'hui partie des collections de la Bibliothèque Nationale*[5] *et sont reliés dans les vol.* 2270-1 *du fonds latin des nouvelles acquisitions*[6]. *Les visites publiées sont au*

1. CANAT de Chizy, *p. 12* ; LEFÈVRE PONTALIS, *pp. 8 et 11.*
2. *Connu seulement par le* Cartul. du chap. de St-Vincent de Châlon-sur-Saône, *n° 152* (CANAT, *p. 128-9*).
3. COURTÉPÉE, Description du duché de Bourgogne, *t. III, p. 55.*
4. FAUCON et THOMAS, Registres de Boniface VIII, *1885, t. I, c. 322, n° 919.*
5. DELISLE (Léop.), Invent. des mss. de la Biblioth. Nation., fonds de Cluny, *1884, p. 325-8.*
6. *Sur ce sujet on a publié successivement :* Visite par les prieurs de Barbezieux et de Saint-Sauveur de Nevers des monastères de la congrégation de Cluny situés dans la province de Poitou *en* 1292, *fragment aux archives*

nombre de quinze (229-46), *échelonnées de* 1262 *(v. st.) à* 1342. *Dans toutes, à une exception près, il est question de Paray. Le nombre des moines formant la communauté était de* 20 *en* 1262 (229), *de* 31 *en* 1292 (236), *de* 25 *en* 1304 (241) ; *mais on fait remarquer en* 1294 (237) *que le chiffre traditionnel était* 25 (anticus numerus monachorum erat viginti quinque). *L'impression des visiteurs est généralement excellente, tant pour le spirituel que pour le temporel, sauf en* 1269 (230) *que l'aumônier se plaignait du prieur ; dans la dernière visite* (246), *l'ensemble n'était pas parfait : on se ressentait déjà de la guerre de Cent ans.*

Il n'appartient pas à l'éditeur d'insister sur l'importance de tous ces documents. Par les détails nouveaux et précis qu'ils ont fourni sur les comtes de Chalon-sur-Saône, on peut conjecturer tout ce qu'ils projetteront de lumière sur les petits faits qui constituent la vie de province, surtout en ce qui concerne l'état des personnes et des terres.

Ulysse CHEVALIER.

Romans, 9 avril 1890.

départem. des Deux-Sèvres publié par Sim. Luce, dans la Biblioth. de l'école des Chartes, *1859*, 4ᵉ sér., t. V, p. 237-46 ; Visites des monastères de l'ordre de Cluny situés dans la province de Poitou, 1330 et 1343, publiés par Rédet dans les Archives historiques du Poitou, *1875*, Mémoires t. IV, p. 407-24 ; Visites des monastères de l'ordre de Cluny de la province d'Auvergne en 1286 et 1310, publiés d'après les originaux des archives de Cluny par Alex. Bruel, dans la Biblioth. de l'école des Chartes, *1877*, t. XXXVIII, p. 114-27 : à part, Paris, *1877*, gr. in-8° de *16 p.* ; Etat des monastères Francs-Comtois de l'ordre de Cluny aux XIIIᵉ-XVᵉ siècles, par Ulysse Robert, dans Mémoires de la Société d'émulation du Jura, *1881/2*, 3ᵉ sér., t. II ; Visites faites dans les prieurés de l'ordre de Cluny du Dauphiné de 1280 à 1303, publiées d'après les mss. 2270-1 par Jos. Roman dans Bulletin d'histoire et d'archéologie du dioc. de Valence, *1883*, t. IV, pp. 45-54, 85-94 ; à part, Montbéliard, *1883*, gr. in-8° de *19 p.*

INDEX ONOMASTICUS

[*Les chiffres renvoient aux numéros; les mots et les formes en italique manquent au* Glossarium *de* Du Cange].

Absolutio, 56, 123; Accensare, 240.18, 243.10; Adventus. 239.9; Ædituus, 22; Alba, 235.1, 246.7; Aleccium, 230.31; *Alimaunia*, 48: Allecium, 243.5; *Amidala*, 243.5; Ammonire, 130; Anathematizare, 10; Aniversarium, 22; Annata, 238.24; Annualiter, 27; Annulus, 214; Appendere, 85; Arca, 161; Aria, 41; Ascensare, 241.10; Assalire, 130: Assignatio, 145; Auca, 41. — Bacco, 174; Baculus, 130; Baptismum, 111; Barahu, 25; Besenagium, 221-2; Bichetus, 230.2; Blialdus, 95; Blidalis, 137; Bonitas, 189; Boscus, 156, 161, 184; Botelarius, 207. — Caliga, 95, 201, 238.11; Calumnia, 7; C-are, 24, 32, 48, 211; C-ri, 95; Cambo, 74, 141; Camera, 229.5, 243.2 15; Camerula, 229. 28; Caminata, 229.6; Camium, 80; Campanile, 235.19; *Capitaliter*, 207; Captio, 207; Carrata, 108; Carredum, 221-2; Carrobium, 189; Carta, 143; *Cartelada*, 20; Cartha rasa, 51; Cartula, 1,167; Casamentum, 152; Castanea, C-tenea, 184; Casula, 235.1; Chaucia, 243.3; Cheminus, 193; *Cilicia*, 229. 17; Cingulum, 246.7; Cirografum, 226; Clausio, 45,99; Claustralis, 229.4; C-rum, 235.15; Clausura, 240.14, 246.14; Coclear, 221-2; Codicellus, 1; Communicari, 241.12; Conciliare, 107; Concisia, 148; Conquestare, 173; Consortes, 99; Conversus, 233.18; Coquina, 246.14; Corveia, 230.19; Coxa vaccæ, 35, 98; Crescentia, 115; Cultrum, 230.29; Cura animarum, 189; Curialiter, 238.22. — Deliberare, 187; Denarata, 124; Discalciare, 207; Dominatio, 204; Donjo, 246.14; Dotalitium, 2,165. — Ebdomada, 235.8; Edd-a, 238.22; Elevare, 209; Elemosinatim, 217; *Equitare*, 241. 12; Eukaristia, 246.7; Evectio, 123; Exarteria, 93. — Familiares, 229.6; Farinarium, 148, 213; Feodum, 237.6; Fidelitas, 27; *Finive*, 212; Forest, 59, 184; Francus, 134; Fraternitas, 56; Frocus, 238.7; Fustanea, 157; F-nium, 95. — *Gadimonium*, 188; Gageria, 239.29; Garcio, 230.13; Garderius, 240.21; Granetarius, 239.22; Gratanter, 111; Gratifice, 88; Gutta currens, 32. — *Hystria*, 161. — Illatio, 117; Illicenciatus, 241.22; Indulgentia, 232.20; Ingenius, 20; Investitura, 210. — Jocalia, 243.17; Jornalis, 50; Justitia, 204. — Laudamentum, 189; Laudatio, 16, 207-8: L-tor, 27, 44, 151; Lavatorium, 243.5; Liardus (equus), 157; Libertas, 208; Linteamen, 235. — Mandatum, 240.21; *Maneglarius*, 230.2; *Mantenere*, 239.1; Manut-e, 226, 238.1; Masnilus, 191; Masoerius, 98; Melioratio, 97; Mensa, 246.10;

Mesplea, 184; Ministerium, 148; Minutio, 240.9; *Monstrator*, 215; Mundialis lex, 213; Munifica, 107; Mutatio, 91. — *Oblatrare*, 243.11; Officialis, 9; Olchia, 81, 167; Ostagium, 226. — Pagare, 231; *Pagea*, 184; Parata, 189; Particula, 167; Pastorale, 29; Pedules, 238.11; Pastio, 99; P-onare, 184; Perpetualiter, 194; Petiola, 74; Pittacium, 1; *Planamentum*, 159; Pontonarius, 123; Porcellagium, 221-2; Portagium, 204; Potagium, 243.5; Pratellum, 141; Precaria, 145; Primitiæ, 128; Privilegium, 10,15; *Proventio*, 15; Pulsare, 238.6-21. — Quadrigata, 243.5; Quæsitum, 73; Quartallus, 229.3; *Querquea*, 184; Questus, 189; Quietus, 95; *Quoquina*, 243.5. — *Rammatio*, 184; *Reappetere*, 24; Recooperire, 229.1-5; Recuperatio, 190; Redditualis, 239.9; Redemptio, 179; Refectio, 127; Responsor, 204; Retentio, 210; Retinementum, 158; Rotulus, 239.7. — Sacramentum, 207; Saugmarius, 221; Seqestrare, 159; Serra, 32; Servicialis; Sexterada, 84; Sigilum, 108, 174; Solidata, 230.8; Somarius, 222; Spiritualitas, 246.12; *Spsalmus*, 192; Stangnum, 240.24; Summarius, 222; Suprapositum, 125. — Tapetum, 73; *Teclum* [tectum?], 285.2; Tencia, 184; Tercia, 35; Terminatio, 72; Thachia, 184; *Tintura*, 243.5; Tirocinium, 176; Tonsura, 230.27; Tortum, 91, 212; Transvadere, 123; Tricenarium, 243.5; Tumulatio, 4. — Uncia auri, 53. — Vana, 25. 70; Verpire, 150; Verreria, 230.13; Verseria, 24; Vesperæ. 239.12-17, 240.13; Vestitura, 112; Vicaria, 204; Victualia, 145; Viculus, 193; *Vilare*, 81; Vilarus, 134; Virgultum, 210. — Wadimonium, 46; Wadium, 158.

ADDITIONS ET CORRECTIONS

Page 1, *ligne 13* : . . . . Aurea]
P 5, *l*. 7 : Raculf[us dedit ei] et alterum....
P. 13, *l*. 22 : Est autem h[æc cart]a de hoc quod....
P 16, *l*. 9 : [monachus....... obtul]it Deo in hoc...
P 22. l. 24 : in villa de Priscey [4].
P. 23 : **33**. — 1. C'10,...
P. 217, c, *1*, *transporter les cinq premières lignes à la p.* 216, *c*. 2, *l*. 20.

CHARTVLARIVM

PRIORATVS
BEATAE MARIAE
DE
PAREDO MONACHORVM

1[1]

[INCIPIT PRÆFATIUNCULA].

ACTA pro [..]
temporibus præcedentibus avu[ls...................]
tam nobilibus quam pauperi[bus ....]
Domino Deo et beatæ Mariæ a[......................]
sanctisque Gervasio martyri et Grato p[ontifici, ...]
in quorum honore et nomine lo[cus ....]
Vallis est consecratus spe[cialiter................]
lata [..........] salute in [.......................]
ait : [« Facite vobis amicos] de mañ[mona iniquitatis, ut cum]
defece[ritis, reci]piant vos in [æterna tabernacula [2] »......,]
ea nempe scripta quæ a prioribus [........... reperire]
libuit in veteribus pittaciis ac membranis [.......... vera-]
cibusque cartulis, ad adnotationem seu [..................]
hominumque cupidorum sæpius emergentium [..........]
versutiam et calliditatem, litterarum noticiam [3] [..........]

---

1. *Texte dans Cart., f° 1, MB, f° '26, et MXI, f° 99* « litterarum — ». —
2. Luc. XVI, 9. — **3.** *MB* noti.....

quoquo modo traditum, in unius codicelli [4] tenorem [5] [....]
studiose colligere, prout nostra valuit parvitas; v [6] [........]
non, ut quidam vesani garrulo ore submurmurant, [........]
nos aliqua dempsisse vel augmentasse, sed ob hoc potius
ut lucidius veritas de cætero [7] pateat.

2[1]

Incipit textus. — Caput I'.

Igitur postquam per dispositionem Dei, ante sæcula præscientis omnia et qui « vocat ea quæ non sunt tanquam ea quæ sunt [2] », nobilissimus strenuissimusque Lambertus, filius Rotberti [3] vicecomitis, Ingeltrude matre ortus, obtinuit comitatum Cabilonensem primus, assentante [4] rege primoribusque Franciæ; cogitans erga se Dei cara beneficia, acto colloquio [5] cum fi-[6]
[delibus........ ....]riis[7] et quodam suo conse-
[ntaneo.............., communica]vit[7] eis votum sui cordis
[...........................]endi[7] effectum. Quod ipsi grati
[animi affectu audientes, accersi]vit[7] patrem laudatum Cluni-
[acensem abbatem nomine Mai]olum [8], eique declaravit suum
[propositum................, ut d]ie[7] certo ad se properaret
[............................] ejus audiens, libenter accepit
[........................a]tque[9] occurrerunt sibi et simul
[......................qui]a[7] non sedebat animis, qualitas
[.........................]tes vero supra colliculum, qui
[......................] orbes, providus pater huc illucque
[...........................]rius subjacentem vallem rubis
[.....................]sam, quæque Aurea Vallis hac ex oc-
[casione...................]nens, pater Maiolus videtur[10] in
[.........................]es, hic profecto locus adeo tibi[11]
[..........................]aratus: nempe ut tibi primam[12]
[..........................ec]ce aqua, ecce nemora empta[13]

4. *MB* c-illi. — 5. *MB.* om. — 6. *M* om. — 7. *MB* detectio.

2. — 1. *C 1-'2*, *MB 26 (a)* et *21 (b)*, *S 41*, *MXI 99*; cf. *L '1*. — 2. *Rom.* IV, 17. — 3. *MBb* Rob-i. — 4. *S corr.* a-tiente. — 5. *S* colo-o. — 6. *S* suis, *M* su... — 7. *M* om. — 8. *M* ...plum. — 9. *M add.* libenter. — 10. *MBa* ..detur. — 11. *M* atque ibi. — 12. *M* n. si quis calumpniam. — 13. *M* om. ce....ta.

[..........................] congrua; nec ultra, o[7] vir sapiens
[...........]ei[7] a Deo collatum in dies prorsus prolonges [7],
[................]nte[7] celerius ducat effectum. Assensit ergo
[...........]comes, et advocatis suis ministris[14], injunxit eis
[..........]omnia ut volebat; erogans[15] pecuniæ aliarumque
[..........] maximam quantitatem. Alacriter ergo incœpta est
[con]structio monasterii in valle illa dumosa[16], in nomine Domini, anno ab Incarnatione Domini nongentesimo[17] LXX[mo] III[tio18]; et ut certius[19] crederetur Deo esse placitum, magnum calcis lapidumque supplementum repertum est[20] ibi defossum[21], eatenus vicinis incognitum, quod plenius provexit opus ad cumulum. Ne ergo generent verba fastidium, pluriora sunt brevianda[22] et ad lucem deducenda. Deo volente, bonorum auctore, operis perfectio attollebatur, paulatimque die in diem augmentabatur, ita ut[23] in septimo anno tres invitati antistites, cum ingenti[24] clericorum, monachorum laicorumque sexus[25] utriusque numerosa plebe, ipso domno[26] comite magnifice[27] omnia providente[28] [..........................]
honestate, in sancti Salvatoris [................................]
ac sancti Johannis Babtistæ[29] omni jure[30] [..................]
comes ampla dona obtu[lit...................................,]
larga munera dedit, mag[.................................]
amplum contulit ex suis re[bus ?.......................]
dotalitium. Sed antequam ea ta[.....................vil-]
larum diversarum scripta quæ[31] ni[mis ?..................]
unus, adnotandæ sunt multiplic[es ?..........]un ?[.......]
lum ? minus utiles brevientur [................]a datores ?,
nomina eorum, terrarumque situs, test[es[32] vel]l[33] si qua sunt commoda describantur, cetera om[ittantur[34]]. Acta est hæc consecratio anno ab Incarnatione Domini D.CCCC[mo]LXX.VII[35] cum magna gloria.

14. *M* m-sque. — 15. *M* e-atis. — 16. *M* Duniosa. — 17. *M* nog-o. — 18. *MBb S* septuagesimo tertio. — 19. *S.* corr. opus. — 20. *M* esse. — 21. *M* d-se, *S* deff-sum. — 22. *M* b-ienda. — 23. *S* om. — 24. *S* viginti. — 25. *MB* vulgi, *M*...... — 26. *MBb* domino. — 27. *MBb* om. — 28. *MBa* p-ti, *MBb* prud-er. — 29. *MBa* Bapt-æ. — 30. *M* omnium. — 31. *MBa* qua. — 32. *M* testi. — 33. *MBa* ..t. — 34. *M* ocu....... — 35. *MBb* nongentesimo septuagesimo septimo.

3[1]

CAPUT II. — QUÆ[2] ET QUANTA CONTULIT[3] IN SACRATIONE[4] HUJUS ECCLESIÆ.

Ipsa vero die, ob[tulit][5] domnus Lambertus comes magnificus vel munificus xenia[6] multa, ornamentaque[7] quamplura in diversis speciebus; præter[8] hæc ampla terrarum spatia, multis in locis conjacentia : æcclesiam Sanctæ Mariæ dictam ad Capellam, omniaque ad se pertinentia, terris, utriusque sexus mancipiis, totum ad inquirendum; æcclesiam Sancti Martini in villa Tolon sitam, cum omni potestate [9], mancipiis, terris[10], servitiis cunctisque ad se pertinentiis; æcclesiam Sancti Simphoriani in Marliaco dictam[11], cum cunctis[12] ejus appenditiis, consuetudinibus, mancipiis et terris; castrum de Monte, non procul ab eadem æcclesia[13] situm, (cum) mancipiis, franchisiis, terris, consuetudinibus, debitis omnibusque[14] pertinentiis; æcclesiam Sancti Nicetii[15], sitam in villa Baronensi, cum omni potestate, terris, franchisiis, mancipiis, servitiis, omnibusque ad se pertinentiis; ex æcclesia Sanctæ Mariæ, quæ dicitur ad Boscum, totam medietatem, omniaque appenditia cunctaque pertinentia; mansum unum in Mota dictum, cum ejus franchisiis et omnibus pertinentiis; alium mansum in Baolio[17] situm, cum mancipiis et omnibus pertinentiis; item alium mansum in Fracto Puteo situm, cum servis[18] et omni[19] integritate; item, in eadem villa, franchisiam[20] de manso Bernardi, cum omni consuetudine; item mansum alterius[21] Bernardi, [cum.......................fran]chisia et consuetudinibus; [............................] in villa nuncupata Plumb' [............................] mansum in villa Frasnis, cum [............................clau]sum vineæ in villa Moncellis, [............................] mansum in villa Marnant,

3. — 1. C 2, MB 27 (a) et 21' (b), S 41, MXI 99'; cf. L '1. — 2. MBb QUID. — 3. MBb CONTULERIT. — 4. MBa CONSEC-E. — 5. S...., MBb obiit. — 6. S MBb ......, M quia. — 7. M om. que. — 8. M p-rea, S post. — 9. M pertinente. — 10. S om. — 11. M ed-m. — 12. S servitiis. — 13. S c-am. — 14. S MBb M om. que. — 15. MBb Me-i. — 16. S MBb Mom. — 17. M Baro-o. — 18. S s-itiis. — 19. MBb corum. — 20. S f-a. — 21. S MBb alius.

[..................] omnem terram Sancti Johannis, quæ sita
[est.........................] ut singulis annis persolvant
[..................] monasterii Sancti Johannis; item villam
[...................pertine]ntiis; omnem etiam terram quam
habere[22] vi[debatur[22]......]ca Cluniacensi, cum mancipiis,
vineis, consuetudinibus [........; i]te(m)[23] duos mansos in villa
Biciaco, unum quem Raculf[us excolit] et alterum qui adhæret
ecclæsiæ Sancti Martini superius præ[dictæ[22], cum] omnibus
illorum appenditiis; item largitus est vineas, non ej[usdem[24]]
quantitatis, in villa dicta Roserias, cum omni earum integritate, et mansum in quo residet cultor earum, cunctisque
pertinentiis. His aliisque multis a karissimo Lamberto, hujus
loci post Deum[25] fundatore, concessis, quia non queunt[26]
omnia fari[27], corde mœsto venimus ad finem, qua migravit a
sæculo.

4[1]

CAPUT III. — QUOD LONGIUS A PROPRIIS OBIIT SUUMQUE CORPUS HUC DEFERRI JUSSIT.

Anno ab Incarnatione Domini D CCCC. LXXXVIII, quia non est in hominis potestate ejus [2] vita [3], decessit e mundo isdem egregius comes, octavo kalendas martii; suisque ante suum obitum testificavit ut, quia longe discesserant [4] a propriis, tumulatio ejus corporis non[5] alibi, sed potius esset [6] in loco a se constructo. Nos ergo, his præmissis, ut ad cœpta redeamus, tam pro jam dictis quam etiam pro subsecuturis, ea quæ videntur innectamus [7]. Sit elemosinis [8] his assensum præbentibus gratia, pax et misericordia a Deo Patre et Domino Jesu Christo, Spiritu quoque Sancto, prosperitas, salubritas et vitæ utriusque fœlicitas; violatori vero et [9] desertori, raptori, pro-

22. *M* om. — 23. *M* et. — 24. *M* c... — 25. *S M* Dominum. — 26. *S MBa* neq-t. — 27. *S* factæ.

4. — 1. *C* 2'-'3, *MB* 27' (a) et 22 (b), *S* 41', *MXI* 100. — 2. *S* corr. LXXVII, in cujus p. h. — 3. *MB* via. — 4. *MBb* dic-rent. — 5. *S* ne. — 6. *S M* om. — 7. *M* inve-s, *S* vineæ ra-s. — 8. *MBa* eleę-s. — 9. *M* om.

fanatori[10] rerum Christi servorum hoc in loco commanentium anathema, maledictio, dampnatio[11], pars cum Dathan[12], Chore et Abiron[13], societas cum Pilato et Juda et Caipha, et cum Judeis qui dixerunt Domino Deo : « Recede a nobis[14] », nisi resipuerit et satisfecerit, denasque libras auri coactus exsolvat[15] judici. Amen.

5[1]

CAPUT IIII. — QUOD POST EJUS FINEM IN EJUS LOCO SURREXIT FILIUS EJUS HUGO.

[..]
[..]
[...Aureæ]
Vallis a patre suo const[................................]
tare et voluit crescere. I[..........................in]
suburbio Cabilonensi, ecc[lesiam..................in honore] sancti Johannis Baptistæ, cum omnibus [............ quæ] ibidem videbantur aspicere, id est [........................] bus, villis, viculis, mancipiis, [..................terris cultis] et incultis, vineis, pratis, pas[cuis, ...aquis aqua-]rumve decursibus, piscariis, [............................] gressibus, omnibus in locis quæsitum[2] [vel inquisitum, totum] ad integrum; dedit etiam curti [los ....] sitos, omnem etiam terram quæ ibi asp[icit, scilicet a via] qua itur in civitatem usque in locum qui dicitur [...........] S' Hugonis comitis et episcopi. S' Adelaidis com[itissæ]. S' Mauricii. S' Henrici ducis. S' multorum n ......

6[1]

CAPUT V. — QUAM LARGUS .... IN HUNC LOCUM....

Dedit etiam ex quadam piscaria, in fluvio Harari[2] posita et ad Ulmos dicta, omnem medietatem, cum ipsius pisca--

---

10. *MBb* propha-i. — 11. *MB* damn-o. — 12. *S* D-am. — 13. *S* A-om.— 14. JOB. XXI, 14. — 15. *MBb* pers-t.

5. — 1. *C* '3, *MB* 28', *MXI* 100'. — 2. *MB* quæ situm.

6. — 1. *C* 3, *MB* 22', *S* 41', *MXI* 100'. — 2. *S* A-i.

toribus ; cunctam etiam terram Willelmi [3] quondam Judæi, in villa Theconerias positam et in aliis [4] quam plurimis locis, cum domo ejus in civitate Cabilonis [5] posita; dedit etiam universam terram quam antiquitus tenuerunt Judæi in villa dicta Curte Judæa, cum vineis cunctisque pertinentiis ; mansum [6] quendam in Biciaco situm, cum vineis, terris cultis et incultis, et omnibus ubi ubi [7] appenditiis, campis, pratis, vineis, omnia usque ad inquirendum ; mansum alium ad [8] Avariaco dictum, et quidquid ad ipsum mansum aspicit omnibus in locis : hoc sunt vineis, pratis, silvis, terris aquarumve decursibus, quæsitum ad inquirendum, totum ad integrum, servis atque [9] ancillis ; item æcclesiam quandam, in Monte Sancti Vincentii sitam, cum omnibus appendiciis, simul et mercatum ipsius villæ et omnia quæ ad ipsum mercatum pertinere videntur, sicut tenuerat ipse ; dedit etiam in ipsa villa tertiam[.............]
[..]
[..]
[...]Ju
[.....................] omnibus appenditiis suis ;
[........................, aqu]is aquarumve decursibus
[...............totum ad] integrum, sicut Evraldus tenuit ;
[.................]gias dictum, cum mancipiis pluribus
[.......................] vineas quasdam, in villa Paion
[.............. quos] tenuerat a comite Lamberto in be-
[neficium............ u]num in Saviniaco dictum, alterum
[..................] mancipiis utriusque sexus, cunctisque
[..... unum] juxta æcclesiam Sancti Justi situm, aliumque
[....................] mancipiis utriusque sexus cunctisque
[.........] et quandam colonicam Sancti Pauli : post mortem
[......;] item dedit mansum unum a Laval dictum, cum villa
[....] dicta, mancipiisque et omnibus adjacentiis ; item alium
[....]um dictum, cum mancipiis utriusque sexus et omnibus sibi pertinentibus [...... ; it]em dedit quasdam franchisias de illis hominibus qui circa illum degunt ; item dedit aliam [10] capellam, in villa Digontio residentem, ad Sanctum Victorem dictam [11], cum manso Sancti Martini et omnibus ejus appendi-

3. *MB* Wile-i. — 4. *S corr.* et multa. — 5. *M* C-nensi. — 6. *M* alen-m. — 7. *S corr.* o. ibi. — 8. *S corr.* ab, *M* de. — 9. *S* et. — 10. *MB S* quandam. 11. *MB S* d-a.

tiis; et[11*]item quandam piscariam in fluvio Ligeris. Dedit etiam omnem terram Sancti Cirici, ultra eundem Ligeris fluvium sitam, cum villa quæ vulgo dicitur Vivent et cunctis franchisiis, mancipiis utriusque sexus seu et omnibus pertinentiis. Largitus est necne ex[12] silva Marciniacensi vel Baronensi omnem tertiam[13] partem, cum omni earum consuetudine et integritate; item dedit quandam æcclesiam in pago Cabilonensi, dictam Chassingiacum, cum omnibus suis appendiciis, id est villis, mansis, servis et ancillis, franchisiis, vineis, pratis, silvis, pascuis, molendinis, aquis aquarumque cursibus : totum ad integrum usque ad inquirendum.

7[1]

CAPITULUM VI'. — QUOD POST EJUS DECESSUM EXSURREXIT [2]
IN LOCO EJUS DONNUS THEOBALDUS, NEPOS EJUS,
COMES CABILONENSIS.

IGITUR quia omnes morimur et sicu[t ....]
nulla alia huic loco concessa [..................... comite]
et episcopo, elabente eo atque di[..........................]
domnus Tedbaldus, nepos ejus, vi[r .... se-]
cularibus valde obtimus. Qui quan[.....................]
ab antecessoribus suis fundatum [..........................]
multis ejus profectibus utilitatique consulunt [........ mul-]
ta terrarum [3] dona concessit, tam priu[............. ante-]
cessoribus agnoverat loco dedicata [......................]
te corroboravit et stabilivit. Unde [......................:]
ut, si quis ex illius fidelibus benefitium [..................]
pro anima sua voluerit dare, firmum [........et stabile ha-]
beatur; et item, si [4] quislibet [..........................]
rem sumpserit vel in terram Sancti [......................]
rit, inmunis et liber ab omni ca[lumpnia ....]
tis perpetuo maneat. Inter misera[................... quæ]
Lambertus comes huic loco contulit [......................]
qui est situs in pago Cabilonensi, in s[....................]

11*. *M B* om. — 12. *S M* et. — 13. *M* etiam.

7. — 1. *C 3'-'4*, *M B 23'*, *S 41'* (titre), *MXI 101'*. — 2. *MB* E-XERIT, *S* RES-XIT, *M* S-T. — 3. *M* t-anum. — 4. *M* i. et si.

det, in villa Biciaco, cum omnibus suis ap[pendiciis ; item man-|
sum unum in comitatu Cabilonensi, in agro [..............]
liacensi ; terminat supradicta vinea de uno latere et uno fronte
terra Sancti Nazarii, de alio terra Dodolini, de alio terra Sancti
Ferioli.

8[1]

Carta [2] Rodberti [3] vicecomitis.

Rodbertus [4] igitur vicecomes [5] Cabilonensis, frater domni Lamberti comitis, vir inlustris [6], obtulit quendam mansum, in Vallis dictum, cum franchisiis, servis et ancillis, vineis, pratis, pascuis et omnibus appenditiis.

Itaque pro gratia senioris sui dederunt et alii quam plurimi, pro animabus suis, ut dictum est, sumptibus ex propriis : — Witbertus [7] miles, unum mansum in Corcellis, cum vinea et rebus adjacentiis ; — Wido [8], alium mansum in Bierias, cum cunctis sibi pertinentiis ; — Girardus, in Marriaco mansum, cum vinea et appenditiis.

9[1]

Cap. VII'. — De mala consuetudine in vineis de Rosers.

[..............................] quoddam quod fecit huic
[loco........................]us Teudbaldus [2] erat nempe
[............................qu]as suprataxavimus, quædam
[.......................in domin]io ab antecessoribus retenta
[............................] officiales comitis accipiebant
[.......................vin]demiæ tempore in torculari mo--
[dios....................] dolus eorum ; tres modios vini meri
[........................] fratribus molestum. Rogatus ergo
[.....................]no Girberto sæpius, simulque auditis
[.....................]ditus aspiratus, fecit donum Deo ex
[....................]. Testes fuerunt Gaufredus de Bonant,

8. — 1. C '4, MB 19, S '42, MXI 101 ; cf. L '1. — 2. MB C-tha. — 3. S Rob-i. — 4. S Rob-s. — 5. MB comes. — 6. M in litteris. — 7. M Vui-s. — 8. M Vuido.

9. — 1. C 4, S '42, MXI 101'. — 2. S Theob-s,

[..........................]ze, Wichardus Chavachole, Evrar-
[dus,..............] fratres de Chopetra.

10[1]

CAP. VIII. — QUOD TOLOSÆ [2] OBIIT.

[.....................] præfatus comes domnus Teudbaldus [3]
[...............................i]spaniæ detentus infirmate
[..........................mi]litare, et convocatis suis famulis
[................................] conscribi fecit testamentum
[................]minem [4] Hugonem puerum, rerum suarum
[........................]ut hæredem. Inter hæc monuit suos
[...............] superno numine [5], ut corpus ejus deferrent [6]
in loco a majoribus suis constructo; denominavitque ex suis
rebus [7] loco concedenda, videlicet sellam argenteam, candelabra argentea, sciphos quatuor argenteos et quædam alia; et
qua potuit auctoritate [8] anathematizando [9] interdixit filium ac
post hæc successores, ut omnes [10] pernitiosas noxiasque consuetudines, quas sui ministri et apparitores in tota terra
Sancti [11] percipiebant vel exigebant, ultra nunquam percipe-
rent; privilegia vero et dona, quæ ipse vel sui parentes loco
concesserant [12], rata et inconvulsa perpetuo fideliter servaret.
Testes hujus rationis fuerunt Girardus [13] de Busol, Willelmus [14] de Monthermente [15], Dalmatius Centarben [16], Bernardus Bers; qui etiam corpus ejusdem comitis cum multo labore
ad tumulandum deportaverunt in loco jam dicto Paredo.

11[1]

CAP. VIIII. — QUOD IN EJUS LOCUM INFANS FILIUS EJUS
HUGO SUCCESSIT.

DOMNO comite Teudbald[o [2].........................fili-]
us ejus [3] Hugo surrexit, pati[3].........................]

10. — 1. *C 4'*, *MB 23'*, *S '42*, *MXI 101'*. — 2. *MB* THO-Æ. — 3. *S MB*
Theob-s. — 4. *S* domnum. — 5. *M* nom-e. — 6. *MB* d-retur. — 7. *MB* r.s.
— 8. *S* auto-e. — 9. *S* a-da. — 10. *S* omnis. — 11. *MB en m. S.* Grati. — 12.
MB c-runt. — 13. *S* Evr-s. — 14. *MB* W-lemus, *M* Wilelmus. — 15. *MB*
M-teh e. — 16. *MB* C-bug, *M* Eent.

11. — 1. *C 4'*, *S 42'*, *MXI '102*. — 2. *S* Theobal. — 3. *S om,*

et [4] bene roboratus suorum ag[min ....]
strenue, locumque hunc multo[rum ....]
Egressus metas infantiæ, sancti Jacobi [sepulcrum voluit ....]
invisere : in ipsa nempe via preventus [fuit.....] præmatura [5]
morte ; quædam, quæ delegavit dari huic loco, pro suæ salute
animæque, successores recusavere [6].

12[1]

Cap. X. — Nomina et utilitas quorumdam præpositorum hujus loci partim notata.

Inter hæc libet memorari de quibusdam præpositis sive procuratoribus hujus loci, qui in præcedentibus temporibus solliciti exsecutores, ædificatores et in melioratione loci pervigiles fuerunt, strenuique sive utiles. Quorum aliquos nominari placet : Andraldum videlicet, virum sapientem et eruditum, qui in multis interius exteriusque loco fuit utilis ; post hunc fuit domnus Gunterius [2], vir bonus, castus et rectus, qui similiter ut prior multis locum ditavit necessariis, id est in ædificiis, in adquirendis terris diversisque commodis ; huic successit domnus Segualdus, qui et ipse interius exteriusque locum in omnibus studuit per omnia meliorare; non dispar etiam fuit alius domnus Girbertus, qui in multis et quampluribus hunc locum exornavit decentius. Post hos vero quem nominari competit nimium, quia et hoc exigit ipsa operis materies, devenit domnus Hugo hoc tempore moderno; qui, secutus exempla priorum, in omnibus affabilis [3] et benivolus cunctis, plenissime intus extraque locum adornavit dignissime: id est in ædificiis, in ornamentis, in ecclesiarum terrarumque multiplicium locis in diversis emptione, redemptione, novarumque [4] consuetudinum ademptione [5], quarum quædam hic erunt inserendæ [6].

4. *M* er. — 5. *M* om. — 6. *S* r-uns-e.

12. — 1. *C* '5, *MB* 24, *MXI* '102. — 2. *MB* Amile-s. — 3. *M* asta-s. — 4. *M* nona-e. — 5. *MB* a-mt-e. — 6. *M* i-a.

13[1]

Cap. XI. — De domnis abbatibus Cluniacensibus [2] qui hunc locum provexerunt.

....
....

14[1]

Cap. XII. — ....

[..........................nomina]ndi sunt venerandi patres [....... Cluniacenses ab]bates. Sanctus pater Maiolus, hujusce [.....................: ip]sius enim salubri consilio statuti[................ ecclesi]asticus ordo a comite Lamberto; dehinc [.............. p]ater Odilo, cui isdem locus concessus post aptin[.......] fuerat concessus a domno Hugone comite et episcopo, quique ornamentis auxit locum et terris; cui successit amantissimus pater Hugo, dignus actione et merito, qui prelibatum locum ampliavit terris et ornamentis, semperque assensit multis commodis.

15[1]

Cap. XIII. — De præsulibus Æduensibus qui hunc locum [2] adcreverunt et de Bertranno vicecomite Arvernensi.

Nunc properandum est ad ecclesiarum proventionem sive conquisitionem [2], quibus temporibus, locis præsulibusve coemptæ sunt. — In pago Claromontensi, Bertrannus vicecomes Arvernensis, pro suis peccatis expiandis [3] obtulit Deo et huic loco quandam æcclesiam Dei genitricis Mariæ Virginis [4]

13. — 1. *C'5, MB 24', MXI '102.* — 2. *MB C-nie-s.*

14. — 1. *C 5', MXI 102.*

15. — 1. *C 5', MB 24', S 42', B 1, MXI 102'.* — 2. *M c-uest-m.* — 3. *M e-ien-s.* — 4. *MB om,* in Monte Combroso dictam, cum omni ⁵ sua integritate et consuetudinibus, terrisque omnibus sibi pertinentibus.

Domnus Walterius, quondam Æduensis episcopus, ex assensu suorum canonicorum fecit privilegium hujus loci fratribus ex quibusdam eorum æcclesiis, videlicet Tolonensi, Marliacensi, Baronensi et ex ea quæ dicitur ad Capellam Sanctæ Mariæ, et ex omni earum integritate: ut, reddito sinodali ⁶ censu, reliqua possideantur a fratribus in pace. Amen.

Item domnus Hermuinus⁷ episcopus ⁴, successor ejus, simili modo fecit, ex consensu et laude suorum canonicorum, ex quadam æcclesia ad⁸ Digontio dicta⁹, quam domnus Hugo comes et episcopus huic loco jam concesserat, cum terris et decimis, et omnibus appenditiis. Testes fuerunt Teudbaldus¹⁰ nepos ejusdem domni Hugonis comitis, Dalmatius de Sinemuro¹¹, Roclenus, Ansedeus¹² Borbon¹³, Ansedeus¹².

16[1]

CAP. XIIII. — PRIVILEGIUM DOMNI AGANONIS EPISCOPI HUIC LOCO, CANONICORUMQUE EJUS.

Cunctis æcclesiæ filiis notif[ica.........................] huic cartæ, de quibusdam rebus ad locum [.......] inserta ² videtur, ut quicumque de his rebus quæ [........] taverint ², veritati testimonium ferant. Est autem h[......]a de hoc quod tempore domni Aganonis, Æduensis æcclesiæ præsulis, domnus Hugo, Paredi prior, ipsum præsulem cunctorumque canonicorum conventum adierit pro terris, æcclesiis, hominibus et feminis prædicto loco pertinentibus, quæ ipse aut antecessores sui de episcopatu adquisierant; rogans ut ipse episcopus cunctorumque canonicorum congregatio auctoritate sua juberent loco sibi subdito concedi omnia. Quæ domnus pontifex omnesque canonici libentissime annuentes, laudaverunt in capitulo, sicut

---

5. *S* o-ia. — 6. *MB B* syn-i. — 7. *S* E-s. — 8. *MB S* ab. — 9. *M* d-am. — 10. *MB* The-s, *S* T-deb-s. — 11. *MB* Sæm-o, *B* Setm-o. — 12. *MB* A-etleus. — 13. *S* B-nensis.

16. — 1. *Ç* 5'-6', *B* 1, *MXI* 102'. — 2. *M* om.

tunc temporis habebat et possidebat prædictus locus, terras, homines, feminas et æcclesias, tam adquisitas quam de militibus adquisituras, præter suum debitum.

In hac vero laudatione sumpserunt inter se talem societatem ut, cum aliquis ex canonicis illius ³ æcclesiæ obierit, fratres de Paredo tantum faciant quantum de monachis ; similiter canonici de monachis faciant sicut de se ² ipsis, et in omnibus eorum tribulationibus pro posse suo eis² subveniant, et velut proprias res omnia quæ ad ipsos pertinent tueantur et defendant. Testes hujus rei : Agano episcopus, Walterius decanus, Wido archidiaconus, Noviodus⁴ cantor et archidiaconus, Ansericus præpositus, Hugo sacristes ⁵, Seguinus archidiaconus, Hugo archidiaconus, Rainerius archipresbiter, Durannus capellanus, domnus Admarus Sancti Stephani abbas, Stephanus abbas Sancti Quintini.

17[1]

CAP. XV. — DE ÆCCLESIIS CONQUISITIS RECAPITULATIO.

I. DE ECCLESIA RAGI. CONQUISITA NOTICIA.

NOTICIA de ecclesia Ragiacensi. Erat quidam miles nomine Petrus, pronomen habens de Cachiaco, qui ab inimicis suis quadam ² die ² crudeliter est gladio interfectus ³ ; pro cujus animæ salute, uxor ejus Adelais ⁴ nomine filiusque ejus Willelmus, parentesque⁴' et amici obtulerunt Deo in jam⁵ dicto loco omnia quæ præfatus Petrus in æcclesia Raginiaco⁶ vocata possidebat, in cimiterio et æcclesia vel presbiteratu, extra domo sua et alia domo quam grangiam vocant in cimiterio ; et exceptis his quæ milites quidam in beneficio retinebant ab eo. Fuitque talis racio ut, si in cetero fratres loci ab his beneficiariis conquirere aliquid potuerint ex his [. . . . . . .]at et superiora habeatur. Necne [. . . . .] ipsius æcclesiæ cimiterio de omnibus [. . . . .] ilatis nemo alius rectum exigat, nisi

3. *M* illis. — 4. *M* Narj-s. — 5. *B* s-ta.

17. — 1. *C 6*, *MXI 103*, *L 5* (a) et *6* (b); cf. *L 1'*. — 2. *M om*. — 3. *M* i-remptus. — 4. *Lb* Adal-s. — 4* *M* p-s. — 5. *M* D. ac etiam. — 6. *M* Ragn-o, *Lb* Ra-gign-o.

prior a [.........] ipse jusserit. Pro hac vero helemosinæ 7 racione, sponderunt fratres unum ex filiis ipsius Petri monachum facere et cotidie unum pauperem pascere, unique filiarum ejus ad sanctimonialem abitum intranti CL. solidos præbere, et in anniversaria die ejus obitus in missis aliisque divinis officiis memoriam ejus recolere, ipsaque die prior vel procurator præbeant optimam refectionem in piscibus aliisque rebus. Auctores et testes fuerunt hujus doni hii : Adelais, uxor ipsius[8] Petri, Willelmus filius ejus, itemque filiæ ejus, Bertrannus et Hugo, fratres ejusdem Petri, Artaldus de Buxol, Jotcerannus [9] de Vilers, Willelmus, Jotcerannus[9] de Copetra.

18[1]

CAP. XVI. — NOTITIA DE ÆCCLESIA VITRIACENSI[2].

HUGO miles, de[3] Castro Petri agnomine, et uxor ejus Stephana[4] filiique eorum Petrus et Rainerius, dederunt Deo huicque loco, pro animabus suis et anima Wichardi[5] fratris sui, occisi in æcclesia Vitriaco, medietatem cimiterii et ex decimis omnium redituum in parrochia medietatem, et presbiteratum [6] medium et altaris medietatem, et deforis unam vercheriam cum grangia et prato adjacente sub æcclesia, et foris extra villam duos campos incultos qui dicuntur[7] condeminæ [8], similiter medietatem; et CL. solidos acceperunt. Testes fuerunt Hugo Larr' [9], Wichardus[10] Cavachola[11], Willelmus Fortescut.

19[1]

CAP. XVII. — CARTA EX[2] ECCLESIA CURDIN [2*].

IDEM domnus Hugo, in obitu suo, dedit Deo et huic loco, ut eum Christus[3] sociaret in regno suo et pro sepultura sua,

7. *M* el-e. — 8. *M* ejusdem. — 9. *M* Joc-s.

18. — 1. *C 6', S 42', B 1, MXI 103'.* — 2. *S M om.* NOT...SI. — 3. *B* c. — 4. *S* S-nia. — 5. *M* Wica-i. — 6. *M* p-rium. — 7. *S M* dicitur. — 8. *S* c-dom-c. — 9. *S* Lars, *M* Larrus. — 10. *M* Wica-s. — 11. *B* C-azola, *M* C-ahola.

19. — 1. *C 6', S 42', B 1, MXI 103'.* — 2. *M* DE. — 2*. *S M om.* CA.....DIN. — 3. *S* Xp's.

omnem rectitudinem quam habebat in ecclesia quæ[4] vocatur [5] Curdins, id est[6] cartam partem, ex omnibus altaris, presbiteratus, cimiterii [7], decimarum omniumque æcclesiæ redituum quartam partem. Testes Petrus, Rainerius filii[8] ejus, Stephana[9] uxor ejus, Archimbaldus[10] Blancus[11].

20[1]

Cap. XVIII. — Carta Attonis Buxol monachi de æcclesia Poisson[2] aliisque rebus.

Domnus Atto de Buxol [monachus .... ded]it Deo in hoc loco, ubi devenit [...................] medietatem presbiteratus et po[.............................] sanctimonialis Eduensis, duos solidos et dimidium [...............] in terra de [......] quicquid sui juris est; item in villa Faya, quartam partem per omnia, et hominem nomine Gualdum et filios ejus ingenios, et totum suum tenementum, sicut ipse cum suo avunculo Artaldo pro ratione conquisivit; et in villa Poissons, tres carteladas terre, cum prato quod reddit omni anno sextarium avene et IIII[or] denarios. Testes hujus doni: mater ejus Helisabeth, fratresque Hugo et Bernardus, Artaldus avunculus ejus, Ansedeus Parriniaco et uxor ejus, Ansedeus Monthermente, Hugo de Saliniaco, Jocerannus Vilers.

21[1]

Cap. XVIIII. — Carta domni Antelmi de æcclesia Sancti Leodegarii et aliis rebus.

Domnus Antelmus, volens seculum relinquere, dedit Deo et huic loco medietatem æcclesiæ Sancti Leodegarii, scilicet oblationum medietatem, sepulturæ, decimi et cimiterii similiter, et quicquid ad medietatem æcclesiæ pertinet; super hoc [2]

---

4. *M* qui. — 5. *S* voccata. — 6. *S* idem. — 7. *S* cimet-i. — 8. *M* filius. — 9. *S* S-nia. — 10. *S* et A. — 11. *B* Blamcus, *M* Blanchus.

20. — 1. *C 6'-7*, *MXI 103'*; cf. *L '1*. — 2. *M* C. de æ. P. A. B. m.

21. — 1. *C 7*, *B 2*, *L 7 (a) et 8 (b)*, *MXXIII 36*; cf. *L '1*. — 2. *B* hæc.

et mansum Letbaldi³ Marriglerii[18] cum appenditiis, et franchisiam Stephani de Maringis, et silvam de Cutiaco totam, et quemdam servum nomine Maimbertum[4] fabrum cum filiis suis, et terram quam in monte Lugo habebat, et quicquid sui juris in parrochia[5] Sancti Leodegarii continebatur, præter mansum Aviti, et bordelariam[19] Eschacherii; et pro hoc dono accepit a domno Hugone priore unum mulum et C. solidos, et filius ejus Hugo unum palefredum [6]. Hujus rei testes sunt: Letbaldus Digonia [7], Artaldus Buxol[8] et Rimaldus[9] de Monticima[20]. Postea Gaufridus[10] de Corcon[11] et filii[21] ejus, et ipsius Antelmi sorores, Adaltrudis et Aremburgis, Aschérius[12] Marmanio, Rodulfus de Sancto Bonito omnia laudaverunt.

Hoc donum laudavit domnus Hugo de Castel et uxor ejus Stephana[13], et filii Petrus et Rainerius ; estque conventus, ut si quid ex hac parte Ligeris fratres loci emere ex illorum possessione vel adquirere potuerint, firmum sit et stabile; et pro hoc accepit domnus Hugo L[22] solidos de rege, uxorque[14] ejus et fi[lii[23]. . . . .][24], Wichardus Cavanhol[15], Rotbertus [. . . . .] Flers[16], Hugo Menciot[17], Wichardus. . . . . .

22 [1]

(Cap. XX.) — Carta domni Ylionis de ecclesia Novas Casas.

Noscant omnes quod nobilissimus miles domnus Ylius de Chavasiget, pro anima sua et Rotrudis uxoris ejus, filiorumque suorum Achardi, Artaldi et Wigonis, omniumque antecessorum, dedit Deo et huic loco æcclesiam quam vocant Novas Casas, et cimiterium cum presbiteratu, ac omnia quæ presbiter vel ædituus in ipsa æcclesia de eo tenebat, sive in decimis vel in offerendis : eo tenore ut omni anno in aniversario ejusdem Rotrudis, fratres loci in missis et in aliis officiis

---

3. *La* Ledb-i. — 4. *La* Mainb-m. *Lb* Lamb-m. — 5. *M* p-oquia. — 6. *B* palaf-m. — 7. *M* de D. — 8. *M* de B. — 9. *Lb* Raina-s. — 10. *La* G-redus. — 11. *M* Coreon. — 12. *M* Anc-s. — 13. *L* om. — 14. *L* u-r. — 15. *M* C-lus. — 16. *M* Floit. — 17. *Lb* Man-t. — 18. *M* Mari-i. — 19. *M* b-lerciam. — 20. *M* Monc-a. — 21. *M* filius. — 22. *M* quinquaginta. — 23. *M* fr. . . . — 24. *M* sts, W.

22. — 1. *C* 7′, *MXXVI* 217.

ejus plenam habeant memoriam, et refectionem habeant caritativam; de domibus vero quæ in cimiterio sunt vel inante fuerunt, præceptum est ut seniores loci plene censum habeant. Super hæc dedit mansum de Villeret et mansum de Villena, cum vercheria quæ debet duos sextarios avenæ, et duos panes et duos capones et unum denarium, et 1. mussal de canavo, et duos servos Martinum et Marinum, et filium ejus et filiam, omnique progenie quæ de eis egressura est.

Testes hujus rationis fuerunt Artaldus et Wigo fratres, Jocerannus Marcile, Atto Marcilie, Archimbaldus Blanc, Letbaldus Digonia, Bernardus de Chatgie, Hugo de Salcine, Hugo de Laval, Achardus Villon.

23[1]

Cap. XXI. — *Donation de l'église de Caseneuve,* Casasnovas, *Liebaud de Digoine, etc*[a] *(sans date).*

24[1]

(Cap.) XX.II. — Carta domni Artaldi Blanchi, de ecclesia Sanctæ Mariæ de Bosco.

Domnus Artaldus Blanchus dedit Deo et huic loco quartam partem æcclesiæ Sanctæ Mariæ de Bosco, et terram [2] ipsi æcclesiæ pertinentem, quam presbiter de eo tenebat, reddente Bernardo capellano æcclesiæ [3] quicquid in æcclesia habebat : tali pacto, ut non reappetat sine jussu prioris vel seniorum loci. Hugo autem de Montmalats [4], præpositus domni Artaldi, qui in ea terra calumpniabat unam verseriam [5] et si quid suum erat aliud, dedit Deo et huic loco, et accepit a priore v. solidos; et si quid denuo adquirere potuerit prior vel seniores hujus loci de his quæ [6] in æcclesia vel in terra æcclesiæ pertinerat [7], quiddam ab ipso Artaldo habent, laudavit ipse similiter. Habuit domnus Artaldus pro hoc dono et uxor ejus a domno Hugone

---

23. — 1. *C* 7', *L* '1.

24. — 1. *C* 7'-'8, *L* 9 (a) et 10 (b), *MCCLXXVI* '168; cf. *L* '1. — 2. *Lb* terciam. — 3. *M* æ. c. — 4. *Lb* M-melas, *M* M-temalats. — 5. *M* vercheriam. — 6. *M* qui. — 7. *Lb* p-nuerat, *M* p-nente.

priore CL. solidos. Testes fuerunt hujus rei Artaldus de Buxol, Gaufridus⁸ de Cassagnias, Girbaldus Valestinas, Hugo Montmalast ⁹, Jocelinus¹⁰ Mercator.

25[1]

(CAP.) XXIII. — CARTA DONNI GAUFREDI, EX ECCLESIA CURBINIACO ET ALIIS REBUS.

Domnus Gaufredus de Cassagnias dedit Deo et huic loco, in villa Corbiniaco, æcclesiam Sancti Petri cum cimiterio ac presbiteratu, et mansum secretarii æcclesiæ cum capella Sancti Martini ac omnibus sibi pertinentibus: cum ratione ut, si castrum defecerit, manentes denuo in cimiterio censum reddant debitum. Item in silvis suis dedit monachis inibi commanentibus omnia necessaria ad utendum, ad mansiones, ad calefaciendum, ad porcos saginandos. Adauxit item Sancti Petri æcclesiam quæ dicitur Oredors, cum presbiteratu, sed et decimas de condeminis suis quæ sunt sitæ in villa Cassanias; itemque adjunxit ut, si aliquis ex suis fidelibus ex beneficio suo quod tenet de eo in jam dicto loco pro anima sua devolverit offerre, salvum permaneat et stabile. Sed et hoc perfinitum est ut neque ipse neque ullus ex suis aliquando ibi manentibus vim inferat. Acta sunt hæc publice in villa Corbiniaco, domno Hugone priore cum aliquibus fratribus præsente, coram multis testibus: Hugone de Giverze, Gaufrido nepote ejus, Bertranno de Vilorbane, Girardo Valestines, Duranno præposito, qui hoc donum laudavit et ea quæ de sua præpositura erant Deo obtulit, ac xxxᵗᵃ solidos accepit. Artaldus filius ejus laudavit, Gaufredus et uxor ejus D. LXᵗᵃ solidos a domno Hugone priore perceperunt. Durannus presbiter laudavit jam dictarum ecclesiarum donationem, eo tenere ut in vita sua medietatem ecclesiarum Oretors et Corbignie detineat, et illam Sancti Martini in dominio, et post mortem suam vel monacatum ad locum Sancti redeat in dominium. Domnus Agano, præsul Eduensis, et domnus Wido archidiaconus, Durannus Merolus, Hugo

---

8. *M* G-redus. — 9. *Lb* M-art, *M* M-tem-ast. — 10. *M* J-erannus.

25. — 1. *C 8, MCCLXXVI 149.*

Spiriaco hæc omnia supradicta laudaverunt. Donum ejus ecclesiæ quæ Oretors dicitur, quod domnus Gaufredus dedit huic loco, laudavit domnus Tetardus de Roena et Bonuspar ejus filius, et concesserunt ut si quis ex fidelibus eorum, de benefitio suo in fidelitate eorum manens, huic loco aliquid dare voluerit, stabile fiat; acceptque unum equum et xxx^{ta} solidos et unam vanam et unum barahu. Testes fuerunt Hugo de Bonefont, Wigo Meschins, Benedictus Bernardus.

26[1]

Cap. XXIIII. — Carta Girardi militis, de ecclesia Prisiaco et aliis rebus.

Quidam nobilissimus miles nomine Girardus, pro anima sua et animabus antecessorum suorum, dedit Deo et huic loco quandam ecclesiam quæ vocatur Prisciacus, et omnia quæ ad ipsam æcclesiam pertinent; et illam vineam quam tenet Josbertus presbiter, cum omni sua integritate. S' domni Girardi, qui hoc donum fecit, et Artaldi filii ejus; item Artaldi fratris Girardi, Hugonis Gaufredi.

27[1]

Cap. XXV. — Adquisitio domni Hugonis prioris [2] de quibusdam ecclesiis.

In nomine Domini, notum sit omnibus futuris et præsentibus, quod quidam strenui homines, Bernardus et Stephanus presbiteri, Girardus et Rotbertus laici, qui conquisierant sibi æcclesias, eam quæ dicitur Dio et illam dictam Columbariensem, itemque Sancti Simphoriani, divinitus inspirati dederunt Deo et huic loco omnia quæ possidebant in præfatis æcclesiis; præsentibus et consentientibus domni abbatis nepotibus, Gaufrido[3] et Hugone Dalmatio, Pontio Rufo et Joceranno Valestinas mediatoribus. Igitur domnus Hugo, prior loci, qui hæc

---

26. — 1. *C 8', MCCLXXVI '163.*

27. — 1. *C 8'-'9, L 11 (a) et 13 (b), MCCLXXVI 150; cf. L '1.* — 2. *M om.* — 3. *L G-redo.*

omnia procurabat, adiit domnum abbatem Hugonem Marciniaco [4], dixitque ei omnem rei gestæ rationem ; ibi ergo præfati viri datores[5] et laudatores quamplures fuerunt præsentes, et obtulerunt in manu domni abbatis donum superius dictum [6]; ibique interfuit domnus Gaufredus et frater[7] ejus Hugo Dalmatius, Tetardus[8] Roenensis et alii quamplures. Uldricus de Sancto Prejecto habebat in ecclesia Dio x^{cem} [9] solidos annualiter, jamque eos Hugoni de Laval itidem beneficiaverat; post multa ergo verborum luctamina, ipse domnus Uldricus, salva fidelitate suorum dominorum, accepit Lx^{ta} solidos et Hugo de Laval C^{tum} xx^{ti}, feceruntque donum Deo et huic loco, in manu domni Hugonis abbatis et prioris loci, publice coram cunctis : ex supra dictis x. solidis Hugo Dalmatius habuit CC^{tos} solidos, et cum fratre suo domno Gaufredo per omnia laudavit[10]. Tetardus Roenes et Girardus Perrius[11], Hugo Bochars, Gotardus[12] Bargi, Jocerannus Vendenessi[13]. Wilelmus de[14] Valestinas dedit Deo et huic loco v. solidos, quos percipiebat in æcclesia Sancti Simphoriani, accepitque a suo fratre domno Fulcone[15] quindecim solidos et dimidium. Testes hujus rei Rotbertus[16] Dio, Mainfredus Ainardus, Wigo de Cunziaco[17]. — Est præfixum[18] certa et[2] vera ratione coram [2] testibus [2], inter domnum Hugonem priorem et domnum Stephanum presbiterum[2] fratresque ejus, ut[19] ecclesiam Dio et medietatem ecclesiæ Sancti Simphoriani in vita sua habeat, et post ejus finem si monachatum induat[20] habitum ad fratres loci præfati[21]; testes Stephanus, Martinus, Mareschus [2], Taraldus [2].

28[1]

Domnus Artaldus de Buxol et uxor ejus Jartrudis, filiique eorum Hugo et Artaldus laudaverunt presbiteratum æcclesiarum Columbers et Sancti Simphoriani, et acceperunt CL. solidos [2]; testes hujus rei fuerunt Agano præpositus, Rotber-

---

4. *L* Marti-o. — 5. *La* doct-s. — 6. *M* datum. — 7. *La* f-tres. — 8. *M* Le-s. — 9. *M* v^{ce}. — 10. *La* l. p: o. — 11. *M* Petrus. — 12. *M* Gera-s. — 13. *M* V-se. — 14. *La* om. — 15. *La* Fal-e. — 16. *M* Rob-s. — 17. *L* Emz-o. — 18. *M* p-xendum. — 19. *M* quod. — 20. *Lb* i-ucat. — 21. *M* p. mortem suam vel m-ca-m ad f. l. deveniat.

28. — 1. *C* 9, *L* '*12 (a)* et *13' (b)*, *MCCLXXVI* 150'; cf. *L* '*1.* — 2. *M* om.

tus Aureævallis ³, Hugo de Olsola, domnus Atto de Buxol ⁴. Hæc supradicta laudavit et mater ejus Helisabeth, fratresque ejus Hugo et Bernardus, et accepit ipse Atto et mater ejus Cʟ. solidos; testes hujus rei Jocerannus de Copetra, Gaufridus ⁵ Vilorbana, Agano præpositus, Giraldus Giverze. Doni⁶ Hugonis et Bernardi, fratrum Attonis, fuerunt testes Boso Aureævallis⁷, Albertus Mals et Bonus, Bladinus de Mulins. Domnus Agano, Eduensis præsul, audiens hæc acta a domno Hugone priore, laudavit et corroboravit sua auctoritate hæc omnia ⁸, non solum hæc præsentia, sed etiam quæcumque potuerunt fratres loci in his æcclesiis conquirere in ante; testes hujus rei Durannus Merolus et Rotbertus capellanus.

29¹

Cᴀᴘ. XXVI. — Cᴀʀᴛᴀ? ᴅᴏᴍɴæ Sᴛᴇᴘʜᴀɴæ.

Quædᴀᴍ domna Stephana, uxor domni Tetardi Róénés ³, dedit Deo et huic loco, in villa Prisciaco unum pratum al ⁴ Moncel: et terminat ex una parte via publica, ex alia rivus currens, ex tertia terra Sancti Grati, ex quarta exitus sive pastoralis⁵ omnium communale ⁶. S' Stephanæ ⁷, Bernardi Meschins, Walterii ⁸, Duranni vicarii.

30¹

Cᴀᴘ. XXVII. — Iᴛᴇᴍ ᴇᴊᴜsᴅᴇᴍ.

Iᴘsᴀ eadem domna Stephana dedit Deo et huic loco campum unum ², quem vocant³ unam teliam, in villa de Priscey ⁴ al⁵ Moncel; et terminat⁶ de uno latere et uno fronte terra Sancti Salvatoris, de alio latere et alio fronte⁷ terra Ratmaldi et terra Artaldi Gros. S' Stephanæ et Tetardi viri ejus ⁸, Hugonis de Solman, Girardi⁹ Donzel, Artaldi Buxol¹⁰.

3. *La* A-eav-s. — 4. *L* Buxel. — 5. *M* G-redus. — 6. *M* donum. — 7. *M* avunculus. — 8. *La* h. o. s. a. — 9. *La* Merulus, *M* Incrolus.

29. — 1. *C* 9', *L* '15 (a) et '16 (b), *MCCLXXVI* '158. — 2. *La* Cʜᴀ-ᴀ. — 3. *La* R-nis. — 4. *M* ad. — 5. *M* p-tur-s. — 6. *M* c-lis. — 7. *La* S-ni. — 8. *La* Wilelmi.

30. — *C* 9', *L* 15 (a) et '16 (b), *MCCLXXVI* 158; cf. *L* 1'. — 2. *Lb* vin-. — 3. *La* appellant. — 4. *La* Pricey. — 5. *Lb M* ad. — 6. *La* t-ant. — 7. *Lb M* f-t. — 8. *La* sui. — 9. *La* Gita-i. — 10. *Lb M* Buxel.

31[1]

Cap. XXVIII. — Carta Artaldi.

Quidam nobilis miles, Artaldus Grossus dictus, dedit Deo et huic loco mansum situm in villa quæ dicitur Prisciacus, non longe ab ecclesia Sancti Andreæ apostoli; cum omnibus appenditiis suis, campis, pratis, pascuis, aquis, vineis, silvis, terris cultis et incultis, exitibus et regressibus : totum ad integrum et ad inquirendum. S' Artaldi, qui hoc donum fecit. S' Gelini, Acelini.

32[1]

(Cap.) XXVIIII. — Carta Evæ.

Quædam domna nomine Eva, pro anima sua filiique sui Petri, dedit Deo in hoc loco, de hereditate sua in villa Tolociaco, quinque vercherias; in villa etiam supradicta dedit unum magnum campum, qui terminat ex uno latere gutta currente, et per medium est via publica; dedit etiam servum nomine Lotaldum tisserium. S' Evæ. S' Petri viri ejus. S' Willelmi. S' Adraldi. S' Girardi, fratrum.

Sed post modum quidam milites, Artaldus de Granval et frater ejus Rotbertus, calumpniaverunt campum qui residet in serram, reddideruntque illis; deditque alium campum jam dicta femina domna Eva in Veura senioribus loci.

33[1]

(Cap.) XXXI. — Carta Girbergi.

Quædam domina Girberga dedit Deo et ad locum Cluniacum, in villa Sancti Juliani duos mansos : unum quem tenebat in dominio et alium quem colebat servus nomine Fulchardus; cum omnibus appendiciis, campis, pratis, pascuis, aquis, sil-

31. — 1. *C 9', MCCLXXVI 161.*

32. — 1. *C '10, MCCLXXVI '170.*

33. — 1. *'10, MCCLXXVI '165.*

vis, vineis, terris cultis et incultis, omnia ad inquirendum. Et dedit etiam ipsum servum Fulchardum et uxorem ejus. S' Girbergæ et Archimbaldi fratris ejus.

Post modum vero pius pater domnus Odilo abbas dedit ad luminaria altaris hujus æcclesiæ hos mansos, cum sua integritate.

34[1]

(Cap.) XXXIII. — Carta Rainerii de Villon.

Quidam nobilissimus miles, Rainerius de Villon, et uxor ejus Atala, filiusque eorum Girbaldus, et alii multi nobiles viri convenerunt ad locum Aureæ Vallis [2], obtuleruntque ibi filium suum Deo ad serviendum. Et in oblatione ejus reddiderunt mansum quem tulerant, quem etiam supradicta Raimodis [3] Deo et huic loco obtulerat, cum omnibus appenditiis suis, totum usque ad inquirendum, et servum jam dictum Aimoenum et medietatem filiorum ejus; et in augmento dederunt unam sexteradam [4] terræ juxta prædictum mansum [5]. S' Rainerii et Atalæ uxoris ejus, filiorumque eorum. S' Girbaldi Vert, Ylionis Jhavagist [6], Girardi Vinzæ, Bernardi Morel.

Post hæc denuo commoverunt litem filii domni Rainerii inter se et monachos, iterumque domnus Hugo prior dedit triginta solidos ipsis tribus fratribus et matri; iterumque fecerunt finem et pacem, coram testibus Duranno Merulo, Hugone de Olsola, Lamberto Montboon.

35[1]

(Cap.) XXXVI. — Carta Golferii.

Quidam miles nomine Gulferius dedit Deo et hujus loci fratribus, servitium debitum quod retinebat a domno Artardo Buxel [2], in manso qui est in parrochia Sancti Juliani, quem colit homo nomine Popins, id est omnes tercias fructuum

---

34. — 1. *C 10'*, *B '2*, *MCCLXXVI '171*. — 2. *M* A. V. ad l. — 3. *B* Raym-s. — 4. *M* s-tar-m. — 5. *B* om. j. p. m. — 6. *M* Chavasiget.

35. — 1. *C '11*, *L '17*, *MCCLXXVI '164*; *cf. L 1'*. — 2. *M* A. de Buxol.

terræ, et duos panes et unam coxam vaccæ, duos sextarios vini et duos sextarios avenæ ; et pro hoc accepit C^{um} xx^{ti} solidos. Superque [3], in villa Lucina, unam vercheriam cum prato. S' Gulferi et uxoris ejus Evæ. S' Stephani et Deodati præpositi.

36[1]

(Cap.) XXXVII. — Carta Bertranni de Chasuit.

Quidam miles, nomine Bertrannus, dedit Deo et hujus loci fratribus clausum vineæ, in villa Prisciaco, qui appellatur Francor [2], et pratum qui est juxta ac omnem terram quæ ibi residet, usque ad inquirendum ; et pro hoc dono accepit L. solidos. Domnus Girardus frater ejus et Bernardus de Civignon [3] laudaverunt ; testes fuerunt Anselmus Valestines, Joceranuus [4] Valestines [4], Hugo de Olsola. Girbertus de Parriniaco rectum quod habebat in hac terra dedit Deo et huic loco, et accipit III^{or} solidos et unum capellum cati. — Girardus miles de Chasuit dedit Deo et huic loco servum nomine Girardum Batel, et filios ejus ac filias, et totum tenementum ejus ac tenementum Raimberti, quod debet tale servitium et unum sextarium vini, et unum caponem et unum arietem, et duos sextarios avenæ et in festum sancti Martini IIII^{or} denarios ; testes Girardus de [4] Cahic [6], Artaldus Buxel, Hugo de Olsola, Bernardus Civinion [7] et Petrus frater ejus.

37[1]

Cap. XXXVIII. — Carta Roberti Mala Testa, qui dedit curtilum unum in Parriniaco.

38[1]

Cap. XLII. — Carta Hugonis de Parriniaco.

Quidam miles nomine[2] Hugo dedit Deo et huic loco, pro anima sua, in parrochia[3] Sancti Laurentii, in villa quæ

3. *L* S. quod.

36. — 1. *C 11*, *L 18*, *MCCLXXVI '162*; *cf. L 1'*. — 2. *M* F-rum.— 3. *M* Civinum. — 4. *M* om. — 5. *L* Os-a. — 6. *M* C-ie. — 7. *M* C-nun.

37. — 1. *C 11'*, *MB '28*.

38. — 1. *C '12*, *L '19*, *MCCLXXVI '160*; *cf. L 1'*. — 2. *L* domnus. — 3. *L* baro-a.

appellatur Laingiacus [4], duos mansos : unum qui illi ex paterna hereditate venerat [5], alium qui progenitoribus suis ex beneficio domni Archimbaldi Blanchi obvenit; hos vero mansos dedit cum omnibus suis appenditiis, terris cultis et incultis, silvis, pratis, pascuis, exitibus et regressibus, omnia usque ad inquirendum. Laudatores fuerunt Artaldus frater ejus et Hugo Piscis, Artaldus de Buxel, Letbaldus[6] de Copetra, Hugo de Olsola, Petrus præpositus et Archimbaldus li Blans, cum uxore sua ; et viginti v. solidos accepit.

39[1]

(CAP.) XLV. — DONUM HUMBERTI DE SCOTIA.

QUIDAM miles, Humbertus nomine, dedit Deo et huic loco omnem terram quam habebat in Scotia villa, suæ hereditatis et rectitudinis; item uxor ejus fecit similiter ex omni terra quam habebat in villa Cassanias, suæ hereditatis, hoc est unam vercheriam et vineam, cum prato ac terram arabilem.

40[1]

(CAP.) XLVII. — CARTA LAMBERTI MILITIS.

QUIDAM miles Lambertus nomine dedit Deo et hujus loci fratribus, ex hereditate sua quam habebat in Neusiaco, mansum unum cum omnibus appendiciis suis, omnia ad inquirendum, et unam ancillam et infantes ejus; et in alio loco, qui vocatur Longuavilla, alium mansum et servum Anselinum, et uxorem ejus et infantes ; et item, in loco qui dicitur Fons Benedictus, alium mansum et Raionardum servum, et uxorem ejus et infantes, et vineam suam. S' Lamberti, qui hoc donum fecit. S' Lamberti militis, Ansedei, Lamberti, Rotberti.

41[1]

(CAP.) XLVIII. — CARTA WALTERII DE MARDIALGO.

QUIDAM miles nomine Walterius dedit Deo et fratribus manentibus in hoc loco, pro susceptione sua, in villa de Mar-

4. *L* Lien-s. — 5. *L* v-rit. — 6. *M* Leta-s.

39. — 1. *C* '12, *MB* '28, *MCCLXXVI* '160.

40. — 1. *C* 12', *MCCLXXVI* '160.

41. — 1. *C* 12'-'3, *MCCLXXVI* '155.

diago sex arias de vinea, et in ipsa villa unam vercheriam dictam al Pererium, et reddit ipsa terra viii^{to} denarios et unum caponem; item in ipsa villa unam franchisiam appellatam mansum a les Placis, et reddit duos sextarios de avena, et Natale Domini duos sextarios de vino et quatuor panes et viii^{to} denarios pro carne, et Pascha unum caponem, et per messiones duos panes et dimidium sextarium vini et iiii^{or} aucas; in villa Moncellis unam franchisiam quam vocant ad Vinam, et reddit in censum ii^{os} denarios; et in villa Vallis unam vercheriam quam dicunt ad Pinum, et reddit in festum sancti Leodegarii iiii^{or} denarios; item servum Audoardum et infantes ejus. S' Walterii et Rotrudis uxoris ejus. S' filiorum ejus, Enrici et Wilelmi. S' Bernardi et Enrici de Angl'.

42[1]

(Cap). L. — Item carta Rotrudis uxoris ejusdem Walterii et filiorum ejus.

Quidam miles nomine Willelmus [2], disponens semetipsum offerre Deo, dedit Deo et huic loco, ipse et mater ejus Rotrudis et frater ejus Enricus, mansum quem appellant ad Montem, cum omnibus appendiciis suis, id est silvis, pratis, vineis, pascuis, aquis, terris cultis et incultis, omnia usque ad inquirendum; et in ultra tenementum cujusdam hominis, qui dicitur Willelmus de Laval. Item præfata domina dedit Deo in jam dicto loco, in villa quam appellant Algerius, in parrochia Jhalamo [3], mansum quem dicunt ad Mansum, id est vineam quam clausum vocant et terram pertinentem. Obtulit etiam Deo servum nomine Bernardum, cum filiis ejus et filiabus. S' Gaufredi de Varenens et Enrici, Hugonis Fuier, Walterii Florinzangis, Aimo, Stephanus, Durannus Galdial.

43[1]

Cap. LXII. — Carta Rotlanni Glorious, acta tempore domni Girberti prioris, Duranni decani et Stephani præpositi.

42. — 1. *C 13, MB '28, B 2, MCCLXXVI 155.* — 2. *B* Wile-s. — 3. *MB* Ih-o.

43. — 1. *C '15, MB '28.*

44[1]

(Cap.) LXV. — Carta Ansedei præpositi Quadrilensis.

Quidam miles, nomine Ansedeus, dedit Deo et hujus loci fratribus unum mansum in barrochia[2] Sancti Justi situm, quem colebat Constantinus de Vinario, cum sua integritate; et debet tale servitium : 1. porcum precio duorum solidorum et multonem vestitum, duos sextarios vini et duos sextarios avenæ ad mensuram Paredi, et quatuor panes, et carrum cum duobus bobus ad Rosers, alium carrum vestitum a villa Sancti Justi usque ad monasterium. Testes et laudatores hii sunt : domna Clara uxor ejus et filius ejus Wichardus, Hugo, Agano fratres, Letaldus de Catgiaco, Gelinus Martel, Wilelmus de la Porta, Artaldus de Seimeriaco, Girbertus archipresbiter.

45[1]

(Cap.) LXVI. — Carta Wichardi filii Ansedei[2] præpositi.

Quidam nobilis miles nomine Wichardus, mundum abitiens et habitum sanctæ religionis accipiens, dedit Deo et huic loco, in villa Sancti Justi, 1.[3] pratum et 1.[4] vineam, 1.[5] clausum contiguum ipsi prato et bordeleriam[6] Chassoer [7], ubi manebat quidam homo nomine Goulbertus; dedit etiam servum nomine Constantinum et suam partem de infantibus ejus, et item alium servum nomine Ansoœnum. Item, in villa Corouro [8], dedit omnem terram quam de beneficio comitis possidebat; item, juxta castrum Quadrile, molendinum et tenementum mulnerii [9], et pratum quod de comite ibi habebat. Testes huius rei sunt hii : ipse Wichardus, Hugo et Agano fratres ejus, Jocerannus de Copetra, Wilelmus[10] de la Porta, Ansedeus Sancti Desiderii.

Hæc omnia domnus Hugo comes postmodum, publice ad portam Quadrilensem, in conspectu omnium laudavit et insu-

44. — 1. *C'15, MB '28, MCCLXXVI 166'*. — 2. *MB* pa-a.

45. — 1. *C 15, MB '28, B 2', L 20, MXXXI 100, MCCLXXVI 166*; cf. *L 1'*. — 2. *L* Anselmi. — 3. *L* unum. — 4. *L* unam. — 5. *M* et, *L* unum. — 6. *L* b-lar-m. — 7. *M* C-ocrs. — 8. *L* C-ovra, *M* Ronco. — 9. *M* mulcie-i. — 10. *L* Vui-s. — 11. *M* Vica-s. — 12. *L* communis, *M om*.

per in silva de Fai, ad mansum Constantini cursum dedit ad omnes matherias, et ad calefaciendum similiter et ad molendinum, omnes matherias ad clausionem prati, et insuper ad omnia quæ præfatus Wichardus[11] huic loco concessit in eadem silva ; et CCC[tos] solidos accepit. Hujus doni comitis[12] testes fuerunt : Humbertus Borbon, Girardus Buxol, Letbaldus Digoni, Jocerannus Copetra.

46[1]

(Cap.) LXVII. — Carta Aganonis fratris ejus.

Quidam miles nomine Agano, præpositus, dedit Deo et huic loco unum mansum in villa de Corouro [2], laudante fratre suo Hugone, ad helemosinam istius loci ; et accepit a fratre suo Wichardo elemosinario li. solidos Pictavenses, et Hugoni de Chialoet, qui habebat mansum in wadimonio [3], dedit etiam xl. solidos.

47[1]

Cap. LXVIII. — Domnus Hugo, prior hujus loci, dedit fratri Wichardo, ad opus heleemosynæ, molinum a la Planchi dictum, *etc*.

48[1]

(Parrochia Sancti Leodegarii.)

Homo quidam Benedictus nomine de Cutiaco, Dei amore compulsus, dedit in helemosina, pro anima sua omniumque parentorum suorum animabus, aliquid de hereditate sua, quæ sita est in barrochia Sancti Leodegarii, totum videlicet quod ibi videbatur habere : hoc sunt quatuor terræ divisiones, quantum in longum vel latum determinant. Testes hujus doni sunt: Deodatus præpositus, Bernocus Moncels, Durannus Peredet.

46. — 1. *C 15', MB 28', B 2'*. — 2. *MB* Coroero ? — 3. *Ms*. ga-o.

47. — 1. *C '16, MB 28'*.

48. — 1. *C 16, MB '29, MCCLXXVI 167*.

Item uxor cujusdam hominis, Duranni Ceci, de Sancto Luciano obtulit Deo, in helemosina, totum alodium suum, quem videbatur habere in villa Basifranc, in barrochia de Vitri. Dati hujus sunt testes : Bernardus cementarius, Durannus Peredet, Ansoenus.

Ipse jam dictus frater Wichardus [2] extruxit [3] molendinum super fluvium Bizon, cui calumpniabantur quidam homines, I^{nus} Rainerius Moncel et Andreas Contat ; et ipsi ergo finierunt et Deo obtulerunt si quid recti erat eis, eo tenore ut in alimaunia pauperum proficeret. Hujus rationis testes sunt : Hugo de Larr', Constans Boeri, Lethaldus de Capella. Omnes isti supradicti calumpniatores pro hoc dono unusquisque IIII^{or} solidos acceperunt. Adalis de Fracto Puteo et filii ejus, Letardus et Rotbertus, et filia ejus Deodata laudaverunt donum molendini supradicti, quam in eo partem ipsi habebant; et acceperunt pro hoc III. solidos et sex denarios. Testes : Girardus de Fracto Puteo et Durannus filius Constabuli. Folcherius de Corouro fecit fidem supradictæ Adelais, ut si malum de molino evenerit, ipse emendet. Benedictus de Rimannes fecit fidem Eldrico fratri suo de filio ejus Rotberto ; de simili causa Thetærals laudavit, et xx^{ti} denarios accepit. Sig. Bet. Duranni, Hugo de Un...., Rotbertus presbiter, Rodulfus Meschinus.

Quidam miles e castro Sancti Johannis, nomine Ansedeus de Angleduris, dedit Deo in helemosina et domno Wichardo hel(emosinario) [4] quemdam suum servum nomine Stephanum, et pro hoc dono VII. solidos accepit. Bernardus Caval, Stephanus Gunzze, Petrus Guntar, Bernardus Guntar, Girardus Benedictus, Rainardus Winebald, Bernardus : isti omnes erant calumniatores molendini, et guerpierunt Deo et ad locum Paredi. Testes ex hoc : Rainaudus et Durannus monachi, et Morestenus Faitaldus ; testes fuerunt Wilelmus Luurciaco, Walterius Florenzang.

Hugo de Saliniaco dedit Deo in helemosina [5], pro salute animæ suæ, servulum suum nomine Teudbaldum [6]. Hugo et Wichardus filii ejus laudaverunt; testes Ansedeus et Rotbertus fratres fuerunt, Hugo et Agano similiter fratres. Donnus [7]

---

2. *MB* W. eleemosynarius. — 3. *MB* dest-t? — 4. *Ms.* Het? — 5. *MB* elee-syn.. — 6. *MB* Teubt-m. — 7. *MB* domn-.

Hugo Cluniensis abbas, ex consensu donni 7 Hugonis prioris et Wichardi helemosinarii 7, stabilivit et jussit ut molina quæ in stagno Tolon 8 construxit vel construxerit, pisces ex stagno in generali fratrum deveniant, reditus annonarum molini ad helemosinam 5 monasterii perveniant 9 præcepit.

49[1]

(Cap.) LXXVIIII. — Carta Hugonis et Bernardi de Buxol.

Quidam milites, duo fratres Hugo et Bernardus, sæpius calumpniabant erga hunc locum quasdam terras et æcclesias, videlicet Columbers et Sancti Simphoriani. Tandem 2 fecerunt concordiæ pacem litisque finem, vuerpitionem facientes ex omnibus datis terris et helemosinis quæ antecessores prædicto loco condonaverunt, et de præfatis æcclesiis ac de illa de Possons, et de terra Sancti Justi et ex illo dato quod frater eorum domnus Atto loco sancti[3] obtulit; acceperunt que ob hoc Hugo xxx[ta], Bernardus xx. solidos : tali conventu ut domnus prior pacem eis gratuito faceret[4] cum quodam presbitero Oredors, nomine Giraldo 5, cui quatuor boves tulerant. Testes hujus rei : Hugo prior, Antelmus monachus, Artaldus Buxol, Bernardus Vernol, Atto filius ejus.

50[1]

(Cap.) XCI. — Carta Wilelmi de Maringis.

Quidam miles nomine Wilelmus dedit Deo et huic loco omnem allodum in barrochia de Altofont, in villa quæ dicitur Vallis, cum omnibus appenditiis suis, id est terris cultis et incultis, silvis, pratis, aquis aquarumque decursibus, exitibus et regressibus, totum ad inquirendum ; itemque in villa de Villeret dedit quemdam vercheriam et totum alodium quod de capite suo in ipsa villa habebat, id est terris cultis et incultis, silvis,

---

8. *MB* Co-n. — 9. *MB* om.

49. — 1. *C 17'-'8, L '21, MCCLXXVI '147; cf. MB 28', L 1'.* — 2 *L* T. ergo. — 3. *L* s-to. — 4. *L* faciet. — 5. *M* Gua-o.

50. — *C '18, MCCLXXVI '146.*

pratis, aquis, exitibus et regressibus, totum ad inquirendum : in ipsa terra I. (sextarium) de annona et II. denarios et I. jornalem. S. Wilehmi de Maringis, Artaldi de Castel, Deodati de Vileret et Girardi fratris Deodati.

51[1]

(Cap. XC...) — Carta Letbaldi mulieris.

Quædam mulier nomine Vimberga dedit Deo et huic loco, in parrochia Sancti Leodegarii, totam partem terræ suæ, ubi seminari potest cartha rasa annonæ, *etc.*

52[1]

Cap. XCVII. — (.....) villa Mons Liergue et pratum in ipso curtili, qui tenet usque in fluvium Voldrach, ex alio latere terra Sancti Grati (......)

53[1]

(Cap.) XCVIIII. — Carta Ansedei de Parriniaco.

Quidam miles nomine Ansedeus dedit Deo et huic loco uxorem Bernardi Chanlucie et infantes ejus, itemque dedit Letaldum et Bonet laudavit, quem Walterius frater ejus ante sancto dedit et filios Constancii detulit; et pro hoc accepit L. solidos. Testes Hugo Menciad, Deodatus præpositus. Item præfatus prior domnus Hugo dedit Walterio de Parriniaco II[as] uncias auri, pro Bonet jam dicto filio Constantii de Tilve. Testes fuerunt Heldricus præpositus, Heldinus Valdet, Wido Matischial.

54[1]

Cap. CI. — Carta Dalmacii de Centarbent.

Quidam miles, nomine Dalmatius, dedit Deo et huic loco unum mansum qui vocatur Johannis Dulcros, in villa Chia-

51. — 1. *C 18, B '3.*

52. — 1. *C 18', MB '29.*

53. — 1. *C '19, MCCLXXVI '146.*

54. — 1. *C 19', L '22, MCCLXXVI 146; cf. L 1'.*

vaniset, et est situs in barrochia Noschisis : totum ex integro usque ad inquirendum, cum servo et ancilla et filiis eorum, silvis, pratis, pascuis, exitibus et regressibus, vineis, campis et omni consuetudine. S' Dalmatii. S' Jodceranni. S' Hugonis, fratris ejus. S' Girardi Buxol. S' Gaufridi de Velorbain. S' Deodati præpositi.

55[1]

Cap. C.II. — Carta Jodceranni de Varennis.

Quidam miles, nomine Jodcerannus, dedit Deo et huic loco mansum unum et totam consuetudinem, quam habet in silva quæ Maosta vocatur et in aliis suis silvis per circuitum, et quicquid ad ipsum mansum pertinet in omnibus silvis, campis, pratis, terris, rispis, pascuis, aquis aquarumve decursibus, exitibus et regressibus : totum ad integrum usque ad inquirendum, sicut pater suus tenuit nomine Girardus, et ipse usque ad præsens. Itemque dedit, pro fratribus suis jam defunctis, quandam franchisiam quæ residet in supradicta villa, et omne servitium quod debet ipsa terra. S. Jodceranni. S. Girardi, filii ejus, et Petri. S. Ledbaldi militis de Copetra.

56[1]

Cap. CIIII. — Carta Girberti.

Girbertus et uxor sua Raingardis dederunt Deo et huic loco alodium suum, quod habebant in Villeret, sive in agris, sive in pratis vel pascuis ac silvis ; quod donum laudavit ac corroboravit avunculus eorum, Bernardus de Monliergue, et cognati sui, Martinus Rex, de Villeret, et Bernardus Tosinus, frater ejus, et Bernardus Frumentinus, alter frater. S. donni Hugonis prioris et Antelmi monachi. C' Petri presbiteri de Campo Lucio, Deodati præpositi, Bonetti Burgensis. Sciendum quoque quod in hac terra, de cujus donatione facta est hæc carta,

---

55. — 1. *C 19', MCCLXXVI 146'.*
56. — 1. *C' 20, MCCLXXVI 151.*

ut quædam inde auferentur calumpniæ et sopirentur controversiæ, Martinus supradictus et frater ejus, Bernardus Tosinus, L. solidos erogaverunt, nullo adjuvante, exceptis Geraldo et Bernardo Frumentino, qui de eadem fraternitate fuerunt: quoniam quatuor fratres erant qui hoc precium dederunt pro absolutione terræ præfatæ, et Campum Rotundum retinuerunt pro signo et memoria pecuniæ prædictæ, ut eam reddat antequam campum recipiat, si quis suorum coheredum calumpniator surrexerit.

57[1]

Cap. CV. — Carta Hugonis de Giverzi [2].

Quidam miles, nomine Hugo, dedit Deo in hoc loco omnem illam terram, quam habebat in villa dicta Ende et item in villa de Corcellas, quæ sibi ex progenitoribus suis evenit, et illam quam postea conquisivit: excepta parte fratrum suorum; videlicet in silvis, sive in pratis et pascuis, vineis, terris cultis et incultis, omnibusque appenditiis et consuetudinibus, et omnibus ad se pertinentibus, ex toto dedit usque ad inquirendum. S. Hugonis de Giverzi, Girardi et Bernardi, fratrum ejus; Ledbaldi de Copetra, Seguini de la Tor; Girberti, archipresbiteri; Grimaldi, Seguini, presbiterorum.

58[1]

Cap. CVI. — Carta Raimodis.

Quædam domina [2], nomine Raymodis, dedit Deo et huic loco unum mansum in barroquia Marciliaco, in villa Vernol, quem colebat Stephanus de la Palut, cum omnibus appendiciis suis, omni servitio omnique integritate, usque ad inquirendum, sicut pater suus tenuit eum domnus Hugo; et hoc fecit consensu viri sui, domni Widonis de la Rochi [3], et filiorum suorum. S. Widonis, Ademari, Widonis, fratrum. S. Girardi et Artaldi de Buxol.

57. — 1. *C '20, MCCLXXVI 151; cf. MB 28'.* — 2. *MB G-zy.*

58. — 1. *C 20', MCCLXXVI 151', L 23.* — 2. *L d. mulier.* — 3. *L Rocha.*

59[1]

(Cap.) CVII. — Carta Rainaldi de Copetra.

Quidam miles, nomine Girardus, dedit Deo et huic loco unum mansum in villa quæ dicitur Moncellis, quem Bernoenus servus suus tenebat, cum omni sua integritate et omnibus appenditiis et consuetudinibus, usque ad inquirendum. Itemque dedit ipsum servum Bernoenum, omnemque successionem illius; et concessit ad jam dictum locum consuetudinem et rectum, quem habebat in bosco qui appellatur Forest Teton. Item finivit et remisit calumpniam, quam faciebat in terra quæ dicitur a la Varena, et item in terra quæ est in villa de Scotia. Dedit etiam prope æcclesiam Volauro, ubi fecit plantari vineam, quæ ex una parte est rectitudinis monachorum jam dicti loci : ea convenientia ut fructus ipsius vineæ in hele--mosina ad opus pauperum proprie veniat. S' Girardi et uxoris ejus, Wichardi Cavazola, Gaufridi Visuntiole, Aimon Joel, Bertasiæ, Ermenjart, sororum ejus.

60[1]

(Cap.) CVIII. — Carta Dalmatii [2] de Centarbent [3].

Quidam miles nomine Dalmatius et uxor ejus nomine Ada, obtulerunt Deo in hoc loco quendam filium suum nomine Antelmum, et cum eo in barrochia quæ dicitur Novas Casas, et in villa Jhavagniset [4] tenementum Duranni de Moncel, consobrini Bernardi, qui ambo detinebant unum mansum singuli per medietatem; medietatem ergo totam [5] suæ partis, quam dictus tenebat Durannus, cum omni sua integritate, videlicet terris cultis et incultis, silvis, vineis, pratis, pascuis, aquis aquarumque decursibus, totum ad inquirendum dedit. Et dederunt fidejussores Hugoni priori Jodcerannum et Hugonem fratres, ut taschiam hujus terræ et illam de manso Johan-

59. — 1. *C 20', MCCLXXVI '148.*

60. -- 1. *C 20'-'1, MB 28', B '3, L 24, MCCLXXVI '152; cf. L 1'.* — 2. *M D-acii.* — 3. *M C-ne, MB B C-rpent.* — 4. *M Ja-t, L Chavg-t.* — 5. *M om.*

nis, quam detinebant illi de Valestinas, prædicto loco facerent⁶ habere; iterum dederunt illam terram quam vocant ad Longum Peretum, in barrochia⁷ de Granval, totam ad integrum. Dedit in villa Baron medietatem servorum, quos calumpniabat loco Armarum, fratresque ejus et sorores. Testes hujus rei fuerunt Giraldus [8] de Buxol, Hugo et Jocerannus fratres, Hugo Parriniaco [9], Deodatus præpositus.

61 [1]

(Cap.) CXIIII. — Carta Widonis de Fracto Puteo.

Quidam homo, nomine Wido præpositus, fratresque ipsius Girardus et Bonet dederunt Deo et huic loco quicquid terræ, vinearum, silvarum, pratorum et si quid aliud apud Tablenas habebant, vel si quid illi loco de suis appendebat. Donnus Hugo prior dedit pro hoc dono iiii. libras et uxori Widonis per se x. solidos; et fecit eis conventionem, ut cum de hac vita migraverint, honeste sepeliantur si se deportare fecerint cum uxoribus suis, laudante eorum presbitero. Hujus rei testes sunt Girbaldus presbiter, Thomas clericus, Giraldus Chivrol, Martinus Marescals, Stephanus Parriciacus.

62 [1]

(Cap.) CXV. — *Charte de Liebaud de Digoine, confirmée par sa f[emme] et ses fils, (sans date).*

63 [1]

(Cap.) CXVI. — Carta Widonis de Pinet.

Unus miles, nomine Guido de Pinet, dedit Deo et huic loco, in villa de Bor, medietatem ex hoc quod mater sua Acelina habuit in molendino ibi sito, similiter et de silva et de pratis,

---

6. *L* fecerunt. — 7. *L* pa-a. — 8. *L* Ger-s. — 9. *L* P-ricin-o.

61. — 1. *C '21', MCCLXXVI '169.*

62. — 1. *C '22, L 1'.*

63. — 1. *C '22, MCCLXXVI '169.*

et terris cultis et incultis ; et annuerunt Adelina uxor sua et filii sui Berengerius, Waldo, Wido. Taliter dedit Seguinus, vidente Bertranno, Alcherio, Seguino.

64 [1]

(Cap.) CXVII. — Carta Letbaldi Digonia.

Quidam miles, nomine Letbaldus, post multas calumpnias finivit et dimisit Deo et fratribus hujus loci quandam silvam vocatam Bornet, cum terra pertinente, omnemque usuariam pascuarum, sicut modo habent et tenent homines Sancti, e(t) tempore Jodceranni patris ejus et comitis Teudbaldi tenuerunt. Simili modo laudavit quandam terram sitam ad Sanctum Lucianum, quam Jodcerannus tenebat de eo, et Jodcerannus dederat ad locum Sancti. Itemque dimisit et finivit omnem querelam quam faciebat de quibusdam, tam de viris quam de mulieribus, qui exierant de terra Sanctæ Mariæ et Sancti Filiberti ; et insuper omnes servos et ancillas, sint ubique, extra fabrum unum qui ab eo recesserat. Hæc omnia supradicta laudavit uxor ejus et filius ejus Letbaldus. Testes fuerunt Jodcerannus de Coperia, Hugo de Ozola, Richardus præpositus. Accepit pro hoc unam mulam, et uxor ejus et filius xxx. solidos.

65 [1]

Carta pro sepultura Rodulfi.

Quædam mulier nomine Æva, cum filiis suis Letbaldo et Artaldo, dederunt Deo et huic loco, pro sepultura patris sui Rodulfi, res quas adquisivit ipse de Rotbalt et de infantibus suis, id est I. mansum totum et ad integrum usque ad inquirendum. S' Eva, cum filiis suis, Anselmi, Huberti, Rotberti, Bernardi.

64. — 1. *C '22, MXXXII '242; cf. L 1'*.

65. — 1. *C 22, B '3*.

66[1]

CARTA LETBALDI [2] BILON.

Quidam miles, nomine Letbaldus de Digonia, ingerebat ca‑lumpniam servitutis cuidam homini monachorum, Letbaldo Bilon [3], de villa Belfestu, propter uxorem ejus. Quapropter domnus Hugo prior loci et Antelmus monachus expetierunt eundem Letbaldum, suadentes ei ut jam dictum hominem, filiosque ejus ac filias, totamque deinceps eorum progeniem in pace loco sancto[4] dimitteret, vuerpitionem coram omnibus faciens. Assensit ergo idem miles verbis eorum ut petierant, faciens vuerpitionem ipse et filius ejus Letbaldus Deo et monachis, de prædicto homine ejusque successione, ut superius notatum est. Accepitque in munere C. solidos, filiusque ejus xx. solidos, uxor ejus x., uxor filii v., Richardus præpositus x. Testes sunt Petrus de Civinon [5], Hugo de la Tor, fraterque ejus Seguinus, Richardus præpositus.

67[1]

CAP. LXXIX. — Carta Wlberti de Fracto Puteo, *Puisrompu.*

68[1]

(CAP.) LXXXII. — CARTA GELINI MESCHINS.

Quidam miles, nomine Gelinus, fecit werpitionem Deo et huic loco, de terra quam ex parte uxoris suæ calumpniabat; et pro hoc dederunt ei monachi societatem suam, et insuper quindecim solidos. S' Gelini Meschins, Adelaidis uxoris ejus.

Werpitio qua werpuit Jarento miles medietatem terræ, quam pro anima sua dedit Hugo, frater Seguini monachi, sancto Petro et sancto Grato ad locum Paredi. Testes autem hii fue‑

---

66. — 1. *C* 22', *B* 3, *MB* 28', *MXXXVIII* '55; cf. *L* 1'. — 2. *M* LEDB-L. — 3. *MB* Billon. — 4. *M* sui. — 5. *M* Ciion.

67. — 1. *C* 23, *MB* 28'.

68. — 1. *C* 23', *MCCLXXVI* '157.

runt, qui et subfirmaverunt : Ildinus frater ejus, Wilelmus de Centa(r)bent, Hugo Clericus miles, Marinus miles.

69[1]

(Cap.) LXXXIII. — Carta Artaldi de Simirie.

Quidam miles nomine Artaldus, spreto seculo, seipsum decrevit offerre Deo in hoc loco. In primis dedit in villa Bretchis medietatem clausi, id est vineæ arborumque per totam vineam nemus, quæ ex jure paterno illi devenerat, cum mansione vel tenemento ruricolæ. Item in villa Saviniaco viridiarium[2] cum terra sibi pertinente, servumque Girardum et infantes ejus, cum omni sua integritate cunctisque sibi pertinenciis, ut ille pro x^{cem} libris a comite pignus possidebat. Item in barrochia Campiluci campum maximum terræ, cum vinea adjacente; terminat una pars vinea Petri præpositi, de alia via publica. Dedit etiam servum unum nomine Cassoer, prolemque ejus totam. Testes fuerunt Letbaldus Calvus de Copetra, Acelinus de Pigneria [3], Durannus de Crais, Walburga uxor domni Artaldi.

70[1]

(Cap.) LXXXV. — Carta Lamberti, fratris Duranni de Gurbiniaco.

Quidam homo, nomine Lambertus, dedit Deo et huic loco viii. denarios et ii. panes et i. sextarium vini, et taschiam in manso de la Chassanii, sicut habebat et recipiebat; uxor ejus et filius Durannus, et item frater ejus Durannus et filius ejus Artaldus hæc omnia laudaverunt; et pro hoc accepit a domno Fulcone viii^{to} solidos. Hujus rei sunt testes Gaufridus de Cassannis, Girardus de Valestinas, Humbertus frater ejus.

Alterius doni hæc carta testis, de vinea scilicet quam Artaldus de Parriniaco et Hugo frater ejus dederunt Deo et huic

---

69. — 1. *C 23', MB 28', B 3', MCCLXXVI '157.* — 2. *M* virichariam. — 3. *MB* Pyg-a.

70. — 1. *C '24, MCCLXXVI '153.*

loco, unam vineam quæ est in obedientia de Prisciaco ad Moncel; et pro hoc acceperunt v. solidos et unam vanam. Cujus rei sunt testes Arnaldus presbiter, Bernardus famulus, Petrus Parriniacus, Bernardus Buriandes.

71[1]

(Cap.) LXXXVIII. — Carta Ansedei de Avingo.

Quidam miles nomine Eldierius et Eva, quæ fuit uxor Ansedei, dederunt Deo et huic loco pariter mansos qui in villa Avinga resident: in primis unum mansum indominicatum, ubi Andreas et Jotsuinus manebant, et alium mansum ubi Jotsaldus manebat, et alium mansum ubi Eldevertus stabat, et IIII^{tum}[2] mansum ubi Engelbertus manebat, et v^{tum}[3] mansum ubi Amalricus stabat; et simul concesserunt[4] omnes res quæ ad ipsos mansos pertinent, campis, pratis, silvis, vineis, omnia ad integrum usque ad inquirendum. Et de mancipiis his nominibus: Jotsuinum et Andream fratres, et sororem illorum Emmeltrudem[5], Aydeum, Jotselinum, Raimbert[6], Winebalt, Lambert, et sororem illorum nomine Osanna, Amalricum cum uxore sua et infantibus eorum, itemque I. nomine Durannum, Engelbert cum uxore sua et infantibus eorum, Eldevertum et uxorem suam cum infantibus illorum VII^{tem}. S' Eldierii et Evæ, Ainardi, Teudberti, Stephani, Gerardi, Rodulfi.

72[1]

(Cap.) LXXXVIIII. — Carta Dodanæ.

Quædam mulier, Doda nomine, dedit Deo et huic loco unam vercheriam, quæ terminatur de una parte aqua currente, de altera terra Sancti Petri, de tercia via publica, de quarta terra Duranni filii sui clerici: infra istas terminationes, totum ad integrum' huic loco concessit; et est sita in fine Marciliacensi. S' Dodæ. S' Duranni. S' Lamberti. S' Jotceranni fratris ejus.

---

71. — 1. *C* 24', *B* 3', *MCCLXXVI* '156. — 2. *B* quartum. — 3. *B* quintum. — 4. *M* c-sit. — 5. *M* eo-m Me-m. — 6. Rainb-tum.

72. — 1. *C* 24', *MCCLXXVI* '156.

73[1]

(Cap.) XCIIII. — Carta Girbaldi et Uncbergiæ.

Quidam miles nomine Girbaldus et Uncbergia, uxor sua, dederunt Deo et fratribus degentibus in hoc loco mansos duos, in villa quæ dicitur Varnutias, cum servis et ancillis, pratis, campis, silvis et molendinis, aquarumque decursibus, et omnia quæ ad ipsos mansos pertinere videntur, quæsitum ad inquirendum, totum ad integrum, ex ipsa hereditate patris sui, quæ illi legitime obvenit. Itemque dedit in alio loco mansum unum, quem Almarus tenuit ad æcclesiam de Lainaco, cum pratis et campis, et omnibus quæ ad ipsum mansum pertinent, sine ullo contradicente. S' Girbaldi. S' Rotberti. S' Gaufredi. S' Uncbergiæ uxoris ejus. Propter hanc donationem habuit Girbaldus et uxor ejus xxx. solidos, et unum equum pro solidis xl. et alium pro xx. solidis, et unum tapetum pro solidis x.

74[1]

(Cap.) XCV. — Carta Landrici.

Quidam miles, nomine[2] Landricus, tradidit Deo in hoc loco filium suum nomine Ansedeum, et pro illo[3] dedit ad jam dictum locum quasdam petiolas de vineis, in villa de Rosers, quas ibidem tenebat ex parte matris hujus pueri Ansedei, vel quantum in ipsa villa videbatur habere, totum ad integrum usque ad inquirendum. Dedit etiam in alio loco, in pago Augustodunensi, in villa quæ vocatur Mota, 1.[4] campum de terra arabili[5] supra et infra via publica; itemque in alio loco 1.[4] curtilum, in quo Jotsaldus manebat; et in alio loco cambonem unum juxta fluvium Borbentiæ[6], in quo situm est molendinum unum, de quo molendino duæ partes erant suæ et concessit prædicto loco; et de alia ripa ejusdem fluminis habebat alium

---

73. — 1. *C 25', MCCLXXVI '154.*

74. — 1. *C 25', MB '29, MCCLXXVI 154.* — 2. *M om.* Q. m. n. — 3. *MB eo.* — 4. *MB unum.* — 5. *MB a-le.* — 6. *MB B-bon-æ.*

cambonem 7, quem similiter dedit, et omnia quæ in illis locis nominatis videbatur habere, totum usque ad integrum. S' Landrici, Wilelmi, Walterii filii ejus.

75[1]

Cap. XCVI. — Quidam homo nomine Dominicus vendidit monachis degentibus....

76[1]

(Cap). XCVII. — Carta Detcendæ filiorumque ejus.

Quidam miles, nomine Letbaldus de Digonia, vuerpivit Tetcendam filiosque[2] ejus, Deo sanctoque[3] Benedicto et sancto Grato, annuente Joceranno de Faltrierias, qui ipsos de beneficio ejusdem Letbaldi se tenere fatebatur. Apud castrum SineVinea veniens prior hujus loci Hugo et monachi Sancti Benedicti de Parriciaco, questi sunt in placito[4] generali injuste sibi eosdem servos[5] auferri : quod quique prudentes qui aderant audientes, stabilierunt ipsos Deo et sancto Benedicto et sancto Gervasio, et Grato ad integrum debere refundi, quod ita factum est; et ne quis alius inposterum calumpniare præsumeret, dederunt Letbaldo de Digonia xx. solidos, faventibus Artaldo fratre ejusdem, Joceranno et Guidone de Sancto Privato, sororio eorum. Signum Letbaldi Digoni. S' Joceranni. S' Artaldi fratris ejus. S' Guidonis. S' Antelmi. S' Rotberti Rungifer. S' Stephani archipresbiteri.

77[1]

(Cap. XCIX). — Carta Joceranni de Digonio.

Quidam miles, nomine Jocerannus, dedit Deo et huic loco quandam vineam, quæ est sita in villa quæ vocatur Paion;

7. *MB* c-num.

75. — 1. *C* '26, *MB* '29 *(cancellé)*.

76. — 1. *C* 26', *MB* '29, *MXXX* 85; *cf. L* '1 *(ch. 147).* — 2. *MB* Tetee-m et f-s. — 3. *MB* et s-o. — 4. *M* capitulo. — 5. *MB* g.e. se. si.

77. — 1. *C* '27, *MXIX* '223 ; *cf. L* 1' *(ch. 149).*

et terminat de duabus partibus via publica, de aliis duabus partibus terra ejusdem loci suprascripti. Signum Jodceranni. S' Girardi filii ejus. S' Letbaldi, Bernardi clerici, Walonis, Ansels, Walterii.

78[1]

(Cap.) C.I.

Quædam domina nomine Rotrudis et duo filii ejus, Seguinus et Hugo, pro remedio senioris sui Fulconis, dederunt Deo et huic loco aliquid de rebus suis, quæ sunt sitæ in villa quæ vocatur Mota : quantum ibi visi sunt habere, totum ad integrum, sicut idem senior eorum Fulco actenus tenuit. S' Rotrudis, Seguini, Hugonis, fratrum ; Gotceranni, Gerardi, Landrici.

79[1]

(Cap.) C.II. — Carta Hugonis monachi, fratris Humberti[2] Blanchi.

Quidam miles, relinquens seculum et accipiens monachicum[3] habitum, dedit Deo et huic loco unam vercheriam in villa de Prisiaco, quæ est sita juxta domum monachorum, et de duabus[4] partibus terminat terra dominæ Stephanæ, de tercia terra Sancti Petri, de alia terra Sancti Grati. Dedit etiam ad ipsum locum omnem suam partem de terra quam habebat, cum fratre suo Humberto, in villa de Montet et in Chaloer : tali convenientia ut a natale sancti Martini in tres annos, si voluerit frater suus Humbertus, redimat ipse Cxx. solidos ; si vero C. solidos in hoc tempore reddiderit, iterum monachi terram teneant, donec xx.[5] solidos reddat. Quod si in istis tribus annis eam non redimerit, post hoc etiam in perpetuo eam teneant monachi et possideant, cum omni integritate sua, sive in silvis, pratis, vineis, aquis aquarumque decursibus, totum ad integrum usque ad inquirendum. S' Hugonis, Humberti.

78. — 1. C '27, MCCLXXVI '159.

79. — 1. C '27, MB '29, MCCLXXVI '159. — 2. MB Hub-i. — 3. M m-hatum. — 4. M duobus. — 5. M viginti.

S' Hugonis de Saleniaco. S' Seguini de Colmines. S' Ansedei præpositi, Artaldi Ruil.

80[1]

(Cap.) C.III. — Carta Humberti de Domziaco villa.

Quidam miles, nomine Humbertus, et uxor sua Eva dederunt Deo et huic loco vineam unam, (quæ) in villa Domziaco residet; etiam aliam vineam in ipso tenemento, quod ex camio de sorore sua habebat, et unum campum in eodem loco, et unum servum nomine Adoardum cum uxore sua, nomine Archinsinda, cum infantibus eorum. Terminat autem ipsa hereditas de una parte terra Livonæ, de alia parte via publica, de tercia et de quarta ex ipsa hereditate. S' Gumberti et Evæ uxoris ejus. S' Rudolfi, Gonterii, Tegrini.

81[1]

(Cap.) C.IIII. — Beraldi carta.

In nomine Domini nostri Jesu Christi. Quidam homo, nomine Beraldus, et uxor sua Eldesendis dederunt Deo et huic loco vilare cum orto et olchia, et vinea et prato, ex sua parte, quæ sunt sitæ in villa de Moncello, in vicaria Volobrensi; itemque se ipsum et uxorem suam, et filium suum nomine Eldebertum, cum ipsa terra obtulit præfato loco. S' Beraldi et uxoris ejus. S' Mainbaldi, Constancii, Girberti.

82[1]

(Cap.) C.VI. — Bernardi carta Uriul.

Innotescat agnitioni fidelium Christi quod quidam nobilis miles, nomine Bernardus Uruils, cum matre sua et fratribus, fecit donum et vuerpitionem Deo et huic loco de quodam servo nomine Theoderico; item ex quadam ancilla, uxore

---

80. — 1. *C '27, MCCLXXVI 159.*

81. — 1. *C '27, MCCLXXVI 159'.*

82. — 1. *C '28, MCCLXXVI '172.*

unius hominis nostri Arnaldi de Albigi, quos suos esse proclamabat. Hæc omnia finivit et xx^{ti} solidos a domno decano Adraldo accepit. S' Bernardi. S' Gaufredi, Geraldi, Aremburgiæ matris eorum, Ayrardi Tornuli.

83[1]

(Cap.) C.VII. — Hugonis Rufi carta.

Quidam miles, nomine Hugo Rufus de Castello, querelam quam habebat erga quandam mulierem quæ vocatur Grossa, quæ fuit uxor Beraldi, finivit Deo et monachis hujus loci, ut amplius per secula sit abolita hæc omni modo calumpnia. S' Hugonis Rufi, qui xx. solidos et unum equum bonum accepit. S' Stephanæ uxoris ejus, quæ xx. solidos pro hoc accepit. S' Petri. S' Rainerii. S' Wichardi Cavazole, Rotberti.

84[1]

(Cap. CIX.) — Undradæ carta.

Notum sit filiis æcclesiæ quod convenerunt simul monachi Paredi, videlicet Odylo et Bernardus Quadrelle, et infantes Leottaldi Jargensis, scilicet Humbertus presbyter et alii, propter querimoniam quam habebant contra hos monachos ex una ancilla nomine Undrada; ibique fecerunt hii fratres, Humbertus, Bladinus, Petrus, et soror eorum Wandalmuda donationem hujus ancillæ Deo et monachis hujus loci, necnon et infantum illius, ad habendum et possidendum hereditario jure. Et pro hoc acceperunt x. solidos.

85[1]

(Cap.) C.X. — Carta Eldigerii[2] pro filio suo.

Quidam nobilis miles, nomine Eldigerius, tradidit Deo in hoc loco filium suum quendam puerulum nomine Odylonem, pro amore Dei, et cum eo aliquid de possessione sua, quæ est sita[3] in villa quæ dicitur Baronensis : hoc est omnem terram

---

83. — 1. *C '28, MCCLXXVI '172*.

84. — 1. *C 28, B '4*.

85. — 1. *C 28', MB '29, B '4, MCCLXXVI '172*. — 2. *M* E-ie-i. — 3. *M* s.e.

quam Lancendus tenuit, et totam illam quæ ibi appendit, excepta vinea et curtilum simul tenente; totum ad integrum usque ad inquirendum 4, videlicet terris cultis et incultis, pratis, pascuis, silvis, aquis aquarumque decursibus, exitibus et regressibus. S' Eldigerii. S' Walterii. S' Antelmi. S' Jotcelini5 præpositi ejus.

86[1]

(Cap.) C.XIIII. — Carta Girardi de Buxol.

Quidam miles, nomine Girardus de Buxol, dedit Deo in hoc loco omnem rectitudinem de manso qui est in barrochia Sancti Juliani, quem incolebat homo nomine Popins et per textum sancti Euvangelii obtulit super altare Domini, ita dicens : « Ego Girardus offero Christo, et sancto Gervasio
» martiri et Grato præsuli, ac omnibus sanctis omnem recti-
» tudinem quam in manso Popin ego vel ex me et pro me alii
» accipiebant; requisitiones et munerum perceptiones non
» justas dimitto, voloque ut præfatus miles Wlferius[2] ex
» monachis suum beneficium tenens bene deserviat, et si inter
» eos complacuerit ex toto offerat Christo. Spondeo uxorem
» filiosque meos hæc omnia per fidem laudaturos; si ergo post
» hæc aliquis ex meis sive ex extraneis hæc acta convellere,
» diripere vel perturbare conatus fuerit, Herodis vel Judæ
» proditoris in inferno habebit hereditatem sortis ». Signum Girardi de Buxolio, qui firmavit, equumque optimum pretii 1. D. solidorum[3] in munere accepit. S' Jodceranni Villæ Orbanæ. S' Odilonis monachi et sacerdotis.

87[1]

Cap. C.XV. — Carta Adeleydis comitissæ [2], Teudbaldi [3] comitis filia.

Domna [4] comitissa Adheleidis [5] dedit Deo et ad locum Paredi [6] aliquid de rebus suis, quæ sunt sitæ in barrochia [7]

4. *M* i-uer-m. — 5. *M* Joc-i.

86. — 1. *C 29', MB '29, B 4, L 25; cf. L 1'*. — 2. *L.* Wul-s. — 3. *B* obtimi 1. D. sol. precii.

87. —1. *C 29'-'30, MB '29, S 42', MXXXII '194, L 26 (a) et 27 (b); cf. L 1'*. — 2. *M* comm-e. — 3. *S* Theob-i. — 4. *M* Quædam domina. — 5. *MB* A-lheydis, *S* Heleidis, *MA*. c. — 6. *La* Parr-i, *S M* et huic loco. — 7. *S* pa-a

Martiniacensi : hoc est villam quæ vocatur [8] Leschirolles [9], terramque appellatam Belfestu, cum omni[10] sua integritate, consuetudinibus et omnibus ad se pertinenciis, servis et ancillis, excepto quodam homine nomine Rodulfo, terris cultis et incultis, silvis, pratis, pascuis, aquis aquarumque[11] cursibus, omnia et per omnia, totum usque ad inquirendum ; et super hoc[12] prati medietatem, quod est secus æcclesiam Sanctæ Euphemiæ[13]. Domnus Wido[14] de Tier, filius ejus, laudavit et L. solidos accepit ; domnus Hugo Dalmatius laudavit et denuo ante domnum abbatem Martiniaco[15], tacto ejus baculo in frequentia multorum, itidem laudavit ; domnus Gaufredus Donzi[16] laudavit. Hoc donum fecit et laudavit domna Adalaidis[17], ac D[los] solidos accepit. S' Letbaldi Digonia[16], Artaldi Buxol, Atto Buxol. — Hoc donum suprascriptum[18] laudaverunt Helgodus Bers[19] et duo filii ejus, Eldinus et Enricus[20], coram domna Adalaide et domno Gaufredo[21] de Donzi et domno Widone de Tier[22], Lamberto Descal[23], Falcone, Wichardo Monert[24] ; et denuo ivit domnus Anthelmus[25] monachus Mariniaco, et ibi laudavit Rotrudis uxor ejus, et filius ejus Rotbertus et filia ejus Agnes, coram omni familia ejus.

Post hæc[26] domnus Bernardus de Cachiaco[27] faciebat calumpniam apud priorem et seniores hujus loci, de quadam villa[28] dicta Belfestu : asserens sibi eam datam a comitissa Adalaide in prœmium. Tandem ad hoc ventum est, ut domnus Hugo, prior hujus loci, ad eam properaret ad castrum ejus Calmunt, cum fratre Anthelmo[25] ; ibique adfuerunt legati domni abbatis, Hugo cellerarius et Stephanus decanus. Itaque, ex precatu eorum, domnus Bernardus finivit et vuerpivit omnem querimoniam quam ante aiebat, et quod recti habebat in ipsa villa Belfestu[29] et in Leschiroles, omnia Deo obtulit et jam dictis senioribus ; Girberga uxor ejus et filius ejus Hugo laudaverunt, et acceperunt pro hoc C^{tum} x^{cem}[30] solidos. Testes fuerunt Gaufredus[31] de Esars, Hugo de Vals, .et Hugo de Olsola et filius ejus Jocerannus, Stephanus de Parriniaco[32].

8. *S* vocc-r. — 9. *MB* L-oles, *S* L-her-s, *M* Lechirolles. — 10. *S* o-ia. — 11. *S* a-mve. — 12. *M* hec. — 13. *L* E-is. — 14. *Lb* Hugo. — 15. *S* Marci-ci. — 16. *S* de D. — 17. *S* Hadel-s. — 18. *La* s-adictum. — 19. *S* B-siaci. — 20. *S* He-s. — 21. *Lb* G-rido. — 22. *S* Thier, *Lb* Ver. — 23. *Lb* D-chal. — 24. *Lb* M-ete. — 25. *Lb* Ante-. — 26. *Lb* hoc. — 27. *MB* Cah-o. — 28. *MB* terra. — 29. *La* B-etu. — 30. *La* CC. xx. — 31. *La* G-ridus. — 32. *La* P-rici-o.

88[1]

CARTA DOMNI ARTALDI DE BUXOL.

IN præcedenti narratione hujus operis, memoriam fecimus inter alia ex ecclesia Possions[2], qualiter domnus Atto de Buxol, respuens mundum et suo collo leve Christi imponens[3] jugum, suam partem altaris et presbiteratus ex ecclesia Poissons[4] secum huic obtulit loco, cum suorum fratrum matrisque arbitrio[5]. Nunc placet inseri huic iterum operi, quod domnus Artaldus ejus patruus, pro Dei amore suæque ac conjugis filiorumque et omnium antecessorum salute animarum et venia peccatorum, obtulit Deo et jam dicto[6] loco ipsiusque loci fratribus, et ipse ut nepos suus partem suam altaris et presbiteratus, et iterum illud quod soror ejus sanctimonialis Æduensis domna[7] Agnes in ipsa æcclesia habet; post ejus vitæ finem, II[os][8] solidos et dimidium suæ partis. Hoc donum gratifice cum suo viro obtulit uxor ejus Jartrudis, filiique Hugo et Artaldus, ammonente et præeunte[9] loci priore domno Hugone, cum sociis fratribus Antelmo et Ermenaldo. Auctor horum et testis veridicus domnus Durannus Merolus, sacerdos Eduensisque canonicus, et Stephanus presbiter Dio, Letbaldus Digonia, Bernardus juvenis de la Porta, Hugo Jhaloet[10] et Stephanus Parriciacus[11].

89[1]

CARTA PETRI DE CASTEL.

QUIDAM miles, Petrus de Castel, corde et corpore[2] Deo se cupiens monachum offerre, dedit Deo et huic loco ea quæ habebat in villa Fargias dicta, id est vercheriam, pratum cum vinea insimul tenente : cuncta ad inquirendum ; et in alio loco, ubi dicunt ad Querelam, campum et pratum : omnia sicut homo quondam Durannus Ferranz tenuit; item illo ubi vocant ad Frumentale, clausum vineæ cum omni sua integritate.

88. — 1. *C 3o', B 4', L 29*. — 2. *L* P-nis. — 3. *B* inp-s. — 4. *L* Possionis. — 5. *Cf. ch. 20*. — 6. *L* d. j. — 7. *B* domina. — 8. *B* duos. — 9. *L* pere-e. — 10. *L* Ihalo. — 11. *B* Patri-s.

89. — 1. *C 3o', MB 29', B '5*. — 2. *B* cordore.

90[1]

Carta Bernardi de Vals.

Castri Sinemurensis quidam miles, nomine Bernardus de Vals, cupiens se Deo offerre ex toto in ordine monachico, dedit Deo huicque loco, pro susceptione sua filiique sui Petri ætatis adhuc puerilis, in villa Giverziaco dicta, duas bordelerias, cum omnibus ad se pertinenciis et debitis servitiis; itemque, in villa dicta ad Castel, campum frugiferum, a la Tasneria dictum : totum ad integrum. Auditores et testes hujus doni : Albuinus Grossus, Artaldus Jhavasiset, Girardus la Bargi, Fulcaldus, Hugo de Laval, Hugo filius ipsius Bernardi.

91[1]

Carta Arici militis Forensis.

Quidam miles alti generis territorii Forensis, nomine Aricus, rumorem calumpniarum et minarum agebat erga priorem hujus loci, domnum H(ugonem), pro emptione æcclesiæ Dio, ubi suæ portionis x. solidos annuatim et mutaciones presbiteri esse proclamabat. Obtulit ergo Deo rectum vuerpivitque tortum [2], et xxx. solidos percepit in præmium; ipse Aricus spopondit, tam pro se quam etiam pro filiis suis. Testes et mediatores hi fuerunt : Humbertus prior Marciniaco, Artaldus Jhavasiset, Girardus Bargi, Pontius de Columbeta.

92[1]

Carta Boni Par.

Quidam miles nobilis, Bonus Par nomine, filius Tetardi Roenensis, commovebat et agebat calumpnias erga hunc locum; et tandem a Deo inspiratus, cum suis amicis consiliatus, venit cum suis die condicta ad rationem placiti cum domno Hugone

---

90. — 1. *C '31, MB 29', B '5.*

91. — 1. *C '31, B '5, MXXXII '205.* — 2. *B* totum.

92. — 1. *C 31', L 28; cf. L 1'.*

loci priore. Ibique post multa venit ad pacis concordiam ex omnibus causis fratrum loci, rectum quod quærebat dans Deo, injustitiam finiens, æcclesias, terras, mancipia utriusque sexus, silvas, prata, vineas, omnes possessiones eorum eis per fidem in pace concedens. Auctores testesque, mediatores hujus pacti fuerunt : inprimis loci prior domnus Hugo, Humbertus prior Marciniaci ; laici : Bonuspar, Artaldus Jhavigiset, Heldinus Tisions, Folcaldus, Artaldus Buxol, Letbaldus de Digonia, Hugo Saliniaco, Hugo Ogedia, aliique multi.

93[1]
Carta Hugonis juvenis de Larris.

Quidam miles, nomine Hugo de Larris, jam ante cum patre suo dederat Deo huicque loco quasdam terras, quas itidem denuo cum aliis malefactis repetebat. Tandem ergo resipiscens, iterum spontaneo animo reobtulit Deo, id est mansum Verreriis, mulnarium aliaque omnia, cum suis appendiciis, bordelariis ultra aquam : cuncta usque ad inquirendum ; condaminam dictam ad Moteri, cum exarteriis subadditis, viridiarium nemoris Campoburtins, cum duabus bordeleriis, pratum dictum Grossa Noa ; item pratum Vetulæ Fontis medium, querelam consuetudinis in vercheriam de la Font, quam dedit monachus Rodbertus. Et ut firme stabiliterque custodiat in ante, fidejussores dedit domno Hugoni priori loci Gaufridum Bonant, Hugonem Scabellis, Wichardum Luurci, Bernardum Loel, et XL. solidos accepit ; Eldeardis uxor ejus laudavit, Eldinus filius ejus. Testes et auctores hujus placiti : Hugo prior, Antelmus monachus, Hugo Blanchus, Gaufredus Bonant, Hugo Scabellus, Wichardus Luurci, Rodulfus archipresbiter, Wichardus, Stephanus de Parriciaco, Popez.

94[1]
Item alia carta de eodem.

Quidam miles, nomine Hugo de Larris, jam ante cum patre dederat Deo et huic loco æcclesiam de Murciaco, scilicet

93. — 1. *C 31', MXXXII 196.*
94. — 1. *C 31'-'2, B 5', MXXXII 196'.*

illam quam ibi videbatur habere partem; quam itidem repetens, cum aliis malefactis et innumeris querimoniis, quas contra priorem istius loci habebat. Tandem vero resipiscens, coegit ad hoc ipsemet Hugo domnum Hugonem priorem, ut cum bono animo iterum susciperet partem 2 prædictæ æcclesiæ : quod et fecit. Deditque ipse Hugo de Larris Deo et huic loco omnia quæ ibi habebat, scilicet presbiteratum, cimiterium, decimum et offerendam : totum usque ad inquirendum. Fecitque laudari hoc Ornado presbitero, qui ipsam æcclesiam tenebat de illo, et uxori suæ Hildeardæ; accepit autem pro hoc a domno Hugone priore unum equum, pro centum solidis. Misitque fidejussorem, in manu prioris, Hugonem Scabellis³ : tali conveniencia ut usque ad festivitatem sancti Johannis Babtistæ⁴ alium fidejussorem mittat valentem illum, ut ipse Hugo sit ex medietate fidejussor et alius ex alia medietate, ut si forte aliquod 5 malum de ipsa æcclesia ipse Hugo vel aliquis pro eo fratribus hujus loci intulerit, fidejussores emendent. Testes : Antelmus monachus, Hugo Scabellis ⁶, Wichardus Cavazola ⁷, Popez.

95¹

(Carta Widonis de Corte militis).

Quidam miles de Corte, nomine Wido, calumpniabatur Amicum Coraldum et infantes ejus pro servis suis; sed Amicus Coraldus dedit ipsi Widoni xx^ti solidos, et uxori ejus caligas et filio ejus unum blialdum de fustanio. Et hoc tenore ipse Wido dimisit omnem calumpniam quam habebat in eum, et concessit eum solutum et quietum Deo et sanctis quorum memoria in Paredo habetur, posito libro super altare Crucis, et deosculato altari in concessione hujus paccionis ; et hoc fecit laudare et concedere uxorem suam Amilum et omnes infantes suos. Testes sunt Girardus prior, Arnaldus Cella monachus, Rodulfus de Vitriaco, Ragan famulus, Bertrannus sartor, Bonit famulus, Girardus pistor, Meschinus presbyter, Petrus Caput Jolus.

2. *M* et p. — 3. *B* scabinum. — 4. *M* Bapt-te. — 5. *M* a-uid. — 6. *B* scabinus. — 7. *B* Cha-a.
95. — 1. *C* 32, *B* 5'.

96[1]

Cap. I. — Scammium cum Girardo et Hugone de Buxolio, de manso ad Sanctum Justum cum fratribus Aureæ Vallis.

Inter quosdam nobiles viros Gerardum et generum ejus Ugonem de Buxol convenit, ut quiddam prædiorum cum monachis Aureæ Vallis, id est Paredi, vicissim mutuarentur. Dederunt igitur fratres prædicti loci Gerardo et Hugoni militibus jam fatis unum mansum, cum appendiciis suis, vineis, aquis, pratis, campis, terris cultis et incultis : omnia ad inquirendum ; et unum servum nomine Bernardum, et conjugem ac liberos ejus. Et acceperunt ab eis alium mansum Chalcingis[2] dictum, cum omnibus appendiciis suis, id est terris cultis et incultis, pratis, aquis, pascuis, silvis : omnia ad integrum usque ad inquirendum ; et unum servum nomine Bernardum, cum duobus fratribus ejus et conjuge ac liberis. Mediatores hujus rei fuit Andraldus prior cum fratribus loci, præcepto donni Odilonis abbatis et Ugoni comiti et episcopi. Testes fuerunt hi : Tetbaldus comes, Gerardus, Atto, Ugo, uxor eius Aya, Seguinus et Artaldus, filii Gerardi.

97[1]

Cap. II. — Carta Hugonis de Buxol.

Hunc mansum supradictum, cum omnibus appendiciis suis, dederunt Domino Deo post hæc et ad locum supradictum, cum omni sua integritate et melioratione, post obitum suum Hugo supradictus et Aya uxor ejus ; illam etiam terram quæ fuit Eldigerii, quæ etiam pro sepultura ejusdem[2] mulieris fuit data ad jam dictum locum, in villa Scotia et in aliis villis in circuitu ubicumque ex illa terra quippiam residet, totum ad integrum dederunt Deo usque ad inquirendum. Pro filio vero suo Attone, quem obtulerunt Deo in eodem loco, dederunt omnem terram

96. — 1. *C 33, L 30 (a) et 32 (b) ; cf. L 1'.* — 2. *Lb* Ca-s.

97. — 1. *C 33', L 30' (a) et 32' (b) ; cf. L '2.* — 2. *La* cuj-dam.

quam in villa Scotia habebant, allodum et franchisiam, silvas, campos, pratos, aquas, terras cultas et incultas, et omnes consuetudines et servitia omnia usque ad inquirendum. Testes fuerunt Letbaldus Villa Urbana, Petrus de Vetula Curia, Letbaldus de Copetra, Vuilelmus de Vetula Curia, Bernardus Vernul. Ugo et Aya [3] laudaverunt, filii horum Gerardus, Artaldus et alii. Post hæc omnia, jam dicta domna Aya prælibatum mansum reddidit Deo et loco supradicto, cum omni sua integritate, in dominium fratrum, et accepit pro munere CL. solidos; hoc donum laudaverunt filii ejus similiter.

98[1]

Cap. IIII. — Carta Lamberti de Marciliaco.

Donnus Lambertus de Marciliaco dedit Deo in hoc loco, pro anima sua et antecessorum suorum, mansum qui dicitur a la Gurci, cum omni sua integritate usque ad inquirendum, et consuetudinem in silvis, et servum nomine Petrum cum filiis et filiabus; et reddidit ipse masoerius porcum bonum, et multonem vestitum, et coxam de vacca, et per messiones sextarium vini et unum panem, sancti Martini alium sextarium vini et II[os] de avena, et taschiam de fructibus et I. caponem, et mussal de canabo. Signum Joceranni fratris ejus. S' Gerart Buxol. S' Dalmatii Centarbent. S' Letbaldi Copetra. S' Hugo Olsola.

99[1]

(Cap. V. —) Carta Ilionis et uxoris ejus Rotrudis.

Domnus [2] Ilius et uxor ejus Rotrudis obtulerunt Deo, in hoc loco, filium suum Achardum ad ejus servitium; et dederunt, tam pro eo quam pro se, mansum unum in villa quæ dicitur Villena, quem Alardus tenuit, cum omnibus appenditiis suis, terris cultis et incultis, campis, vineis, pratis, pascuis, aquis, vercheriam : totum ad integrum usque ad inquirendum ;

---

3. *La* Aia.

98. — 1. *C 33'-'4, L 34 ; cf. L '2.*

99. — 1. *C 34, MB 29', B '6, MXXVI 210.* — 2. B Donnus.

et in alio loco, omnem terram quæ ad mansum Deodati pertinebat, id est campos, pratos, consortibus, exitibus et regressibus : totum ad inquirendum, extra vercheriam ubi est domus ejus ; et pro illa dederunt alias duas positas juxta primam in una clausione, et terminant de uno fronte via ubi sunt duo quercus, de alio via publica, tercio silva, quarto vercheria Evraldi; in silvis vero suis proximis, unum usum dederunt hominibus in eis manentibus, excepto ausu dandi vel vendendi ; pastionem porcorum quos habuerunt homines in his mansis duobus, dederunt in silvis suis. Testes hujus doni fuerunt Lambertus Marciliaco, Artardus et Wigo filii Ilionis, Letaldus Maringis, Golferius, Durannus præpositus.

100[1]

(Cap. VI). — Item eorumdem.

Idem ipse domnus[2] Ilio et uxor ejus Rotrudis dederunt Deo, pro suis animabus[3] et antecessorum suorum et pro sepultura ejusdem domnæ[4] Rotrudis, mansum unum qui residet in villa de Villerel[5], in hoc loco, cum omnibus appendiciis suis, campis, pratis, pascuis, aquis, silvis, terris cultis et incultis, exitibus et regressibus : totum ad inquirendum; dederunt etiam servum nomine Grimaldum et infantes ejus. Signum[6] Ilionis et Rotrudis. S' Artaldi et Wigonis. S' Lamberti, Jodceranni[7], Gerardi, Ugonis, Letbaldi de Copetra.

101[1]

Carta Bertranni de Parriniaco [2].

Quidam nobilissimus miles, domnus Bertrannus, dedit Deo in hoc loco de rebus suis, quæ sunt in villa de Paion, mansum unum cum omnibus appendiciis suis, vineis, campis, pratis, pascuis, acquis, terris cultis et incultis: totum ad integrum usque ad inquirendum ; et duos servos qui sunt in ipso manso,

---

100. — 1. *C 34', B '6, MXXVI 210'*. — 2. *B* donnus. — 3. *M* ambabus. — 4. *B* donnæ. — 5. *B* Vilerel. — 6. *B* S'. — 7. *B* Jodze-i.

101. — 1. *C 35'-6, S '43, MXXI '106; cf. L '2*. — 2. *S* Per-o.

cum uxoribus eorum et infantibus; et in silvis ejus accipiant ligna sicca et viridia ad usus suos, sicut et alii qui in villa manent. S' Bertranni, S' Anselmi, S' Ildini, fratrum. S' Ugonis³ comitis. S' Tetbaldi⁴ comitis. S' Rotberti de Saliniaco et Ugonis fratris ejus.

102¹

Item ejusdem.

Idem ipse domnus Bertrannus dedit, pro anima et sepultura fratris sui Ildini, mansum unum non longe ab ecclesia Sancti Albini situm, cum omnibus appenditiis suis, silvis, pratis, pascuis, aquis, terris cultis et incultis, exitibus et regressibus : totum ad inquirendum. S' Bertranni. S' Dodoni. S' domni Ugonis comitis et episcopi. S' Ansedei, Seguini.

103¹

Item ejusdem.

Item domnus Bertrannus ad mortem veniens, pro anima sua, et domnus Walterius de Parreniaco et Ansedeus fratres, dederunt Deo in hoc loco campum unum, Vetulas Milerias dictum : terminat ex uno latere foresta Paion, ex alio via publica; et omni anno unam carratam feni in prato Otelmi, et terram illam quæ dicitur Campus Spinosus; dederunt etiam servum Girardum nomine. Hoc vero donum fecerunt pro sepultura patris sui Heldini et pro salute animarum suarum. S' Gaufredi de Varenas, Heldradi de Chastel, Asgini de Gentes, Ugonis Mencioda, Bernardi Gondeli.

104¹

Charte de M. Josserand de Varennes et ses frères Hugues et Bernard, qui font donation du bois de Corde (Cordensis), *du temps de s^t Odille.*

3. *M* U-i. — 4. *S* Theob-i.

102. — 1. *C '36, MXXI 106.*

103. — 1. *C 36', MXXI 106'.*

104. — 1. *C 36', L '2.*

105[1]

CARTA DE SERVIS.

IDEM ipse donnus Jodzerannus (de Varenas) et filii ejus jam dicti (Gerardus, Petrus, Gaufredus, Wilelmus, Wigo) agebant calumnias de quibusdam servis ex familia Sancti, quos antecessores jam dicto loco obtulerant; quos omnes, pro Dei amore, diversis temporibus fratribus loci concesserunt. Nomina servorum fuerunt hi: Archimbertus præpositus et infantes ejus, Rainaldus pistor filiique ejus et filiæ, Gerardus filiique ejus et filiæ, Bertran Borbon fratremque ejus Bernardum et omnem successionem illorum, filios et filias cujusdam mulieris nomine Heldeardis et omnem successionem eorum, Stephanum de Capella fratresque ejus et sorores et omnem posteritatem eorum. Et pro hoc acceperunt Gaufredus xv. solidos, Wilelmus xxx, Wigo xxx, Durannus Rufus presbyter v. solidos. Testes hujus doni fuerunt hi: Gaufredus et fratres ejus, Ansedeus Angledeus, Einricus de Mardelgio, Heldinus de Castel.

106[1]

Autre (charte) desd(its) de Varennes, qui suit.

107[1]

(CAP.) LVII. — CARTA DONNI UNBERTI BORBON [2].

CLARISSIMUS [3] comes [domnus Tetbaldus [4] migrans a seculo, inter alia munifica [5] quæ obtulit Deo in hoc loco, omnem terram ad integrum quam sui homines de Digontio tenebant ex eo, tam ultra Ligerim quam ex hac ripa, cum vineis et mansionibus in castro Sancti Johannis, omnibusque[6] consuetudinibus, concessit huic loco. Post mortem vero ejus, filius ejus

---

105. — 1. *C 36', B '6; cf. L '2.*

106. — 1. *C 36', L '2.*

107. — 1. *C '41, S '43, B 6', L 35; cf. L '2.* — 2. *S* DOMNI HUMB-I B-NENSIS. — 3. *S* CA-S. — 4. *S* Theob-s. — 5. *B* m-cia. — 6. *L* et o-s.

domnus Hugo inter alios conciliavit[7] sibi domnum Unbertum [8], præpotentem virum, et dedit ei suam sororem Hermengardam [9] in conjugium; deditque ei prælibatam terram de Digontio, contradicentibus fratribus loci. Igitur post nonnulla, monente domno Hugone loci priore, prædicta Hermengardis sentiens sibi mortem vicinam, ex consensu domni Unberti[10] viri sui, obtulit Deo in hoc[11] loco suum filium[12] Unbertum[10] puerulum, simul cum supradicta terra; et hoc donum dedit domnus Unbertus [10.13], pro anima ejusdem uxoris suæ et sepultura et filio, suaque et suorum antecessorum animabus. Laudantibus suis magnatibus, quorum nomina hæc sunt: Gaufredus de Varenas[14] et Vuilelmus[15], fratres, Artaldus de Buxol, Ansedeus Montermenter et Ansedeus de Maringis[16], et Jocerannus[17] de Vilers[18] et Archimbaldus[19] de la Graveri[20], Jodcerannus[21] de Copetra, Ilius Paganus, Seguinus Vitrie[22]. Deditque pro hoc domnus Hugo prior ipsi Unberto[10] equum de CC. solidis et CCL. solidos. In hoc dono[23] est omnis terra supra scripta; insuper et domus qui[24] est in castro Sancti Johannis sita, et est immunis ab omnibus debitis omnium hominum: tantum domnis Unberto[10] et Dalmatio, unum porcum et unum multonem propter pascua.

108[1]

(Cap.) LVIII. — Carta Bernardi senis de Angleduris.

Quidam miles, Bernardus nomine, retinebat ex hujus loci beneficio omni anno, ii. modios de sigilo et iii. de vino, ac v. solidos et unum pratum quod vocatur Predbonant. Tandem inspiratus divinitus et a domno Hugone priore ammonitus, accepit ab eo C. solidos et unam mulam; et conduxit eum et filium ejus Cluniaco, dederuntque eis seniores loci societatem in benefactis suis, et fecit donum et vuerpitionem Deo in hoc

---

7. *S* consi-t. — 8. *S L* Humb-m. — 9. *L* Hering-m. — 10. *S* Humb-. — 11. *S* D. et huic. — 12. *B* f. s. — 13. *L* Ub-s. — 14. *S* V-nis. — 15. *L* Vi-s. — 16. *L* Angluris. — 17. *S* Jotse-s. — 18. *L* Vill-s. — 19. *S* A-ham-s. — 20. *S* G-ie, *L* Graneri. — 21. *S* Jotse-s, *B* Jodze-s. — 22. *B* Virrie. — 23. *L* hac dome. — 24. *S* corr. quæ.

108. — 1. *C* 41', *L* 36; cf. *L* '2.

loco de supradicto beneficio. ' Sign' Bernardi. S' Bernardi, Jodceranni, Ansedei, filiorum ejus ; Artaldi de Buxol, Guichardi Cavazol', Vuilelmus de Vetul'.

109[1]

Carta Wicardi de Vilers.

Quidam miles, Wicardus nomine de Vilers, dedit Deo et huic loco, pro anima et sepultura sua, tenementum cujusdam hominis sui, qui appellabatur Hugo Morsals de Altaripa, omne servitium quod debebat et consuetudinem. Et uxor ejus Cecilia et filii ejus laudaverunt hæc omnia ; Hugo Morelion laudavit.

110[1]

(Cap.) LXIII. — Carta Fulconis de Medens.

Quidam miles, Fulco de Medens, et uxor ejus Raingardis dederunt Deo et huic loco, in villa Moncellis, medietatem mansi quem ibi habebant, pro animabus suis et sepultura sua. Signum Fulconis et uxoris ejus Raingardis, et Gaufredi de Buxol. S' Jodceranni de Donzi.

111[1]

Carta domni Rodberti [2] de Montermenter [3].

Patris Odilonis et egregii comitis Hugonis et episcopi ac prioris domni Gonterii[4] tempore, fuit quidam miles nomine Heldinus ex castro Montis Sancti Vincentii, qui ab ipso comite et a quodam ejus famulo nomine Bernardo mansum, qui dicitur Belmont [5], suæ[6] opibus substantiæ[7] gratanter comparavit.

---

109. — 1. *C '4*2, *B 6' ; cf. L '*2.

110. — 1. *C '4*2, *L 37 ; cf. L '*2.

111. — 1. *C 4*2'-'*3, MB 29', S '43, B 7, MXIX 47*. — 2. *B M* Rob-i. — 3. *S* Rotb-i M-ti. — 4. *B* Gun-i. — 5. *M* Bal-t. — 6. *S* de s. — 7. *S* sus-œ.

Procedente vero tempore, cum comes Hugo profectionem pararet Hierosolimis [8], multi ad eum undique convenerunt ; inter quos prior hujus loci domnus Gonterius [9], cum quibusdam fratribus ferentibus munera, advenit, suggerens jam dicto comiti de manso Belmont, quia sibi vicinus, utilis esset et congruus. Quapropter prædictus comes, advocans præfatum Heldinum, quia sciebat[10] se ab eo diligi, suasit ei ut, quia audierat suum quendam filium Deo vovisse, ipsum puerum ad baptismum in monasterio ferre[11] faceret, litteris traderet et Deo in prædicto loco offerret : assensit his rationibus præfatus Heldinus, et ita in[12] dominium Sancti devenit isdem mansus. Post mortem vero domni Hugonis comitis, nepos ejus Tedbaldus[13] surrexit in loco illius, et ex hoc manso beneficiavit quemdam militem nomine Rodbertum de Montermenter : ea apposita conditione ut, si non ante, saltim[14] in suo fine eumdem mansum loco Sancti redderet. Unde isdem[15] Rodbertus, post multos annos infirmitate corporis Cluniaco detentus, Deo et sanctis ejus et domno Ugoni[16] abbati hunc mansum reddidit ad prælibatum Aureæ Vallis locum; et in augmentum obtulit quandam forestam sui juris, in villa Breterias sitam, juxta castrum Montermenter[17]. Hoc donum filii ejus, Wilelmus[18], Dalmatius, Ansedeus, Stephanus, audierunt et laudaverunt ; sed denuo C. solidos pro hoc acceperunt. Signum Wilelmi[19] de Varenas. S' Bernardi senis Angleduris[20], Wilelmi de Vetulis[21], Stephani Seschal[22].

112[1]

Carta Wigonis de Varena.

Domnus Wigo de Varena dedit Deo et hujus loci fratribus mansum Thetmanni, in' ipsa villa de Varena; et item donavit Bernardum Cocum et tenementum ejus, et mansum Aalaldi de la Capella, et ipsum et filios ejus, et mansum Vualberti de Laval : hæc omnia dedit post obitum suum, et in vestitura xii.

---

8. *S* H-mas. — 9. *MB* Gun-s. — 10. *M* si-t. — 11. *S om*. — 12. *S* ad. — 13. *S* Theob-s. — 14. *S corr*. salten. — 15. *S* iste. — 16. *S* Hu-i. — 17. *MB* M-minter. — 18. *S* Will-s. — 19. *M* Will-i. — 20. *MB* A-d., *B* A-dei. — 21. *M* V-l'. — 22. *M* S-cal.

112. — 1. *C 43', L 38 ; cf. L '2*.

denarios omni anno in unoquoque manso. In barrochia autem de Vitri, in Charneto, dedit Petrum cum suo tenemento, et Ingelbertum ex toto ibidem similiter. Testes hujus rei : Rainerius archipresbiter, Durannus Rufus presbiter, Artaldus Buxol, Jodcerannus Olsola, Gelinus de Munda. Et 1. mulam pro hoc accepit.

113[1]

Donat(ion) de Girard de Saint-Germain, chevalier, présens Etiennette sa femme, Guillaume leur fils, Régnier de Castel, Guillaume Velicourt, Geoffroi Pilfols et son frère Artaud, (sans date).

114[1]

CARTA GAUFREDI CANONICI.

GAUFFREDUS canonicus, de Buxol, dedit Deo et hujus loci fratribus servum suum, Girardum de Beluz, uxoremque ejus et filios ac filias, in servitium ; et mansum quem ex eo tenebat, cum omnibus appenditiis, usque ad inquirendum, et si quid alibi ex eo tenebat. Signum Ayæ matris ejus. S' Aganonis episcopi, Walterii Floienxani, Duranni Meruli.

115[1]

CARTA DOMNI DALMATII DE BORBON.

NOBILISSIMUS miles, domnus Dalmatius, agebat querelam contra locum Aureæ Vallis fratresque ipsius loci. Tandem ergo celitus inspiratus, præsente domno Hugone priore loci et causæ instanti oportune, fecit werpitionem ex injusticia, simulque donum ex sua juris causa ; erat autem hæc calumpnia ex foresta quæ supra monasterium est sita, ex antiqua videlicet et ex novella silva, in circuitu suæ crescentiæ juxta. Hoc autem

---

113. — 1. *C 43', L '2.*

114. — 1. *C '44, L 39 ; cf. L '2.*

115. — 1. *C 44'-'5, MXXXVI 107.*

donum vel werpitionem fecit Agnes uxor ejus cum eo, filiique Falco et Wichardus, pro animabus suis et antecessorum suorum; acceperuntque in munere, Dalmatius unam mulam et L. solidos, uxor ejus xx, filii xx, Bernardus Angleduris xx. S' Symonis ducis. S' Bernardi Angleduris. S' Rodberti Angleduris, Widonis de la Curt, Stephani Bezon ; item Stephani Florenz', Vilelmi Vetulai', Stephani de Gent'.

116[1]

Carta Dalmatii Borbon [2].

Quidam milites, Dalmatius et Umbertus[3] de Borbon [4], dederunt Deo et huic loco, ipsi et uxores eorum, quandam mulierem, uxorem cujusdam Walterii, quam calumpniabant, filiosque ejus et filias. S' Ansedei Angleduris [5], Rodberti fratris ejus. S' Wilelmi Vetulac' [6]. S' Seguini de la Cort [7].

117[1]

Carta Umberti Borbon uxorisque ejus Ermengardis.

Domnus Humbertus de Borbon et uxor ejus remiserunt finieruntque, Deo hujusque loci fratribus, omnem illam illationem vel exactionem quam annualiter perquirebant, in manso Belmont, ab incolis ipsius terræ; itemque dederunt prædicto loco vercheriam in villa Bellaspina, quam Seguinus præpositus ante retinebat: acceperuntque pro hoc XL. solidos, Seguinus II^{os} solidos. S' Rodulfi Filai. S' Walonis fratris ejus. S' Ansedei Maringis. S' Galterii Florenz'.

118[1]

Charta Widonis Florenzang'.

Quidam miles, Wido nomine, respuens mundum et induens in hoc loco monachicum habitum, dedit in parochia Vitri mansum unum, *etc*.

116. — 1. *C 45, S 43', B 7', MXL '6; cf. L '2.* — 2. *S* B-nensis. — 3. *B* Unb-s, *M* Humb-s. — 4. *S* B-nio. — 5. *B* A-dei. — 6. *B* V-cii. — 7. *M* Curt.

117. — 1. *C 45', MXL 6.*

118. — 1. *C 45', MB '30.*

119[1]

Donation de M. Anseau de Parriniaco, *présens Jocerand* Vilers, *Guillaume de Velicourt, Geoffroy* Digontii.

120[1]
Carta Emmonis militis et monachi de Foresta.

Quidam miles, nomine Emmo de Lurciaco, ad vitæ suæ exitum veniens et monachicum habitum induens, dedit Deo et hujus loci fratribus, in parrochia Victriacensi, medietatem forestæ quæ vocatur Monenchia. S. Emmonis. S. Iterii, Wilelmi, Iterii, Albuini, fratrum. S. Hugonis, Ildini. S. Ainæ, matris ejus. S. Bernardi.

121[1]
Charta Ansedei de la Fin.

Quidam miles, nomine Ansedeus, dedit Deo, tradens se in ejus servitio in hoc loco, omnem illam terram quam habebat in villa de Jhaloeth, quæ ex matre sua Gontrude ei obvenerat, *etc.; présens Richard* de Vilers, *etc.*

122[1]
Charta Stephani Goy.

Quidam miles, nomine Stephanus, ad monachatum veniens, dedit quidquid possidebat in villa Pauliaco, *etc.*

123[1]
Carta de pontonariis de Graverias.

Quidam nautæ, id est pontonarii, portus que dicitur Graverias, quod olim a quodam illustri milite, nomine Rainerio Vetulo,

119. — 1. *C 45'-'6, L '2.*
120. — 1. *C 46, B 7'.*
121. — 1. *C 46' (al. 48'), MB '30; cf. L 2'.*
122. — 1. *C 47, MB '30.*
123. — 1. *C 48, MXXXII 188.*

loco erat condonatum jam dicto, ut debitum omni anno redderet censum, quodque jam ex toto erat amissum; venientes ante præsentiam tunc temporis jam præfati loci prioris, domni Hugonis et ab eo diligentius exquisiti, tandem post multa ad hoc perventum est ut, tam pro absolutione jamdudum census retenti quam pro ipso censu, persolverent omni anno, sua evectione perducentes ad monasterium, mensuram probatam in circuitu suo II° sextaria mellis obtimi, perficiantque hoc a sancti Michaelis usque sancti Martini festa, sine ulla sibi debita omnino consuetudine; et ut fratres ejusdem loci et homines eorum, quotiesconque usus fuerit, transvadere ad eundem portum sine omni lucro festinent. Hac igitur pactione ex omnibus querelis et conventionibus inter se monachi et homines supradicti ex toto, coram multis testibus, ad finem venerunt. Appellantur homines isti : Letaldus et Wido, qui a se et a suis successoribus hunc censum esse reddendum ultro spoponderunt.

124[1]

Carta Arnulfi Dulzoles.

Quidam miles, Arnulfus nomine, dedit Deo et hujus loci fratribus, in villa quæ dicitur Acriri, juxta villam Querre, unum mansum qui debet tale servitium : per messiones I. sextarium vini, et II. panes et unam denaratam carnis ; sancti Martini, I. sextarium vini et II. panes, et V. denaratas de carne, II. sextarios avenæ. S. Hugonis consobrini ejus.

125[1]

Carta Maimbaldi.

Quidam homo, Maimbaldus nomine, et uxor ejus Belucia dederunt Deo et huic loco, de rebus suis quæ in agro Volabrense, in villa Moncello resident, curtilum et vinea et omne suprapositum ; terminat de uno latus terra Sancti Johannis, de alio terra Ermenast cum heredibus suis, de tertio

---

124. — 1. *C 49, B 7'.*

125. — 1. *C 49, B 7'.*

Eldebert et eris, de quarto via publica : infra istas terminationes medietatem dederunt prædicto loco, in tali tenore ut annis singulis, festivitate sancti Martini, IIII. denarios reddat. S. Maimbalt et uxor ejus Belucia. S. Raimbalt. S. Petroni. S. Bernart, Artalt, Gausbert, Albert.

126[1]

Donation par M. Hugues Damas, de choses sçises à Orval; cite son oncle Odilon, etc., (sans date).

127[1]

Carta donni Hugonis de Saleniaco.

Donnus[2] Hugo de Saleniaco [3], ad obitum suum effectus monachus in hoc[4] loco, dedit Deo mansum unum[5] in villa Fracto Puteo valde optimum, al Moncello dictum, cum omni sua integritate, campis, vineis, silvis, pratis, pascuis, aquis, terris cultis et incultis, exitibus et regressibus, omnibusque serviciis et consuetudinibus : universa ad inquirendum. Testes hujus doni : Ugo [6], Wichardus et Aroldus, filii ejus, Lebaldus[7] de Digonia, Artaldus de Buxol, Anselmus de Valestinis, Bardes, Rodbertus præpositus. Reddit tale servitus : sancti Martini, porcum de sex solidis, IIII^{or} sextarios vini IIII^{or}que sextarios avenæ, VI. panes et taschiam ipsius terræ, et I. caponem et I. mussal canabi ; et per vendemias, plenam refectionem.

128[1]

Carta Wilelmi monachi de Chanfeliz.

Quidam homo, nomine Wilelmus, ad monachatum veniens, dedit Deo et huic loco de hereditate sua, in æcclesia quæ dicitur Jus, omnia quæ in altare interius et exterius, in decimis et primiciis, in terris, omnibus quibuslibet rebus, visus est habere, *etc.*

126. — 1. *C 49', L 2'.*

127. — 1. *C 51', MB '30, S 43', MXXX 75; cf. L 2'.* — 2. *S* Domnus. — 3. *S* Salin-o. — 4. *S* m. et huic. — 5. *M* u. m. — 6. *S* domni Hugo. — 7. *S* Letb-s.

128. — 1. *C 52, B '8.*

129[1]

CHARTA BERNARDI MONACHI DE FLORENZANGIS.

Quidam miles, nomine Bernardus, veniens ad monachatum, dedit in villa Pauliaco unam vercheriam.

130[1]

CARTA DALMATII DE BORBON.

Domnus Dalmatius de Borbon[2] agebat multas insidias erga hunc locum et circa priorem hujus loci domnum Hugonem, ita[3] ut publice eum assalierit; tandem, a suis ammonitus[4], misit obsides in manus prioris, ut pacem et concordiam faciat cum illo. Postea venit Marciniaco ipse Dalmatius cum filio suo Falcone, in præsentia domni Hugonis abbatis, et fecit pacem et concordiam cum domno Hugone priore, per manum domni[5] abbatis, ut deinceps sint fideles et amici ; et ipse Dalmatius dimisit omnes[6] querimonias quas habebat contra hunc locum, et dedit hoc quod ipse habebat in Walterio pontonario et hoc quod injuste quærebat in eo dimisit, laudante filio suo Falcone. Fecit autem hoc donum coram domno[7] abbate in manus[8] domni Hugonis prioris, cum baculo domni abbatis; testes: idem Dalmatius, filius ejus Falco, Jocerannus[9] de Maringis, Seguinus monachus, Lambertus monachus.

131[1]

CARTA DOMNI WICHARDI DE BORBONIO.

Domnus Wichardus de Borbonio dedit Deo et beatæ Mariæ, et sancto Grato et ad locum Paredi, sub castro Sancti Johannis, locum qui vocatur Pulchra[2] Spina et montem Agglerium[3], sicut terminat via publica et aqua Arrodi usque ad

---

129. — 1. *C 52, MB '30.*

130. — 1. *C 53', MB '30, S 43', B '8, MXL 1.* — 2. *S* Bourbon. — 3. *S om.* — 4. *S corr.* admo-s. — 5. *M* d. Hugonis. — 6. *S* omnis. — 7. *M* d. Hugone. — 8. *B* m-u. — 9. *S* Josse-s.

131. — 1. *C '54, S 43', MXXX '69.* — 2. *S* vocc-r P-cra. — 3. *S* Agl-m.

domum Milonis telonarii : tali pacto, ut seniores supradicti loci monachos Deo servientes ibi mitterent et ecclesiam construerent. Hoc donum fecit in infirmitate de qua obiit, apud Ambersum castrum, pro requie animæ suæ ; testes : Ansedeus de Angleduris, Constantinus presbiter, Willelmus Brunus, Berengerius[4] suus armiger. Hoc donum laudaverunt[5] postea Dalmatius, filius ipsius Wichardi, et Umbertus[6] nepos ejus.

132[1]

Carta Ærderadi et Bernardi filii ejus.

Quidam miles, Ærderadus nomine, dedit Deo et huic loco quartam partem æcclesiæ Sancti Leodegarii martyris, scilicet presbyteratum, offerendam, cimiterium et decimum, simulque omnia quod in prædicta æcclesia videbatur habere, perpetualiter ex toto usque ad inquirendum ; laudante et consentiente uxore ejus, necnon filii eorum Bernardus et Jocerannus. Fecit autem hoc donum pro salute animæ suæ et uxoris, et filiorum suorum et omnium antecessorum suorum : quando vero ex hac vita migraverint, ipse vel uxor aut filii ejus, si asportari se fecerint in hoc loco, honestissime sepeliantur. Pro hoc acceperunt autem[1] in munere, Ærderadus et Bernardus filius ejus, a domno Hugone priore, quatuor libras denariorum. Testes : Antelmus monachus, Petrus monachus, Durannus Merolus, Rodulfus archipresbiter, Letaldus de Chaloe, Hugo del Paschet, Stephanus de Patriciaco.

133[1]

Donat(ion) de Gui de la Curt, de choses à Mardanges, présent Guillaume de Spinacia, Guichard de Sau, Huldris de Sancto Prejecto ; (sans date), du tems du prieur Hémard, fait en chapitre à Paray.

4. *S* Berin-s. — 5. *S* l-vit. — 6. *S* Hu-ti.

132. — 1. *C 54, B 8.*

133. — 1. *C 54', L 2'.*

134[1]

CARTA INGELTRUDIS.

Quædam nobilis mulier, nomine Ingeltrudis, dedit Deo et fratribus manentibus in hoc loco mansos, qui sunt in villa quæ diciturMonteth, hoc sunt vilari, vineæ, campi, prata, silvæ, pascua, aquæ aquarumque decursus : totum quæsitum ad inquirendum; deditque molendinum unum superfluvium Arrodi, et capellam quæ in eadem villa est atque consecrata in honore Sancti Nazarii. Dedit etiam servos et ancillas et francos, qui in ipsa villa manebant, omnemque successionem eorum in posterum, totumque servitium sicuti reddebant vel debebant ipsi; nomina autem servorum sunt hæc : Mainfredus et infantes sui, Malfredus et Martinus et Richardus, et soror eorum Eldearz. S' Ingeltrudis. S' Hugonis comitis. S. Girardi. S' Anselmi. S. Eldigerii. S. Walonis. S. Widonis. S. Girardi.

135[1]

Domnus Aymardus, bonæ memoriæ prior Paredi, comparavit de Petro de Parreney medietatem molendini, *etc.*

136[1]

Quidam clari milites, Hugo et Bernardus de Buxol, obtulerunt Deo in hoc loco, pro suæ matris Helisabeth anima vel sepultura, in villa Avingo dicta, unam bordelariam, quæ annualiter reddit natale sancti Martini sextarios duos avenæ et duos vini, et viii^{to} denarios. Testes et auctores : ipsi fratres Hugo et Bernardus, Hugo de Olsola, Bernardus Vitalis præpositus.

137[1]

CARTA RAINERII ET GAUFRIDI DE POLI.

etc^a. Testes..... Iterius Digon.

---

134. — 1. *C 55, B 8'*.

135. — 1. *C 56, MB 30'* « recent(iori) manu ».

136. — 1. *C 58', L 40; cf. L 2'*.

137. — 1. *C 58', L 2'*.

138[1]

DONUM GIRARDI ET ITEM UXORIS EJUS HELISABET.

Domnus Girardus de Buxol dedit Deo huicque loco, in villa Poisson, tenementum Letbaldi carpentarii et item unam teliam, quæ reddit I. sextarium avenæ et IIII[or] denarios. Testes: Helisabet uxor ejus, Atto, Hugo, Bernardus et Artaldus, filii ejus, Artaldus Buxol.

139[1]

Hugo et Bernardus, fratres, de Buxol dederunt Deo huicque loco, pro anima et sepultura matris suæ Helizabet, in villa Avingo, omnem tenementum Martini servitiumque quod reddit. Testes: Artaldus Giverzi, Hugo Chaloeht, Bernardus Mulinis.

140[1]

CARTA DONNI HUGONIS COMITIS.

Donnus[2] Hugo, comes ac præsul, dedit Deo et hujus loci fratribus æcclesiam Digontii, in honore Sancti Georgii[3] sacratam, cum omnibus terris ac decimis et appenditiis, quæ ad altare pertinere videntur. Et domnus[2] Hermuinus, Æduæ civitatis episcopus, cum canonicis æcclesiæ laudavit. S' Hugonis comitis et episcopi. S' Tedbaldi[4] nepotis ejus. S' Dalmatii. S' Rocleni. S' Ansedei de Burbon[5]. S' Ansedei filii ejus. S' Wichardi filii ejus. S. Richardi. S. Seguini filii ejus. S. Ansedei de Brion. S. Walterii. S. Gaufredi. S. Ansedei. S. Bernardi filii ejus. S. Duranni. S. Stephani, Bertranni, Ildini, Rainerii, Rotberti, Rainerii.

138. — 1. *C '59, L '41 ; cf. L 2'.*

139. — 1. *C 59, L '41; cf. L 2'.*

140. — 1. *C 59', MB 30', S 43', B 8', MXIX '216; cf. L 2'.* — 2. *MB* Domnus. — 3. *M* Gregorii. — 4. *B* Tetb-i, *S* Theob-i. — 5. *S* Bourbon.

141[1]

CARTA WILELMI DE CAMPO FELICI.

Quidam miles, nomine Wilelmus, dedit Deo in hoc loco, in villa Angleduris, terram arabilem quam rustici cambonem vocant; residetque ipsa terra juxta fluvium Ligeris. Dedit autem totum quod ibi visus fuerat habere, usque ad inquirendum, excepto unam sextariam, quam dedit sancto Martino, et pratellum quod ibi situm est.

142[1]

CHARTA RAINERII DE BIIRAT.

Quidam miles, Rainerius nomine, venit ante præsentiam donni Gunterii prioris aliorumque fratrum, werpivitque terram quam antecessor ejus Hugo huic loco dederat. Hoc ipsum, *etc.*

143[1]

CARTA RAINERII RUFI.

Quidam miles, Rainerius nomine, infirmitate gravi detentus, dedit Deo et hujus loci fratribus, in villa quæ dicitur Villa Tiangis, mansum integrum, ubi stabat homo vocatus Richardus, *etc.;* servitium vero tale debet : in maio, arietem cum lana aut XII. denarios; per messiones, IIII. cartas de sigilo et XII. de avena; missa sancti Michahelis, porcum de XII. denariis et pro oblatione VIIII^{vom} denarios, *etc.*

144[1]

CARTA RAINERII DE BONANT.

Mes^{re} Régnier de Bonant *fait donation d'un meix et dépendances, situé* in villa Lavardu'. Sign' Tetardi de Vichiaco, *etc.*

141. — 1. *C 59', B '9.*
142. — 1. *C 60, MB 30'.*
143. — 1. *C 64, B '9.*
144. — 1. *C 64, L 2'.*

145[1]

Carta de Vivent [2].

Ex consilio domni Odilonis abbatis et Hugonis comitis, fratres hujus [3] loci, Andraldus prior cum aliis, adierunt præsulem Nevernensem[4] vocatum domnum Hugonem, in canonicorum ejus præsentia expetierunt clementiam eorum, ut quandam terram almi martiris Christi Cyrici, quæ juxta fluvium Ligeris sita est et vocatur ipsa terra Viventz [5], Deo et hujus loci fratribus per precariam concederent. Quorum petitionem præfatus præsul, per consilium clericorum suorum suscipiens, prædictam terram cum omnibus rebus quæ ad eam aspiciunt vel aspicere videntur, omnibus in locis, id est agris, silvis, pratis, pascuis, aquis aquarumve[6] decursibus, exitibus et [7] regressibus, totum ad [8] integrum usque ad inquirendum, necnon et mancipiis utriusque sexus, ea ratione concessit ut annis singulis rectores jamdicti loci, qui Aurea Vallis vocatur, in festivitate beati Martini solidos duos ad victualia fratrum in censum persolvant; et si de ipso negligentes in aliquo extiterint, in duplo restituant. Simili modo in aliis locis concessit, id est in villa Neusiaco, et in Moncello seu Senviniaco, et in Villeretum[9] et in circuitu Sancti Johannis, et in Mulneto et in campo Aalbaldi, et in monte Benedicti et ad Sanctum Dionisium, et in Temponiaco et in Digonptiaco[10] : quantum in eisdem villis vel locis beatus martir[11] Ciricus videtur habere, id est terris, silvis, pratis, pascuis, vineis, aquis aquarumve decursibus, exitibus et regressibus, atque mancipiis utriusque sexus, totum ad integrum usque ad inquirendum; eo tenore ut omni anno rectores ejusdem cœnobii solidos III[12] persolvant. Ut enim hæc precaria omni tempore majorem firmitatis vigorem obtineat, prædicti episcopi manu et ejus clericorum assignationibus roborata est. Hugo, nutu Dei humilis episcopus, roboravit et signavit. Wido archidiaconus signavit[13]. S' Bertelonis[14] abbatis. S' Evrardi præpositi. S' Raiembaldi decani. S' Umberti[15]

145. — 1. *C 65-'6, MB 3o', S' 44 B 9, MXVIII 164.* — 2. *S* Vivant. — 3. *MB* ejusdem. — 4. *S M* Niv-m. — 5. *S* V-t, *B* V-nz. — 6. *B* a-mque. — 7. *S om.* — 8. *S corr.* ab. — 9. *S* V-to. — 10. *S* D-nt-o, *M* D-ompt-o. — 11. *S* b-tæ Mariæ, s. — 12. *B* tres. — 13. *S* W-onis a-nis s-num. — 14. *S* B-the-s. — 15. *B* Unb-i.

abbatis. S' Gozfridi[16] archiclavi[17]. S. Tetbaldi[18], Odonis, Ragenaldi, Rodulfi[19], Gozfridi[20], Girberti[21], presbiterorum. S. Bertelonis, Rodulfi, Umberti[15], levitarum[22]. S. Rocleni subdiaconi. S. Heliranni[23], Bernardi, puerorum.

146[1]

Carta Artaldi de Faltreriis.

Dominus Artaldus de Faltreriis dedit Deo et huic loco servum suum, nomine Amaldricum, et infantes ejus. Sign' Artaldi et Antelmi filii ejus. *(Sans date)*.

147[1]

Carta Heldigerii Regis.

Quidam homo, nomine Heldigerius Rex, dedit, *etc*[a]. *(Sans date)*.

148[1]

Carta de Monte Combroso.

Quidam nobilis [2] miles, nomine Petrus Clericus, Arvernicæ territoriæ [3], vicem comitis [4] gerens, dedit Deo et fratribus in hoc loco degentibus, apud æcclesiam Sanctæ Mariæ de Monte Combroso, in circuitu ejusdem æcclesiæ et parrochiæ ipsius, quantum in ministerio Bernardi vicarii sui videbatur cum fidelibus suis possidere, terras scilicet suo usui [5] retentas et in beneficio fidelibus suis distributas, id est villam Exartellem [6] vulgo vocatam et quæcumque sibi videntur aspicere, et III. [7] mansos juxta eandem villam sitos, super Rodonem fluvium, villamque Brugulinas [8] vocatam, cum suis appenditiis; et in

---

16. *S* Godefredi, *M* Gausfridi. — 17. *S corr.* archidiaconi. — 18. *S* Theob-i, *M* Teotb-i. — 19. *B om.* — 20. *S M* G-redi. — 21. *B* Gisb-i. — 22. *S* l-ter. — 23. *S* H-amni.

146. — 1. *C 66', L 2'*.

147. — 1. *C '67, L 2'*.

148. — 1. *C 68'-9, S '49, B 9'*. — 2. *M om.* — 3. *S en surcharge* telluris. — 4. *S* v-ec-s partes. — 5. *S* ad suum usum. — 6. *B* E-elem. — 7. *M* in. — 8. *S* B-gil-s.

alio loco, villam Podium nominatam, cum sibi pertinentibus rebus; et in alio loco, villam Ruam Merdosam, cum suis appendiciis, et terram de Calfurno; et in alio loco, terram quæ vocatur Mansus, et prope eum alius mansus ad Fraxinum; et in alio loco, quendam mansum vocatum Cassan Berfredi [9] : hæc omnia supradicta ad locum prænominatum [10] perpetualiter concessit possidenda, totum et ad [11] integrum perquirendum, tam in villis et villulis quam in mansis et appenditiis et bordelariis, in franchisiis, farinariis [12], in agris, in vineis, in silvis, in rispis, in terris cultis et incultis, in pascuis, in aquis aquarumque [13] decursibus, in exitibus et regressibus et in pratis. Et in pago Augustodunensi [14], in parrochia Sancti Desiderii, in ministerio [15] Stephani vicarii, (.......) cum appendiciis suis [16], et silvam indominicatam quam ibidem tenebat ; villam Cancellas, cum appenditiis suis; villam Balgeiacum, cum appenditiis suis; villam Vauram, cum appenditiis suis; villam a la Culturam, cum appenditiis suis ; villam a la Finem, cum appenditiis suis; villam Positellem, cum appenditiis suis ; villam Mont [17], cum appenditiis suis; villam Camp Aldoeni, cum appenditiis suis; villam Moncels [18], cum appenditiis suis : hæc omnia supradicta, quæque videbatur proprio jure possidere, et fidelibus suis in beneficio a se et ab antecessoribus suis data esse, dedit Deo et supradicto loco, tam in villis et villulis quam in mansis et appendiciis, et arboribus et silvis suprapositis, in franchisiis, in bordelariis, in campis, in vineis, in silvis, rispis, in concisiis, in terris cultis et incultis, in pratis, in pascuis, in molendinis, in aquis aquarumve [13] decursibus, in exitibus et regressibus, quæsita et ad [11] inquirenda. Tali tenore, quatinus post obitum, scilicet suum, rectores jamdicti jure hereditario cuncta teneant, habeant et absque ulla contradictione perpetualiter possideant, et quicquid ex eisdem villis et [19] terris facere voluerint faciant. S. domni Petri Clerici.

9. *S* C-amb-i. — 10. *M* supradictum. — 11. *S om*. — 12. *S* farma-s. — 13. *M* a-mque. — 14. *S* A-tud-i. — 15. *M* monas-o. — 16. *M* s. a. — 17. *S* M-tcom. — 18. *S* Montcels. — 19. *S* vel.

149[1]

CARTA WILLELMI DE CASTELLO.

Quidam miles, nomine Willelmus, dedit Deo et huic loco aliquid de rebus suis, quæ sunt sitæ in pago Claromonte et in villa quæ dicitur Exartella resident; hoc est mansum unum a la Belosi, cum omnibus apenditiis suis, id est campis, pratis, pascuis, silvis, rispis [2], terris cultis et incultis, aquis aquarumve decursibus, exitibus et regressibus : totum ad integrum vusque ad inquirendum. S. Willelmi et uxoris suæ Emeldinæ, *etc.*

150[1]

CARTA WILELMI DE LUURCIACO.

Quidam miles, nomine Wilelmus[2] de Luurci, post innumera dampna huic loco illata, gravi incommodo constrictus, a viris[3] quibusdam nobilibus nimium monitus, tandem resipiscens, fideliter coram omnibus se obtulit Deo, abiciens mundum ex toto, uxorem et utramque prolem; asportatusque in hoc loco, filiis, uxore, parentibus et amicis præsentibus, dedit Deo in hoc loco ea quæ in ecclesia Luurciaco vocata possidebat, id est medietatem æcclesiæ, omnium oblacionum, introitum presbiteri ex toto, presbiterium, medietatem omnium decimarum [4] et cimiterii: omnia, ut diximus, sicut ipse habebat, ea ratione ut uxorem ejus post finem sepeliant. Addidit etiam ad augendam helemosinam loci, loco [5] qui dicitur Verreris, situm molini, quem mulnarem vocant, ad construendum molendinum. Hoc datum laudaverunt uxor ejus Ingelberga, Jodzerannus et Painus, filii ejus, sororesque eorum et viri earum, Iterius et Hugo, Bertrannus, Hugo de la Sulvusi [6], Rotbertus [7] de Luurci, Artaldus Malereti, Aimo Jhavazola [8], Hugo de Scabellis, Girbertus capellanus.

Pax et gratia servantibus, pœna direptoribus.

149. — 1. *C 70, S '44.* — 2. *S corr.* ripis.

150. — 1. *C 70, MB 30', B 9', MXXVI 248.* — 2. *MB* Will-s. — 3. *M* auris. — 4. *M* d. o. — 5. *MB* locum. — 6. *B* Sulunsi. — 7. *MB* Rodb-s. — 8. *M* Ja-a.

151[1]

CARTA DOMNI ARTALDI DE MALERETO.

Domnus Artaldus de Malereto, renuntians seculo vovensque se Deo, dedit fratribus in hoc loco manentibus, pro susceptione sua, in villa Vivent, campum pergrandem[2] et bonum, suam partem ; et frater ejus Gaufredus, pro Dei et ejus amore, similiter suam portionem. Dedit in ipsa villa I. servum nomine Rotbertum, unumque ex filiis ejus ac deinceps alios, itemque alium servum Walterium dictum. Calumpniam quam agebat ex terra, quam Gaufredus, Hugo fraterque ejus Wilelmus Vesontiola, pro animabus suis, Deo et huic loco dederant, remisit; Gaufredus frater ejus similiter. Ad ecclesiam Belaspina dictam delegavit vineas, quas Ungren appellant. Hæc omnia suprafatus ejus frater G., pro se simulque filiis suis, per fidem laudavit, coram testibus simulque laudatoribus: Gaufredo Bonant, Rainerio fratre ejus, Hugone de Scabellis, Rainerio de Poli, Gaufredo fratre ejus, Aimone Jhavazole.

152[1]

CARTA DONNI LEBAUDI[2] DE DIGONIA.

Domnus Lebaudus[3] de Digonia faciebat multas querimonias et molestias contra locum et fratres Aureæ Vallis, de quadam silva quæ vocatur Rasneria [4], quam silvam dederat Adelaidis[5] comitissa, filia Teobaldi[6] comitis, Deo et ad luminariam hujus loci, et quandam capellam [7], dictam ad Sanctam Ecclesiam, justa eamdem silvam: dicebat enim dictus Lebaudus [3] dictam silvam de suo esse casamento. Tandem vero in fine cœlitus inspiratus, sentiens sibi [8] mortem vicinam, misit [9] et vocavit priorem hujus[10] loci, et dedit et quictavit[11] quicquit[12] ipse et sui in dicta silva cum[13] terra pertinente habebat vel

---

151. — 1. *C 70', MB '31, B₂'10.* — 2. *MB* præg-m.

152. — 1. *C 71', S 44', MXXXII '241, L 42; cf. L 2'.* — 2. *S* DOMNI LETBALDI. — 3. *S* Letbaldus. — 4. *S* Tasnetia. — 5. *S* dna A. — 6. *S* The-i. — 7. *L* c-laniam. — 8. *S* sui. — 9. *S* et m. — 10. *S* ejusdem. — 11. *S* quit-t. *M* q-tt-t. — 12. *S* q-id. — 13. *L* et in.

habere debuerat, ad luminariam ecclesiæ de Paredo, pro remedio animæ suæ[14], et[15] laudavit donum quod de eadem silva domina Adalaidis[16] fecerat. Dedit etiam idem Lebaudus[3] quemdam hominem justa[17] eamdem silvam manentem, nomine Alardum Fadi, et heredes ejus, sicut ipse et sui antecessores tenuerunt, in perpetuum[18] pacifice possidenda. Testes et laudatores : domina Adalaidis et Wido de Tier, filius ejus ; uxor domni Lebaudi[19] et filius[20] ejus, Jocerannus[21] de Copetre[22], Atto Buxul, H. de Ozoles, P. de Civin', H. de la Tor et alii multi.

153[1]

Filii domni Hugonis de Saliniaco [2], Hugo et Wichardus [3], erga hunc locum agebant querimonias ; et tandem post nonnulla redierunt in amore erga locum, et omnia quæ calumniabant omittentes, donum etiam quod pater eorum fecerat, laudaverunt et quique ex eis XL solidos acceperunt. Testes : Josserannus, *etc.*

154[1]

Carta donni Dalmatii de Borbon.

Donnus Dalmatius de Borbon erga hunc locum et incolas ejus agebat multas calumpnias, clamans se ex terris et servis multa pati. Ergo post multas verborum luctas, a suis magnatibus commonitus, mandavit domnum Hugonem priorem, ut ad eum veniret in loco constituto, et ex objectis in ratione placiti responderet ; jam dictus ergo prior, cicius pergens ad eum, cognita ejus intentione, pacis federa cum eo inivit. Isdem vero domnus Dalmatius, pro sua suorumque antecessorum animarum salute, dimisit ei omnes querimonias quas querebat in ecclesia de Sposion, scilicet presbiteratum,

---

14. *M* dedit. — 15. *S* dedit et. — 16. *L* Adel-s. — 17. *S* juxta. — 18. *S* imp-m. — 19. *S* Letbaldi. — 20. *L* filii. — 21. *S* Josse-s. — 22. *M L* Copere.

153. — 1. *C 72', S 44', L 2'.* — 2. *L* Lalen-o. — 3. *S* W-do.

154. — 1. *C 73'-'4, MXXXVI 122.*

cimyterium, offerendam et decimam, et quicquid ibi calumpniabatur, totum usque ad inquirendum; concessit etiam Deo
et huic loco, in villa Vivenz, terras quas milites tenebant de
eo, scilicet Artaldus de Malareto et Gaufredus frater ejus, necnon Gaufredus de Vosensola, et Hugo et Wilelmus fratres, quas
jam diu ipsi milites dederant huic loco, pro salute animarum
suarum et omnium antecessorum suorum; omne quod suæ
rectitudinis erat, Deo et huic loco donavit; hoc quod injuste
querebat, finivit. Accepitque pro hoc in munere, a domno
Hugone priore, centum solidos, equum etiam optimi precii;
uxor ejus et filii, mediatores qui interfuerunt, quinquaginta
solidos. Testes hujus placiti: uxor ejus Agnes, filius ejus Falco,
et pro alio qui defuit Wicardo sponderunt Dalmatius pater et
Falco filius ejus, Bernardus Catgiaco, Helgodus Bers, filii ejus
Hilelmus et Henricus, Bernardus Angleduris, Rotbertus Angleduris, Durannus Fuirs.

155[1]

Carta Joceranni de Centarben.

Quidam miles, Jocerannus de Centarben, dedit Deo et huic
loco, pro salute animæ suæ et omnium parentum suorum,
quandam feminam nomine Letbergam, uxorem scilicet Bonet,
cum filiis et filiabus ejus, simulque totam progeniem quæ de
illis exitura est perpetualiter; accepitque ;pro hoc munere
xxx[ta] solidos, a domno Hugone[2] priore. Testes : Artaldus de
Buxol, Wichardus de Saliniaco, Hugo de Vals, Hugo del
Pasche [3], Stephanus de Cavo [4]. Post hæc Rotbertus Dalmatius, nepos ejus, hoc donum laudavit; testes : Letbaldus de
Digonia, Artaldus de[5] Buxol. Iterum frater ejus Hugo de
Bue[6] laudavit; testes : Artaldus de Buxol[7] juvenis, Hugo de
Olsola. Item laudavit Girardus de Centarben; testes : Hugo de
Lavals [8], Hugo de Busol, filius Artaldi. Iterum Jocerannus,
frater Girardi de Centarben, laudavit supradictum donum; tes-
tes : Hugo de Vals, item Hugo de Lavals, Wido Forestarius,
Hugo Blancus[10], filius Humberti.

155. — 1. *C '74, MXXXII '248, L 43; cf. L 2'.* — 2. *M* Huguone.
— 3. *M* Pache. — 4. *M* Elvo. — 5. *L* om. — 6. *M* Bite. — 7. *M* B-o. —
8. *M* Vals. — 9. *L* C-em. — 10. *M* B-chus.

156[1]

Carta Gaufredi de Varennas.

Domnus Gaufredus de Varennas, relinquens habitum secularem et accipiens spiritalem, dedit Deo et huic loco, pro salute animæ suæ, unum clausum vineæ in villa Tolfol, et in bosco suo quicquid necesse fuerit ad ipsam vineam faciendam omni tempore. Si vero rusticus, qui eam incoluerit, in eam domum suam voluerit construere, accipiet in eadem silva quod sibi opus fuerit ad domum ædificandam ; sed non valebit dare vel vendere ex toto, *etc. Présens Guillaume de Varennes, Pierre son fils, Régnier de Poli.*

157[1]

Carta Bernardi de Angleduris.

Domnus Bernardus de Angleduris, filius Bernardi senioris et uxoris ejus domnæ Fulcredæ, dedit Deo et ad locum Paredi illam condeminam, quæ est juxta condeminam monachorum in Viventio villa, in qua duplam taschiam habebant monachi : omnia quæ ibi habebat dedit, et filium suum Stephanum obtulit Deo in monasterio, ad servandum Christo in perpetuum, pro redemptione animæ suæ et uxoris, et patris ac matris atque omnium antecessorum suorum. Pro hoc ergo dono spoponderunt ei domnus Hugo prior et alii seniores, et[2] si monachus fieri voluerit, ac obitus suus ei evenerit et se fecerit portare in monasterio, gratis recipiatur, etiam si nichil aliud eis dederit. Per istud donum accepit a priore unum equum liardum et xxx^{ta} v. solidos ; et unusquisque de filiis suis habuit unam bonam tunicam blidalem de fustanea, necnon et filia ejus similiter ; et omnes hoc donum laudaverunt. Hoc ergo donum fecit in villa de Digonz, in manu prioris domni Hugonis ; et frater ejus Ansedeus laudavit, atque domnus Falco de Borbon ac mater ejus Agnes. Testes ex hoc dono

---

156. — 1. *C 74', B 10', L '3.*

157. — 1. *C 75, MXXXII 191.* — 2. ut ?

sunt hi: Rotbertus de Angleduris et Bernardus frater ejus, Durannus Galdelas, Stephanus Angleduris, Rainerius de Moriniaco, Oddo Digonz, Gaufredus, Stephanus Digonz.

³ Post hæc donnus Dalmatius (de Borbon), de Hierusalem veniens coram domno Hugone in villa de Digonz, hoc donum laudavit, sicut prius laudaverant uxor ejus Agnes et filius ejus Falco. Testes sunt: Falcho filius ejus, Bernardus Grossus, Bernardus Angleduris, Galegellus, Ansedeus, Durannus.

158[1]

Carta donni Ansedei Angleduris.

Domnus Ansedeus de Angluris, de illa condemina quæ est in Viventio villa, quæ partitur cum fratre suo Bernardo, in qua monachi duplam taschiam habebant, totam illam partem quam habebat monachis de Paredo misit in pignore[2] per centum[3] quinquaginta solidos, omnibus diebus usque denarii sint redditi in manu prioris loci et seniorum de Paredo; fructum vero qui exierit infra hoc, dedit Deo et ad locum Paredi, pro anima sua et uxoris, patris, matris et omnium antecessorum suorum. Et si obitus ejus evenerit ac monachus fieri voluerit, dedit Deo et ad locum Paredi, absque ulla calumpnia et retinemento; et pro hoc dono est conveniens, si aliud non dederit, ut honorifice recipiatur. Hoc donum laudavit domnus Bernardus de Angluris, frater ejus, et Willelmus filius Ansedei ac filia ejus. Domnus Humbertus de Borbon et filius ejus Ansedeus, et uxor domni Humberti hoc donum laudaverunt apud Borbonem, et affuerunt hii testes: Artaldus Buxol, Jocerannus de Vilers, Antelmus monachus, Gauffredus Digons. Donnus Ansedeus fecit hoc donum, in manu domni Hugonis prioris, juxta Regniacum. Testes ex hoc dono : Durannus Galdels, Heynricus de Maldelgo, Oddo de Moriniaco, Durannus presbiter, Aalbaldus famulus, Petit Marescals.

3. *En marge.*

158. — 1. *C* 75¹, *L* 44 ; *cf. L* ¹3. — 2. *En surcharge* « 1. wadio ». — 3. *En surcharge* « CCC ».

159[1]

(Carta domni Letbaldi de Digonia).

Notum sit omnibus tam præsentibus quam futuris, quod donnus Letbaldus de Digonia calumpniabat matrem Brunoni de Belfestu et filios et filias ejus, et venit ad placitum cum domno Hugone priore; et laudavit Deo et ad locum Paredi matrem, filios ac filias ejus, et ipsos qui nati erant ex eis ac in posterum erant nascituri. Pro hoc ergo accepit sexaginta solidos et uxor ejus decem, Letbaldus filius ejus decem et uxor ejus quinque, et Richardus præpositus alios quinque solidos ac duos sextarios de frumento. Ex hoc autem testes fuerunt Letbaldus de Copetra, Petrus de Civignon ac uxor domni Letbaldi, coram domno Hugone priore et Anthelmo monacho.

De bosco de Bornat, sicut locus habebat et homines Sancti tenebant silvam et planamentum, laudavit Deo et ad locum Paredi, ut ipse non quereret nec calumpniaret in posterum (.....) homines et feminas calumpniabat, quos locus Paredi habebat et tenebat. Et venit domnus Hugo prior ad placitum cum eo; et dedit Deo et ad locum Paredi rectum quod habebat, et quod injuste calumpniabat verpivit, excepto quemdam fabrum qui stabat apud Monte Villa. Pro hoc accepit unam mulam bonam et alia munera; uxor ejus et filius ejus, Ledbaldus, laudaverunt per omnia quod ipse habebat datum. Ad hoc donum fuerunt donnus Hugo prior et Antelmus monachus, et Jocerannus de Coperia ac Ledbaldus de Coperia, Rotbertus d'Orvals, Richardus præpositus.

Hoc ergo placitum, sicut ibi in ista carta continetur, negavit donnus Letbaldus ita se non fecisse; et adprehendit placitum cum domno Hugone priore ad Frasnem a Paion, et narravit donnus Anthelmus monachus quod hunc placitum, sicut in ista carta continebatur, ipse habebat factum et laudatum. Domnus Artaldus de Buxol et Letbaldus de Copetra, et Petrus de Civin' ac mulier, uxor donni Letbaldi, seqestraverunt se ad unam partem et dixerunt se esse testes veraces, quia sicut Anthelmus monachus narravit et in ista carta continebatur, ita erat.

159. — 1. *C* 76, *MXXX* 79; *cf. L* '3.

Donnus Letbaldus de Digonia, sicut isti quatuor testes quos supra nominavimus dixerunt, ita laudavit per omnia, et dedit Deo et ad locum Paredi; uxor ejus et filius ejus Letbaldus laudaverunt. Hoc autem factum est ad Frasnem a Paion. Testes : Gauffredus de Cassaneis, Jozerannus de Marzili, Artaldus Buxol, Letbaldus de Coperia, Petrus de Civin'.

Quædam femina erat, quæ vocabatur Susanna et tenebat terram ad Bonofont : totam illam terram, sicut illa tenebat, donnus Letbaldus de Digonia dedit Deo et ad locum Paredi, in manu Antelmi monachi; et accepit a priore donno Hu(gone) xx. quinque solidos. Testes ex hoc fuerunt uxor ejus et filii ejus, Artaldus de Buxol, Letbaldus de Coperia, Petrus de Civinun, Letbaldus Velobarnia.

160[1]

(Carta domni Hugonis Dalmatii).

In Dei nomine. Sciant præsentes et futuri, quod domnus Hugo Dalmatius calumpniabat homines et feminas, qui erant de potestate Dioci castri et Lugiaco, et stabant in terra Sancti Grati et monachorum de Paredo; fecitque placitum cum domno Hugone priore, et dedit Deo et sancto Petro et ad locum Paredi, pro anima sua et omnium antecessorum suorum, omnes homines et feminas ac infantes, ubicunque fuissent in terra ad monachos de Paredo : rectum quod habebat dedit, quod injuste quærebat finivit; servos dedit pro servis, liberos pro liberis. Accepit ergo domnus Hugo Dalmatius et uxor ejus, pro hoc dono, centum quinquaginta solidos apud Vercelgum. Testes ex hoc placito: Artaldus de Chiavaniset, Zacharias de Cosan. Hoc ergo donum fecit domnus Hugo Dalmatius in manu Hugonis prioris; fuitque ibi Antelmus monachus et Wichardus de Marciniaco, Letbaldus de Copetra, Durannus de Bosco presbyter, Aalbaldus et Jocerannus, famuli.

160. — 1. *C 77', B 10'; cf. L '3.*

161[1]
(Carta Willelmi de Varenas).

Miles quidam nobilis, Willelmus de Varenas, habebat apud Paredum unum cellarium, subtus hystrias de hospitale monachorum, ubi mittebat arcas suas, et faciebat querimoniam cum priore Hugone, de malo quod evenit eo pro molendino; calumniabat parum de bosco qui erat supra condeminam de Montet; habebamus inter nos et illum terras quæ non erant partitæ, et spopondit se partiturum et nolebat facere. Ad posterum ergo fecit placitum cum domno Hugone priore, et dedit Deo et sancto Petro atque loco Paredi cellarium, et dampnum quod evenit ei pro molendino finivit ac boscum laudavit, et terras promisit se partiturum; pro hoc ergo placito accepit a domno Hugone priore unum equum obtimum et xx^{ti} solidos. Uxor ejus hoc donum laudavit, et habuit x. solidos; Petrus filius ejus laudavit, accepitque v. solidos; Jocerannus et Willelmus fratres ejus hoc donum laudaverunt, et accepit unusquisque iii. solidos. Ad hoc ergo donum fuerunt: cum domno Willelmo, Raynerius de Poli, qui habuit quinque solidos, et Stephanus Angleduris, qui habuit iii. solidos; cum priore fuerunt Artaldus de Buxol, Letbaldus de Copetra, Durannus presbiter de Bosco et Petrus frater ejus, Aalbaldus, Bernardus de Sancto Juliano.

162[1]
Carta de Luurciaco ecclesia.

Quidam serenissimi milites, Rodulfus de Turiaco et alius Rodulfus, frater ejus, dederunt Deo et beato Petro, ac donno abbati Hugoni et ad locum Paredi ecclesiam de Luurciaco, cimiterium, decimum et presbiteratum: hoc quod ipsi habebant et alii tenebant ex eis in beneficio, omnia ex integro dederunt et laudaverunt ad locum Paredi, absque ulla calumnia.

161. — 1. *C 77'-'8, L 45; cf. L '3.*
162. — 1. *C '78, MXXX '83.*

pro redemptione animarum suarum et omnium antecessorum suorum. Pro hoc vero acceperunt in denariis, de domno Hugone priore, centum decem solidos. Testes ex hoc dono: Petrus de Castello, Hugo de Scabellis, Gaufredus de Digonz, Bernardus de Braniaco et Richardus filius ejus, Bernardus de Sancto Juliano, Jocerannus famulus.

163[1]

Charte de Richard de Lurcy, chevalier, souscrite par Hugues de Sarron, son beau-frère.

164[1]

QUIDAM miles, nomine Ildinus de Castello, veniens ad monachatum, dedit Deo et beato Petro ac domno Hugoni abbati, ad locum Paredi, mansum de Blandigiaco, qui residet in parrochia de Colonicas, *etc.* Filius quoque Hildini, Rodbertus nomine, et Beatrix mater sua dederunt hoc donum, quod factum est in manu prioris domni Hugonis in Graverias, ad rivam Ligeris.

165[1]

INCIPIUNT CARTÆ DE TOLON ET MONTIS. — CAP. I.

CLARISSIMUS[2] comes domnus Lambertus, in die sacrationis hujus loci, ut jam ex parte prælibatum est, obtulit Deo in hoc loco in dotalitio locum qui vocatur Mont [3], cum servis et ancillis et omnibus pertinenciis; æcclesiamque Sancti Simphoriani, quæ vocatur Marliacus, cum omnibus pertinenciis; ecclesiam Sancti Martini, in villa de Tolon, cum mancipiis et omnibus appendiciis. In nonnullis etiam locis, qui supra notati sunt, obtulit multiplicia dona terrarum et servorum, sicut ipse

---

163. — 1. *C 78, L '3.*

164. — 1. *C 79', MB '31.*

165. — 1. *C '83, MB '31, S 44', B 10', MXII '149;* cf. Gallia Christ. *nova, IV, 881.* — 2. *S* CA-S. — 3. *MB* Monz, *S* Mons.

ante retinebat. S' Adalaidis 4, uxoris ejus, et Hugonis, filii ejus. S' Rodulfi episcopi Cabilonensis 5. S' Johannis episcopi. S' Ysardi episcopi. S' Rotberti 6 vice comitis. S' Leotaldi.

166[1]

Cap. II. — (Placitum cum Walterio Vaslet).

Noticia placiti quam habuit domnus Artaldus decanus cum quodam milite, nomine Walterio Vaslet, qui calumpniabat quosdam incolas in villa Tolon, videlicet Hugonem Ratbal [2], fratresque ejus et heredes. Tandem, decreto judicum vel militum, devenit Hugo Ratbal [2] supradictus in dominium sancti, aliusque frater nomine Girbertus [3] Medius; alii vero heredes nondum [4] sunt [5] divisi, sed tres partes sunt ad sanctum, quarta Walterii. Hoc placitum est actum in castro Hychiun, in curia domni Gaufredi de Setmur; judices fuerunt Wido de Colchis, Antelmus de Faltrieris, Girardus Uriols, Gaufredus Stagni, Seguinus Rungifers. Confirmatio hujus placiti facta est in villa Bas; testes sunt Walterius Ansel, Gaufredus [6] Stagni, Rotbertus Marischal, Constancius presbiter, Durannus præpositus.

Qui bene tenuerit habebit benedictionem, qui removerit maledictus erit.

167[1]

Carta de Sancto Benigno.

Domni Hugonis prioris tempore et Artaldi decani de Tolon, erat quædam æcclesia, ad Sanctum Benignum dicta, quam ex comite detinebat Letbaldus de Digonia, et ex eo Hugo Letbals [2], et ex eo Seguinus filius Olgodi [3] Rungifer, ac de eo Jocerannus [4] de Faltrieris, quamplur esque alii, quorum vocabula dicere non occurrit [5], partes habebant. His igitur prædictis militibus aliisque nonnullis præfatæ æcclesiæ res inter se pro

---

4. S A-li-s. — 5. B C-i. — 6. MB Rodb-i.

166. — 1. C '83, B '11, MXXXII 181. — 2. M Rathal. — 3. M Vitb-s. — 4. M nun-m. — 5. M om. — 6. M G-ridus.

167. — 1. C 83'-4, B 11, MXXXVI 114; cf. L '3. — 2. M Be-s. — 3. M Colcodi. — 4. B Joze-s. — 5. B o-i.

libitu partientibus, Deo volente, ut credimus, prælibati seniores adierunt jam dictos milites, ut præfatam æcclesiam cum sibi pertinenciis Deo Omnipotenti ac sanctis ejus locoque Aureæ Vallis, pro animabus suis, concederent; tandemque post multa colloquia, jam fati milites dederunt assensum. Primusque Letbaldus, ad quem maxime pertinebat ipsa æcclesia, huic loco concessit ipsam æcclesiam, et cimiterium et presbiteratum, et sepulturam et offerendam, ac decimas et baptisterium, et quicquid ex decimis ad æcclesiam pertinenciis vel rebus aliis in ante conquirere seniores loci a quocunque potuerint; et ut nec ipse nec sui in prænominata æcclesia nec in cimiterio aliquid accipere, nec etiam suis propriis servis aliquam vim ibi inferat, neque si ejus servus, qui res suas in cimiterio habet, obierit, aliqua ex ejus rebus tangere præsumat, nisi per licentiam præsentis monachi decani loci. Similiter post eum Hugo Letbals[2] obtulit Deo et huic loco, eodem tenore quo supra diximus, præfatam ecclesiam cum omnibus ad se pertinenciis [6], sicut domnus Letbaldus fecit; et ætiam addidit ut, quæquæ deinceps decanus loci de terris æcclesiæ pertinentibus et consuetudinibus ubique et a quocunque conquirere potuerit, libere agat. Item præfatus Hugo obtulit Deo et huic loco pratum, quod est in barrochia æcclesiæ Uldri[7], qui erat inter monachos et ipsum, ut ultra nec ipse nec alii pro eo aliquid ibi accipiant; item in potestate de Tolon omnes malas consuetudines, quas ipse vel sui percipiebant, finiendo vuerpivit[8] et dedit; set et servos et liberos, quos communes ipse et monachi in ipsa potestate habebant ante, monachorum dominio omnes obtulit ex toto, excepto Ingelberto Techit et una sorore ejus, et medietate Otberti Pulzet; item mansum dictum a Buxumma, in barrochia æcclesiæ Marliacensis[9], cum omni sua integritate et omnibus ad se pertinenciis[6] et hominibus ibi manentibus omnibus, excepto quodam fabro nomine Bernardo : hæc omnia obtulit præfatus Hugo Deo et huic loco, pro se et pro fratre suo domno Aymone[10], qui hic effectus est monachus. Simili ergo modo et donnus Seguinus suprafatus[11] concessit Deo et sæpedicto[12] loco omnia quæ ipse vel

6. *M* p-ntibus. — 7. *B* Yl-i. — — 8. *M* ve-t. — 9. *M* M-i. — 10. *B* Aynone. — 11. *M* præf-s. — 12. *M* suprad-o.

de eo alii in jam dicta æcclesia tenebant; sed et mansum in barrochia Sancti Benigni, Chiasal Unal dictum, obtulit Deo, quem tenebant illi de Poliaco. Et unus ex eis, domnus Ysiliardus[13], pro his et aliis rebus, in isto loco effectus est monachus; sed et Letbaldus de Polie dedit Deo et huic loco, pro fratre suo Ysiliardo, unam ólchiam juxta jam fatam Sancti Benigni æcclesiam. Supra nominatus vero Jocerannus[1] de Faltrieris simili voto dedit Deo et huic loco cuncta quæ ex suo seniore habebat in supradicta æcclesia. Et item domnus Odilo Mieroz filiique[14] ejus, qui quandam partem habebant in ipsa æcclesia, secundum aliorum exemplum obtulerunt Deo et huic loco. Domnus Gaufredus de Setmur[15] mansum, quem domnus Seguinus dedit, qui ex suo jure erat, laudavit Deo. Domnus Dalmatius de Borbon ea quæ domnus Hugo dedit, quæ ex suo jure erant, laudavit Deo et præscripto loco. Domnus Letbaldus de Digonia voce et manu propria laudavit et confirmavit has rationes et dona, ac super altare Domini cum textu sancti Euvangelii posuit, et ob inditium[16] C^{tum} solidos accepit; uxorque ejus et filius eorum Letbaldus[17], qui laudaverunt, L. solidos acceperunt. Domnus Seguinus accepit unum mulum bonum, Jozerannus de Faltrieris IIII^{or} libras in denariis, Odilo Mieroz x. solidos. Osbertus[18] quidam, ex familia domni Letbaldi, qui quandam particulam in æcclesia habebat, cum filiis suis laudavit et VII. solidos accepit. Domnus ergo Artaldus, frater supradicti Joceranni, similiter laudavit omnia. Testes hujus cartulæ sunt hii: Durandus Merlous presbiter, Jocerannus Coperia, Hugo Bosrount, Deodatus præpositus, Richardus, Aalgrinus.

168[1]

Ysiliardus miles, ad ordinem monachicum veniens, dedit mansum cum omni sua integritate, usque ad inquirendum, qui appellatur Chisal Unal : erant nempe quidam viri fratres,

---

13. *M* Y-dis. — 14. *M* M-ot filiusque. — 15. *M* Semur. — 16. *M* indui-m. — 17. *M* donnus L. — 18. *M* Otb-s.

168. — 1. *C 84', MB '31.*

Aymo, Gaufredus et Artaldus, qui in hoc manso querelam agebant, *etc.* Sub Hugone priore.

169[1]

Charte de Hugues de Fautrières, chevalier.

170[1]

Carta Artaldi de Faltrieris.

Quidam miles, nomine Artaldus de Faltrieris, agebat calumpniam contra quandam mulierem, nomine Teuzam ; et ammonitus a domno Hugone priore hujus loci et fratribus Antelmo et Artaldo decano, remisit hanc calumpniam rectumque obtulit Deo, id est ipsam mulierem Tezam et infantes ejus Walterium et Durannum, aliosque infantes ejus ac omnem successionem deinceps ex eis procedentem. Hoc donum laudavit domnus Jocerannus frater ejus, qui interfuit et xx. solidos accepit, et prædictus Artaldus CL. solidos, et societatem [2] in omne benefacto loci.

171[1]

Quidam miles, nomine Gaufridus, ex cujus benefitio post nonnullos ad hunc domnum Widonem hæc vinea devenerat, exoratus a domno Wichardo tunc obedientiario, tandem ejus cessit consiliis et omnium creatori Deo sanctisque ejus suum rectum obtulit.

172[1]

Charta Artaldi monachi de Olsola.

Miles nomine Artaldus, veniens ad monachicum habitum, obtulit terram quæ ex jure matris suæ venerat illi, in villa quæ dicitur Merculie, *etc.* S' Artaldi, Hugonis fratris ejus.

169. — 1. *C '85, L '3.*

170. — 1. *C 86', B '12 ; cf. L '3.* — 2. *En surcharge* « partem ».

171. — 1. *C 87, B '12.*

172. — 1. *C 77' (87' ?), MB '31* « in titulo : C. A. M. DE O., de qua nulla mentio in textu ».

173[1]

Carta Agyæ.

Quædam mulier, nomine Agia, dedit Deo et huic loco mansum unum ad Belfestu et quicquid ad ipsum pertinet, scilicet omnia quæ Letbaldus conquestavit de Gunterio et uxore ejus Rotilde, et ipse postmodum Letbaldus dedit in emendationem cuidam militi nomine Bernardo, pro morte patris ejus: hæc omnia dedit ad supradictum monasterium jam nominata mulier, pro remedio sui viri animæ. Signum Agiæ. Signum Bautfredi, Bernardi et Girardi. Signum Hugonis comitis, Jozeranni.

174[1]

Carta Alveræ.

Quidam homo, nomine Alvera, vendidit monachis hujus loci aliquid de rebus suis, quæ sunt sitæ in villa Monz, hoc est vineam cum supraposita domo, et aliam terram cum prato quæ ibidem pertinet; et accepit a senioribus partem in beneficio loci, et precium solidos v., de sigilo ii[os] modios et unum bacconem. Ex ipsa terra terminat vinea de una parte terra Mainberti, de alia terra Raingart, de aliis partibus via publica. Signum Alveræ, Tebranni, Simonis, Alberti, Ansaldi.

175[1]

Donum Letbaldi de Digonia.

Notum sit omnibus fidelibus tam præsentibus quam futuris, quod domnus Letbaldus dedit Deo et ad locum Paredi quandam feminam, quæ manebat in villa de Tolon, cujus maritus vocabatur Wido Lesjans: ipsam et filios ac filias ejus dedit in perpetuum, sine ulla retenta querela; et accepit pro hoc de domno Wichardo [2] monacho, qui tunc obedientiam tene-

---

173. — 1. *C 88, B 12'*.
174. — 1. *C 88, B 12'.*
175. — 1. *C 90', B 12', MXL '54; cf. L '3*. — 2. *M Ri-o*.

bat, quinquaginta tres solidos. Testes ex hoc dono sunt hi :
Artaldus Buxul, Hugo Buxul, Bernardus de Catgiaco, Letbaldus Calvus de Copetra, Hugo de Olzola.

176[1]

(Donum domni Guichardi de Digonia).

Domnus Guichardus de Digonia, quadam die apud Trenorchium[2] in quodam tirocinio percussus, apud Cluniacum se deportari fecit et coram fratribus suis, Letbaldo[3] et Joceranno[4], et aliis amicis suis fecit testamentum. Et inter cetera dedit Deo et loco Cluniacensi[5], pro sepultura[6] et pro remedio animæ suæ, duos homines, Humbertum et Bernardum Closers, fratres, in villa quæ Vetus Vinea dicitur, sicut ipse et antecessores sui tenuerunt, liberos et inmunes. Et hoc[7] fratres ejus, Letbaldus[8] et Jocerannus[4], in præsentia ejusdem et [9] donni Hugonis abbatis et Artaldi prioris Cluniacensis, laudaverunt et concesserunt. Domnus vero Artaudus[10], prior Cluniacensis et Parede[11], dictos homines, de consensu et voluntate fratrum et abbatis Cluniacensis, dedit ad luminariam de Paredo et heredes eorum, sicut dictus G.[12] dederat ad locum Cluniacensem[13], sine retentione aliqua. Testes ex hoc dono : Lebaudus[14] et Jocerannus[4] de Digonia, B. de Calvomonte[15], Jocerannus[4] de Copere[16], Hugo Buxul[17], Jocerannus[4] de Marcili, G.[18] de Chasanes[19], Petrus de Civignun[20]. Actum anno gratiæ M°. C°. XL°. V°. IIII°.

177[1]

(Carta d. Aymæ, uxoris Gulferii de Jaliniaco).

Quædam domina nomine Ayma, uxor domni Gulferii de Jaliniaco, in villa de Giverduno, in parrochia de Moreste,

176. — 1. C 90, S 48', B'13. MLXIV 113; cf. L '3. — 2. S Tern-m, B Trin-m. — 3. B M Leb-o. — 4. S Josse-. — 5. S C-ci. — 6. M s. sua. — 7. S hæc. — 8. B Leb-s. — 9. B e. G. et. — 10. M A-aldus. — 11. M P-di. — 12. S Guichardus. — 13. S C-a., M C-acum. — 14. S T. ad h. donum : Letbaldus. — 15. B C-munte. — 16. M C-ria, S Copetra. — 17. S de Buxeul. — 18. S B. — 19. S C-ss-s, M Chaza-s. — 20. B C-gun.

177. — 1. C '91 (?), S 48'.

dedit Deo et beato Petro et domno Hugoni abbati et ad locum
Paredi, pro redemptione animæ suæ necnon patris sui Hugonis
de Castel, atque viri sui Gulferii et omnium antecessorum suorum, mansum Johannis et hoc quod ad mansum pertinet. Hoc
ergo quod Eldebertus habebat per viriadium scannium, illi
dedit ; et ipse Eldebertus werpivit omnia quæ ibi habebat, et
dedit Deo et ad locum Paredi. Domnus Falco, filius ejus, hoc
donum dedit et laudavit. Testes ex hoc : Petrus de Castello,
Falco Chios, Eldebertus, *etc.*

178

Artaut, frère d'Ayma, donne à s. Hugues, abbé de Cluny, et au lieu de Pared le cimetiere de l'esglise de Possun, *et plusieurs cens et rentes.*

179[1]

(Werpitio domni Letbaldi de Digonia).

Notum sit omnibus fidelibus Christianis[2], quod domnus Letbaldus de Digonia fecit werpitionem[3] et donum Deo et
monachis hujus loci, de quibusdam hominibus quos ex consuetudine debita sibi servire cogebat redemptionemque dare ;
sunt autem hii homines ex stirpe cujusdam dicti Letbranni,
cujus fuit filius Adalardus, pater supra dictorum hominum
qui ita nominantur : Constancius. Finivit ergo hanc calumpniam jam dictus miles ex fide, sine malo ingenio, coram
omnibus, præsente domno Girberto priore : ita dumtaxat, ut
ipse prior et ipsi ruricolæ eum absolverent a culpa violentiæ
vel mali quod eis inflixerat. Simili modo fecit et de aliis hominibus vicinis supradictis, manentibus juxta salvamentum
quod dicitur Grantmont, id est Girberto, Girardo et sorore
eorum Jotza [4]. Et accepit pro primis xx^{ti} v^e solidos, et pro
sequentibus medium modium avenæ. Hæc removentibus
maledictio, fideliter servantibus gratia et[5] pax a Deo. Signum

---

178. — 1. *C '91 (?). S 48'.*

179. — 1. *C 91', B 13, ML 71 ; cf. L '3.* — 2. *M* Xpi-s. — 3. *B* ve-m.
— 4. *M* Iotra. — 5. *M om.*

Letbaldi de Digonia, Letbaldi de Copetra 6. S' Bernardi Dolmont. S' Jodzeranni Rubest.

180[1]

Incipiunt cartæ Baronenses.

Clarissimus et strenuissimus Cabilonensium comes, domnus Hugo, et mater ejus nomine Adeleidis [2], et domnus Mauricius, frater ejus [3], dederunt Deo et huic loco unam vineam, quæ residet[4] in villa Paion ; et terminat[5] de duabus partibus via publica, et de tercia terra Sanctæ Mariæ et de quarta terra Sancti Georgii : infra istas[6] fines, totum ad[7] integrum usque ad inquirendum. Itemque in campo Luciaco, omnia quæ Constancius tenuit, et in Laviniaco [8], in beneficio de comite Lamberto et uxore ejus Adeleide[9] et filio eorum Hugone. Signum domni Hugonis comitis. S' Letbaldi[10]. S' Girardi[11]. Signum Achardi, Rainerii, Rotgerii, Bernardi.

181[1]

Belini carta.

Quidam homo, nomine Belinus, dedit Deo et senioribus hujus loci, in villa Camelgias, videlicet salices quos plantavit, qui sunt ab exclusa molini sui usque ad vadum rivuli semitamque viæ euntis ad castrum Quadrilense. Hoc vero donum fecit pro redemptione animæ suæ et in emendatione culpæ latrocinii quod fecit filius suus. S. Belini, Petri, Deodati, Duranni, Rotberti, filiorum ejus.

182[1]

Hugonis comitis carta de Chamelgias.

Inlustrissimus domnus Hugo comes dedit Deo et huic loco unum mansum, in villa de Chamelgias, et quicquid ad ipsum

6. *M* C-eria.

180. — 1. *C 91'*, *MB 31*, *S '48*, *MXVI 224; cf. L '3*. — 2. *S* A-lai-s. 3. *S* suus. — 4. *S* r-tur. — 5. *S* t-tur. — 6. *S* istos. — 7. *S* et. — 8. *MB* om., *S eff.* et in L-o. — 9. *MB* A-layde, *S* A-aide. — 10. *S* Letha-i. — 11. *S* Euvr-i.

181. — 1. *C 92*, *B 13'*.

182. — 1. *C 92'*, *MXVIII '172*.

mansum pertinet vel aspicere videtur, vineis, campis, pratis, silvis, terris, aquis aquarumve decursibus, exitibus et regressibus, cultum et incultum, quesitum ad inquirendum, totum ad integrum, servos et ancillas, omnia quæ ad supradictum mansum aspiciunt. S' domni Hugonis comitis. S' Rainerii, Letbaldi, Girardi, Bernardi, Achardi, Rotgerii.

183[1]

Carta Hugonis (comitis et episcopi).

Quidam nobilis episcopus, nomine Hugo comes, dedit Deo et huic loco 1. mansum indominicatum, qui vulgo dicitur ad Casam, non longe ab ecclesia Sancti Justi situs, et quicquid ad ipsum mansum aspicit vel aspicere videtur in omnibus locis.

184[1]

(Carta Hugonis comitis Cabilonensium).

Quidam nobilis miles, domnus Hugo comes Cabilonensium, dedit Deo et huic loco aliquid de rebus suis, quæ sunt sitæ [2] in pago Augustudunensi [3], in villa Martiniacensi, non longe ab ecclesia Sanctæ Eufemiæ [4], hoc est de silva quæ ibidem sita est omnem tertiam[5] partem, et de omnibus rebus quæ videntur ad ipsam silvam vel ad Baronensem aspicere similiter, tam de hospitibus qui in ipsa silva manent vel laborant, quam de porcis qui ibidem incrassati[6] fuerint et pastionati [7], necnon et de tenciis et thachiis quæ exierunt ex eisdem silvis et rammatio. Est enim silva Martiniaca, ex una parte castanea vel mesplea : ex ea ergo parte qua mesplea est vel castenea, omnem medietatem dedit ad jam dictum locum ; ex aliis vero partibus quibus querquea vel pagea esse videtur, omnem tertiam[5] partem de omni bosco quem in manu sua tenebat, sicut supra dictum est, ad jam dictum locum concessit, tam in longitudine quam in latitudine, et de Martiniacensi et de Baro-

---

183. — 1. *C 92', MXVI '216.*

184. — 1. *C 94, MB 31', S '48 ; cf. L '3.* — 2. *S om.* — 3. *S corr.* A-tod-i. — 4. *S* Euphe-æ. — 5. *S* terram. — 6. *S* i-ta. — 7. *S* p-asti.

nensi usque ad boscum Francorum, qui habetur contra villam
quæ dicitur Vallis, unam forest quæ Algeria dicitur [8], et mansum unum indominicatum, cum servis qui in ipso manso
manebant et jam dictam forest prævident. Nomina autem servorum illorum hæc sunt : Gilbardus, Rodulfus, Richardus,
Ulgerius ; omne id[9] servitium quod debebant ipsi servi et mater
eorum Ingelberga, et ipsos servos et mansum quod tenebant,
et prædictam forest Algeriam et quicquid ad ipsam vel ad
dictum mansum aspicit vel aspicere videtur, pascuis, aquis
aquarumve decursibus, pratis, terris cultis et incultis, exitibus
et regressibus : totum ad integrum usque ad inquirendum. S.
Hugonis comitis. S. Ottonis nepotis ejus. S. Teudbaldi[10] nepotis
ejus. S. Maltidis[11] sororis ejus. S. Ansedei, Rodeni, Willelmi,
Antonii clerici, Eldrici, Bernardi, Rocelini.

185[1]

Carta episcopi Hugonis, de Nova Villa.

Nobilis comes, domnus Hugo, dedit Deo et huic loco unum
mansum cum appenditiis suis, qui est situs in villa quæ
vocatur Nova Villa, cum servis et ancillis, cum terra illa[2] ad
ipsum[3] mansum pertinentem[4], cum vineis, pratis, campis,
silvis, aquis aquarumve decursibus, cum exitibus et regressibus : totum ad integrum. Est autem supradictus mansus in
villa nuncupata[5], ubi Evraldus stare visus est cum filiis suis.
S' Hugonis comitis et[6] episcopi[6]. S.[6] Vuilelmi[7] comitis. S.[6]
Rotberti vicecomitis, Deodati[8], Hugonis[9], Aganonis, Landrici,
Rotgerii, Ornadi.

186[1]

Carta Hugonis comitis, de manso qui vocatur li Chaux.

Domnus Hugo, episcopus et comes Cabilonensis, dedit Deo
et huic loco I. mansum[2], in pago Augustodunensi[3] situm,

8. *MB* vocatur. — 9. *S d'abord* o-em cum. — 10. *S* Theob-i. — 10. *S*
Mathildis.

185. — 1. *C 94'-'5, S '48, MXVI 216; cf. L '3.* — 2. *S eff.* — 3. *S illum.*
— 4. *S* p-e. — 5. *S* non-a. — 6. *M om.* — 7. *S* Will-i. — 8. *S* Odonis. — 9. *S*
H-s, Igniaci.

186. — 1. *C '95, MXIX '59; cf. MB 31', L '3.* — 2. *MB* m. unum. — 3.
MB A-tud-i.

vocabulo a la Chaz, cum omnibus appendiciis suis, silvis, campis, pratis, vineis, aquis aquarumque decursibus, terris, quesitum et ad inquirendum. Signum domni Hugonis comitis. S' Artardi, Letbaldi, Rainerii, Rodulfi, Bernardi, Teudini, Iterii, Aitardi.

187[1]

Carta Vetus Milerias.

Ego, in Dei nomine, Deodatus, advertens illud terribile examen quod pro meritis cujuscumque hominis agitabitur, simulque ad mentem[2] reducens mea scelerum flagicia, prævenire cupiens illud tremendum judicium nimiumque amarum, nisi divina clementia adfuerit super me, jam in extrema positus hora et ultimum anhelans[3] spiritum, cum consensu meæ conjugis necne filiorum meorum et parentum, delibero et trado ad locum qui dicitur Aurea Vallis, sub nomine sancti Salvatoris dicatus necne Genitricis Dei Mariæ sanctique Johannis Baptistæ, pro sepultura mei corporis fragilis seu expiatione meorum quam multorum delictorum, quendam mansum, in pago Augustodunensi[4] situm et in villa quæ dicitur in Vetulas Milerias constitutum; ad integrum ergo[5] trado Deo et sanctis ejus et ad locum jamdictum hunc mansum, cum omnibus suis appenditiis, videlicet silvis, pratis, pascuis, aquis aquarumve decursibus, cultis terris et incultis, exitibus et regressibus, usque ad inquirendum. Quod si quis hoc donum contradixerit, auri libras v. componat, et hæc carta stabilis et firma permaneat. S' Deodati, qui fieri et firmare rogavit. S' Letburgæ[6] uxoris ejus[7]. S' Duranni filii eorum. S' Joceranni. S' Frotmundi. S' Ansedei. S' Deport. Actum Paredo[8], in dominica die, anno xxviii. regni Rodberti regis[9].

188[1]

Carta de quibusdam terris, quas adquisivit domnus Artaldus decanus in Monte Sancti Vincencii.

In primis quidam strenuissimus miles, nomine Artaldus de Berziaco, qui quamvis dudum sancto Vincentio injuriam

187. — 1. *C 95', MB 31', B 13', MXX 67.* — 2. *B* m-e. — 3. *B* ane-s. — 4. *MB B* A-slitu-i. — 5. *M* ego. — 6. *MB* Ledb-æ. — 7. *M* et u. suæ. — 8. *M* Parr-o. — 9. *1023-4.*
188. — 1. *C 97, B '14.*

fecerit, tamen ante vitæ finem inde pœnituit et ipsi sancto pro posse suo emendationem devotus obtulit : nam ornamenta ad illius æcclesiæ honorem dedit, insuper ad luminaria mansum de Muruels, qui vocatur Faidla, adjunxit. Richardus, ejusdem villæ homo, terram quam de sancto Vincentio tenebat et ædificium quod fecerat, eidem sancto pro suæ animæ salute donavit : ob quam rem in ipsius cimiterio se sepelire jussit filiosque suos, quod postea actum est ; idemque cujusdam terræ, in villa altera, quartam partem quam habuerat dedit. Mansi Montelanteri Bladinus, Ampiliaco, quartam partem tali pacto Artaldo monacho in gadimonio dedit, ut si sine uxore ac filiis moreretur, sancto Vincentio sua pars deveniret ; qui fratrem quendam dictum Gaufredum habebat, cum quo sine filiis occisus est uno die : pro quorum animabus, majoris occisi uxor et filii ejus dederunt quod supererat. Inde testes hos habemus : Seguinum Burziaco, Gaufredum ejus filium, Rotbertum Berguliaco, cognatos ejus, Walonem, Letbaldum, Amedeum, Bernardum Salvamento.

189[1]

(CARTA DOMNI NARJODI EPISCOPI ÆDUENSIS).

Notum sit amantibus veritatem et pacem, quod molesta controversia, quæ inter Æduensem episcopum domnum Narjodum [2] et monachos Cluniacenses duraverat, sic tandem per manum domni Ri(chardi) Albanensis [3] episcopi, apostolicæ sedis legati, et domni Ervei [4] Nivernensis episcopi, et domni Humbaldi Autisiodorensis[23] episcopi, et Willelmi Nivernensis comitis, sopita est. Episcopus quidem carrobium [5], quod apud villam Melleduni [6] et apud Monasteriolum de more reposcebat, ex integro vuerpivit [7] ; æcclesiam Sancti Gengulfi laudavit et donavit, ecclesiam Sancti Romani similiter, ecclesiam de Gestiis, æcclesiam Sancti Albani de Ulmo ; judicio[8] peracto, decimas de Luziaco castro recuperandas jure promisit adjuvare ; de paratis Cluniacensium æcclesiarum in sua diœcesi positarum, quales monetas per xx.[9] annos, in vita domni Aganonis[10] Ædu-

---

189. — 1. C 98, MB 17 (a) et 31' (b), B 14'. Impr. par PETIT dans son Theodori archiepisc. Canturien. Pœnitentiale (1677) ; II, 666. — 2. B Navio-m. — 3. MBa A-ani. — 4. MB Erii', Erv', T Fru. — 5. MBa caro-m. — 6. MB Melled'. — 7. MB T we-t. — 8. MB et j. — 9. MBa viginti. — 10. MBa Agan'.

ensis episcopi et domni Hugonis abbatis, canonici Æduenses se recepisse probare potuerint, tales deinceps in pace recipiant: retentum est quod, ad curiam apostolici vel ad curiam regis iturus episcopus, a presbyteris Cluniacensium[11] æcclesiarum questum si fecerit, non tamen violentum. De capella Burbonensi[12] condictum[13] est ut, a Pascha obitum domni Hugonis abbatis[14] sequente usque ad v.[15] annos, Cluniacenses[11] fratres prædicti episcopi bonitatem expectent : sin autem bonitas ejus non arriserit, jam tunc de ipsa capella judicium et æquitatem eis exequatur[16] in loco ex utraque parte conveniente[17], concessi[18] episcopi[24] presbyteros fratres Cluniacenses in suis æcclesiis constituent, et sic vel ipsi episcopo vel ejus archipresbyteris constitutos præsentabunt ad commendandam curam animarum. Episcopus ipse promisit prædicto legato Ric(hardo) et prædictis episcopis atque comiti hoc laudamentum perpetuo se servaturum : sin autem promissum infregerit, legatus inde justiciam faciat, et episcopi atque comes relicto episcopo cum Cluniacensibus[11] se teneant. Huic pacto interfuerunt idque laudaverunt Æduenses canonici, scilicet Walterius archidiaconus, Stephanus cantor, Ansericus præpositus, Seguinus[19] archidiaconus, Humbaldus archidiaconus, Lambertus de Spirii, Gaufridus diaconus. Factum Nivernis, mense februario, anno M. C. VIIII. Incarnationis Dominicæ, sub domno Paschale[20] papa II°, regnante Ludovico rege Francorum, in præsentia domni Pontii abbatis Cluniacensis, cum quo affuit[21] Hugo abbas Sancti Germani, Bernardus camerarius[25], Jarento[22] et alius Jarento[22], Engelbaldus archidiaconus, et alii multi clerici et laici.

190[1]

(Carta de scamnio de terris de Bosco et de Langiaco).

Notum sit omnibus quod domnus Bernardus, prior de Paredo, et Gauscerannus decanus de Prisiaco, convenerunt cum

11. *MBb* Clun'. — 12. *MB* Burbon'. — 13. *MB* ed-m. — 14. *MB* om. — 15. *MBa* quinque. — 16. *MBb* e-uctur. — 17. *MB* c-ti. — 18. *MB en m.* consensu, *B en m.* concessu. — 19. *MB* Segi-s. — 20. *MB* P-li. — 21. *MBb T* adfuit. — 22. *B* La-o. — 23. *T* Ant-s. — 24. *T* c-sos ab e-po. — 25. *T* om.

190. — 1. *C 98', MB '31 bis.*

domno Hugone Xartines, qui tunc tenebat obedientiam Sancti Laurentii, coram domno Pontio abbate et domno B(ernardo) priore de Cluniaco, et domno Wicardo camarario et aliis multis monachis, ibique inter se concordaverunt ut totam terram, quam sanctus Petrus habebat apud Sanctam Mariam de Bosco, videlicet quartam partem ipsius ecclesiæ et totam terram quæ erat apud Columbers, *etc.*, nobis commutarint pro illa terra, quam nos habebamus apud Langiacum. Hoc scamnium laudavit nobis domnus Pontius abbas, sine recuperatione. Testes ex hoc : domnus Bernardus, prior de Cluniaco, et Wicardus camararius et multi alii seniores.

191[1]

Quidam miles, nomine Willelmus Jacob, reddidit semetipsum Omnipotenti Deo et huic loco, et secum quamdam vineam et masnilum sive vercheriam, quæ simul conjacet ipsi vineæ ; et sita sunt hæc in villa Talmeriaco, in barrochia ecclesiæ Colongis, *etc.*

192[1]

Notitia placiti quod fecit domnus Hugo prior cum Fulcone et fratribus ejus de castro Buxit. — XI.

Agnoscant cuncti fideles æcclesiæ Christi, quod tempore domni Hugonis abbatis Cluniacensis, domnus Hugo prior hujus loci concordiæ placitique federa sua efficatia perfecit industriæ, cum quibusdam hominibus juris valde idoneis, Cabilonensis pagi, germanitate fratribus, his vocabulis: Gausleno [2], æcclesiæ Cabilonensis decano, Falcone, Rotberto [3]. Hii nempe querelam acriter agebant, et non solum manus sed etiam factis noxia quæque et contraria, tam per se quam suorum seniorum amicorumque suffragia, infligere damna moliebantur loco superius dicto, pro aliquibus terris monachorum ; quarum terrarum decimas fructuum, panis vinique, suæ ecclesiæ ex debito vel consueto jure antiquitus censebant esse reddendum.

191. — 1. *C 100, MB '31bis.*
192. — 1. *C 100'-1, MB 31bis', MXXXII 211.* — 2. *MB* Gauzl-o. — 3. *MB* et Rodb-o.

Tandem ergo ab hoc rancone resipiscentes, pro animabus suorum genitorum omniumque suorum antecessorum, et pro suis abolendis peccatis et ut socii essent in omni benefacto loci, id est missis, spsalmis, precum officiis, helemosinis, certo et condicto die occurrerunt sibi præfatus prior Hugo et ipsi fratres suprascripti cum suis sodalibus; interfuit etiam domna Adalaidis, ad hoc audiendum adscita. Distincta ergo et brevi causa ratione terminata et stabilita, proinde fideliterque, ut dictum est, remiserunt ac finierunt ordine præscripto omnes querimonias; et audientibus cunctis testibus, suam rectitudinem obtulerunt, injustitiam vero reliquerunt, et hujus cartæ oblatu in manu prioris posuerunt vel dederunt, videlicet ut ex omnibus vineis monachorum, quas nunc habent vel in reliquo plantaverint vel conquisierint, hac integritate vel immunitate eis maneat, mansu Davarier simili modo concesso. Auctores, testes, auditores hujus rationis post domnum priorem fuerunt hii : Odilo, Artaldus monachus, Gauzbertus decanus, Falco, Rotbertus, comitissa Adalaidis, Durannus Deli, Rotbertus et Bernardus Milici, Bernardus canonicus, Constancius Rosels fratres. Actum villa Avariaco publice, dominica die, in junio mense, in Frantia Philippo regnante. Qui tam improbus temerariusque præsumpserit ut hæc pacis rata convellere audeat, pars erit eorum qui crucifixerunt Dei filium.

193[1]

Carta Hugonis comitis et Alaidis matris suæ.

In Dei nomine. Domnus Hugo comes atque [2] mater sua, nomine Adeleidis, dederunt Deo et huic loco aliquid de rebus suis, quæ sunt sitæ in pago Cabilonensi, videlicet in suburbio ejusdem civitatis, hoc est cœnobium quod ibi est constructum [3] in honore sancti Johannis Baptistæ, cum omnibus rebus quæ ibidem visæ sunt antiquitus pertinere vel nunc aspicere videntur; item[4] æcclesias, cum omnibus rebus eisdem pertinentibus, videlicet villis et viculis, mancipiis utriusque sexus,

---

193. — 1. *C 101'-'2, MB 31bis', S 45', MXII 188; cf. L '3.* — 2. *MB et.* — 3. *MB c. e.* — 4. *S idem, M et.*

terris cultis et incultis, vineis, pratis, pascuis, silvis, rispis [5], aquis aquarumve decursibus, piscariis, molendinis, exitibus et regressibus omnibus in locis, quæsitis et inquirendis, totum ad integrum : in tali tenore ut, quod possidere tunc cernebantur [7], ad præsens redderent, et quod in beneficium fidelibus suis dederant, tam ipsi quam antecessores sui, dum ad illos redierit, et ipsi quoque Domino Deo et beato Johanni Baptistæ et ad locum cui tunc donum fecerunt [8] cum omni sua integritate redderent. Reddiderunt itaque ad præsens quod in suo dominio possidere cernebantur, scilicet aliquid ex burgo supradicti cœnobii et curtilos quosdam in circuitu ejusdem cœnobii sitos [9], qui terminantur ab orientali sui parte via : derivatur [10] autem eadem semita a chemino quo intratur Cabilon(em) usque ad Ararim [11] fluvium; omnem etiam terram quæ ibi aspicere videtur, hoc est ab ipsa jam dicta via usque quo perveniatur in locum qui dicitur ad Bracman. Testes sunt domnus Hugo comes. S' Adeleidis, matris suæ. S' Mauritii, filii ejus. S' Enrici [12] ducis, Garlindis [13] uxoris ejus, Dodonis clerici, Beraldi, Alberici. S. Gemonis, Arlebaldi, Rotberti [15], Achardi, Alberici, Anselmi, Enrici [15], Arlegii, Eldigerii [16], Odonis, Winebaldi, Landrici, Rolenci.

194 [1]

CARTA HUGONIS COMITIS DE MERCATO SANCTI VINCENTII.

Domnus Hugo comes dedit Deo et huic loco mercatum de Monte Sancti Vincentii, et omnia quæ ad ipsum mercatum pertinere videntur, sicut ipse tenuit ac possedit; dedit etiam tertiam partem de omnibus placitis, qui ad illum pertinebant et ad præpositum suum supradicto loco. Dedit quoque salvamentum quod in ipso monte est, in circuitu ejusdem ecclesiæ; et concessit atque constituit liberum eum et salvum esse perpetualiter, ita ut nec ipse præfatus comes neque nepos suus Teudbaldus [2], nec ullus homo ex successoribus suis ultra jam

---

5. *S corr.* ripis. — 6. *S* et. — 7. *M* c-eren-r. — 8. *M* f-rint. — 9. *S* et s. — 10. *S* dir-r. — 11. *M* Arr-m. — 12. *S* He-i. — 13. *MB* Garlen-s, *S* Gersin-s. — 14. *S* Rob-i. — 15. *S* Eyn-i. — 16. *S* Ideg-i.

194. — 1. *C 102', MB 31 bis', S 45', MXIV '182.* — 2. *S* Theob-s.

infringere audeat, neque panem et vinum vel aliquam substantiam diripere audeat.

195[1]

Item, ejusdem comitis.

Iterum domnus Hugo comes dedit Deo et huic loco clausum unum, in comitatu Cabilonensi, in agro Saviliacense[2] ; terminat supradictum clausum, de uno latere et una fronte terra Sancti Nazarii, de alio latere terra Dodolini [3], ex alia fronte terra Sancti Ferrioli [4]. S' Lamberti comitis et Adalaidis [5] comitissæ. S' Hugolini [6]. S' Ingeltrudis, Attonis, Lamberti.

196[1]

(Carta) Lamberti comitis.

Domnus Lambertus comes, pater præfati Hugonis, et uxor ejus Adalaidis, dederunt Deo et huic loco, in villa Biziaco, mansum quem Raculfus [2] dedit ei, cum omnibus appenditiis suis: omnia ad inquirendum. S' Lamberti comitis et Adalaidis uxoris ejus. Oddo[3] miles, Beraldus, Ymarus.

197[1]

Carta Widonis de Rocca.

Quidam nobilis miles, nomine Wido de la Rochia, relinquens sæculum, obtulit seipsum Omnip(otenti)[2] Deo in hoc loco et secum aliquid de rebus sui juris, in villa quæ dicitur Santena [3], id est molendinum situmque in circuitu, hoc est tres mulnares, *etc.* Testes hujus rei sunt uxor domni Widonis....., ..., filii ejus Wido, Willelmus, Bernardus.

195. — 1. *C 102', MB 31bis', S 45', MXIV 182.* — 2. *S* Sani-c, *M* Savi-si. — 3. *S* Dol-i. — 4. *S* F-reoli. — 5. *MB* c. *S'* A-lui-s. — 6. *S* H-oni.

196. — 1. *C 102', MB 31bis', S 45', MXIII '126.* — 2. *S* Radu-s. — 3. *S* Odo.

197. — 1. *C '103, MB 31bis', L 3'.* — 2. *MB* om. — 3. *L* Sentona.

198[1]

Quidam nobilis miles, nomine Bernardus de la Porta, relinquens mundum et accipiens monachicum habitum, obtulit Deo et huic loco clausum vineæ, qui est in barrochia ecclesia Biziacensis.

199[1]

Carta de Curte Judea.

Domnus Hugo comes, inter multa bona quæ huic loco concessit, dedit vineas quas nominant in Curte Judæa, cum mansionibus et curtilis, in quibus coloni habitant qui excolunt terram vel vineas, et omnibus appenditiis : quicquid ibidem Judæi ante tenuerunt ac possederunt quolibet modo, usque ad inquirendum, totum ad integrum. Sign' Hugonis comitis. S.[2] Rocleni præpositi, Landrici, Salicherii. Sig' Lamberti, Seguini, Helderici, Walterii, Rotberti.

200[1]

(Placitum cum domno Hugone de Borbon).

Sciant præsentes et futuri, quod domnus Hugo de Borbon[2] habuit querimoniam cum monachis de Paredo, propter terram et vineam, quæ dicuntur[3] a Balmont[4], quas[5] habebat in beneficio de præfatis monachis Bernardus Seschas[6] et fratres ejus ; set supra dictus Hugo, tandem pacificatus, in capitulo Paredi venit, ibique quicquid juste aut injuste in supradicta terra et vinea querebat, totum dimisit, in præsencia domni Burchardi prioris et fratrum qui aderant. Hoc laudavit[7] ipse et[8] uxor sua et filii ejus ; et pro hoc autem placito habuit xxv.

---

198. — 1. *C 103', MB 31 bis', L 3'*.

199. — 1. *C '106, S 45', MXVI '223.* — 2. *M om.*

200. — 1. *C '107, S 48', MXXXII '207.* — 2. *S* B-nio. — 3. *S* dicitur. — 4. *M* ab A-t. — 5. *S* quam. — 6. *S* Sec-s. — 7. *S* l-verunt. — 8. *S om.*

solidos, et uxor ejus quinque. Hujus rei testes sunt Hugo ipse de Borbon, Walterius miles de Vinal, Johannes Fins, præpositus ejus, Oleschinus presbiter, Bernardus presbiter, Bonitus Farens, Gervasius præpositus, Rodulfus de Vitriaco.

201[1]

(PLACITUM CUM DALMATIO ET WICHARDO DE BORBONE).

Notificamus nescientibus quod domnus Burchardus [2], prior hujus loci, habuit placitum cum Dalmacio atque Wichardo, fratre suo, de Borbone, de vineis de Casania[3] et aliis terris; qui tandem pacificati, reliquerunt quicquid in vineis jure habebant, et in condeminia quæ est ultra pontem et in quocumque loco aliquid calumpniabant de terris Paredi, Deo et monachis Paredi donaverunt : pro hoc placito habuerunt XL. solidos et unas caligas. Hoc autem placitum, ut supra diximus, per manum W(illelmi) comitis fecerunt atque laudaverunt; testes : idem W. comes, Gauceramus de Copetra, Petrus de Varenis, Robertus de Moneta, Bernardus des Angles, Wichardus Filiaster, Hugo Monegra, Petrus de Bosco, Rodulfus atque Wido Beraldus.

202[1]

(CARTA EPISCOPI ÆDUENSIS DE ECCLESIA RENIACI).

Cum ad mensam potentis regis velut mendicantes essemus et Illius gloria[2] quia peccavimus indigeamus, necessitatibus pauperum propter Ipsum egentium subvenire debemus[3]. Igitur ego He(nricus), Dei gratia Æduensis episcopus, compatiens paupertati monachorum ecclesiæ Paredi, precibus Girardi[4] filii nostri dilectissimi, ejusdem loci prioris, medietatem ecclesiæ de Reniaco[5] præfatæ ecclesiæ monachis, excepto episcopali jure, concessimus, et alteram partem, quam prius in pace possidebant, auctoritate qua fungimur confirmavimus.

---

201. — 1. C '107, S 48', "MXL '34. — 2. M｜B. — 3. S Cass-a.

202. — 1. C 107', MB 31bis', B '15, MLXV 206. — 2. B en m. gratia. — 3. MB d-camus. — 4. M Ger-i. — 5. MB Renn-o.

Prior tamen Paredi, cum sacerdotem in ea⁶ posuerit, ad curam animarum recipiendam ipsum Æduensi (episcopo debet præsentare ut confirmet). Actum est anno M°. C°. LI. ab Incarnatione Domini, luna VII, Eugenio residente in cathedra Sancti Petri, Ludovico rege Francorum, Odone duce Burgundiæ. Hujus donationis testes sunt : Otbertus abbas Sanctæ Margaritæ, Johannes prior Sancti Simphoriani, Gauterius Eduensis archidiaconus, Bertrannus cantor, magister Otbertus 7, Gauterius archipresbiter Eduensis, magister Audebertus, Stephanus archipresbiter Sancti Johannis, Bernardus de Digonz, Petrus de Frigido Puteo, Petrus de Vitriaco, Guido de Curia et Aimardus filius ejus, Bernardus Marescaldus, Petrus Pochet, Petrus cocus, Galterius famulus, Holdricus, Petrus de Vitre, Hugo de Sancto Laurentio.

203¹

Carta Guidonis de Bussul ².

Certum teneant tam præsentes quam futuri, quod Guigundus³ de Busol⁴, pro remedio animæ suæ, dedit Deo et fratribus Deo servientibus Lagaschetum⁵, filios suos et filiam ; laudantibus istis ⁶: filio suo majore, uxore sua, G. de Sancto Albino. Testes sunt isti: B. de Cumines, H. de Puteres⁷, Salemon⁸ de Bussel.

204¹

(Carta Gauceranni de Copetra).

Priscorum patrum sanctitum² constat institucionibus, ut quisquis cupit et præoptat per longiora³ temporis curricula aliqua illibata et inconvulsa existere, necessario faciat ad multorum noticiam et agnitionem devenire : non enim ea debent contegi et supprimi silencio, quæ multorum necesse est confirmari et approbari judicio. Unde non opinor alicui officere, immo multorum utilitati proficere, si summatim⁴ dicatur

6. *M* ipsa. — 7. *M* Ob-s.

203. — 1. *C '108, L '46, Arch.* {*du Rhône, copie de 1725, n° 17*. — 2. *L des.* — 3. *R* Guido. — 4. *R* Bussul. — 5. *R* la Galtreta. — 6. *R* istius. 7. *R* Buters. — 8. *R* Salomon.

204. — 1. *C 108', MB '31ter, S '45, B 15', MXLV 91*. — 2. *M* sanci-m. — 3. *M* pero-t prol-a. — 4. *M* sic som-m.

qualiter domnus Girardus[5] de Copetra, prior hujus loci, hanc domum in adquirendis terris et aliis necessariis dilataverit[6], et ob memoriam sui in ævo hoc in loco habendam, quanta de fratre suo Gauscerano[7] de Copetra emerit et adquisierit.

Dedi itaque ego Gauscerannus[7] de Copetra[8], suasione et amore fratris mei Girardi prioris tunc Paredi, Deo et monachis ejusdem loci quicquid in villa Paredi habebam vel quærebam juris, dominationis et possessionis, scilicet panem et vinum quod de domo monachorum accipiebam, et domum meam de Vico, et omnes homines et feminas, liberos et servos et ancillas, præter duos tantum, Amicum et Piscem[9], quos ad serviendum mihi viventi retinui, tali scilicet pacto, ut post mortem meam monachis sint ipsi et omnis progenies eorum; et præter[10] hoc, quod de vino meo proprio et annona portagium[11] non accipietur; cetera omnia sine aliqua retentione dedi Deo. Similiter quicquid in villis de Moncellis, de Lavarenis, de Zucdebulda[12] habebam, cum omnibus appendiciis et usuariis, homines et feminas, liberos et servos et ancillas, terras, prata, nemora, et omnem justiciam et dominationem, præter terram Gausceranni[13] de Moregne et vicariam[14] de terra Bernardi de Anglars[15]; homines quoque qui de his terris exierunt, ubicumque sint, sive liberi sive servi, postquam ad terras supradictorum monachorum redierint, huic dono concedo. Simili modo quicquid in campo Bertem et in Rumanues habebam, prata, terras et nemora, et justitiam cum omnibus appendiciis et usuariis suis, dedi: præter decimum quod est de Volabro et servum unum Bernardum[16]; sunt autem nemora hujus doni denominata Garenio, Beci, duæ silvæ juxta forestam monachorum, et vauram Caninam et vauram Bertas, similiter terram de Tronce, quam tenet Dulcet et heredes ejus, quæ debet vi. denarios. Aucta[17] sunt autem hæc per manus domni Willelmi comitis Cabilonensis, qui responsor ex parte Gausceranni[7,18] est de pace. Testes vero sunt hujus doni[19] ipse Willelmus comes, Girardus[20] de Digonia[21], Wido de Curte, Atto de Copetra, Jotcerannus[22] de Petra Campi, Petrus de Fracto Puteo.

5. *S* Girad. — 6. *M* d-vit. — 7. *M* Gauc-. — 8. *M* Caup-a. — 9. *M* P-cum. — 10. *M* propter. — 11. *B* post-m. — 12. *M* Zuc de Bulba. — 13. *M* Gauze-i. — 14. *M* virc-m. — 15. *B* A-r's. — 16. *B* B-dini. — 17. *MB* Acta. — 18. *S* Gauc-i. — 19. *S* domnus. — 20. *S* Ger-s. — 21. *M* D-ns. — 22. *S* Josse-s, *M* Joce-s.

205[1]

Artaldus Gaudellus, ad monachatum veniens, multa dat Deo et sancto Grato; laudantibus Ildino fratre ejus et Ildino filio ejus, et Galvano.

206[1]

Hæc est carta de Fine.

In nomine sanctæ et individuæ Trinitatis, ego G(irardus) humilis monachus, prior de Paredo, [....................,] juxta possibilitatem virium mearum studium gerens hujus loci, possessiones semper ampliare, conveni Guiccardum[2] de Calvo Monte et fratres ejus, Letaldum et Bernardum, ut aliquod beneficium ecclesiæ nostræ conferrent. Qui precibus nostris, Domno antea inspirante, annuentes, dederunt Deo et beato Johanni Baptistæ et sancto Grato in helemosinam, pro animabus suis et parentum suorum, villam nomine Finem et omnia omnino quæ ad ipsam pertinent, sicut in præsentem diem obtinent, in terris, in pratis, in aquis, in silvis, in hominibus ibidem manentibus vel ubicumque in terra Sancti Grati manserint, vel alibi manentes reversi fuerint. Est autem et alia terra, quæ dicitur Sancti Vincentii, quam ipsi homines ibidem manentes ex consuetudine exercent : hanc tenebunt semper, dicta tamen consuetudine quam debebant [..........ve]l quæ ad taschiam, ad taschiam quæ ad iiiam partem, ad iiiam partem quæ d[...... legi]timos ad nummos, nullum alium servitium alicui reddentes; consuetudines vero habent, scilicet pascua pecoribus suis, silvas ad usus suos, ubicumque necessarium eis fuerit, ibi scilicet ad ignem, ad domos ædificandas vel restaurandas, et ad ustensilia earumdem : vendere autem vel dare non possunt. Denique quicquid de earum potestate alias manens redire voluerit, hanc quam supra diximus consuetudinem nichilominus habebit; quod si nemus vel terras

---

205. — 1. *C 109, MB '31ter*.

206. — 1. *C 110', MB '18 (a) et '31ter (b), MLXIII 17, L 3'*. — 2. *M Gira-m*.

suas circumadjacentes vendiderint, homines nostri semper supradictas consuetudines habebunt, et eas vendere non possunt. Hoc donum, sicut supra dictum est, super altare Sancti Johannis fecerunt et sacramento confirmaverunt, quod neque per se neque per quemcumque proximorum suorum calumpniam vel dampnum eidem ecclesiæ vel ipsis hominibus eveniat; quod si ipsis insciis contigerit, audita querimonia a priore, infra XIIII. dies dampnum restituent et de cetero pacem facient. De fratre autem suo parvulo dictum est et sacramento confirmatum ab ipsis, quod ad præsens totum facient concedere et, postquam ad legitimos annos venerit, sacramento firmare; hæc omnia, sicut supra diximus, juraverunt et se pro puero nepote suo duo avunculi eorum, Gauscerannus de Digonia et Girardus, responsuros firmaverunt. Hujus rei testes sunt isti: Gauscerannus de Digonia, et Letbaldus et Girardus, Atto de Copetra, Robertus Dalmacii, Anselmus de Sancto Albino, Gaufridus de Marchisut. Nos autem pro hoc dono dedimus, de substantia ecclesiæ, duo millia solidorum et trecentos. Actum est hoc anno Incarnationis Dominicæ M. C. XL. VII, regnante Ludovico rege, anno profectionis suæ in Hierusalem [3], II.[4] nonas maii [5], imperante Domino nostro Jesu Christo, domno Petro abbate Cluniacensis ecclesiæ.

207[1]

(SACRAMENTUM KAROLI IN MANU CARDINALIUM).

....

et beatis apostolis Petro et Paulo et beato Grato, et proprie loco de Paredo et omnibus ibidem habitantibus, tam præsentibus quam futuris, in præsentia et in manu domni Poncii [2] abbatis Cluniacensis; præsentibus monachis: domno Bernardo priore, domno Adalelmo camarario [3], domno Petro decano, domno Hugone constabulario, domno Helia hospitalario, ipsoque priore de Paredo domno Artaldo et pluribus aliis, huic

---

3. *MB L* Je-m. — 4. *MB* pridie. — 5. *M* mai. *6 mai 1147*.

207. — 1. *C III, MB 18 (a) et 31 ter (b)*. — 2. *MBa om*. — 3. *MBa* camer-o.

laudationi et dono unde cartam fieri⁴ mandavi. Interfuerunt quidam clerici et laici, quos hic pro testimonio adscribimus : Meschinus presbyter, Lancbertus⁵ presbyter, Berardus Jodselmi filius, Petrus de Bello Monte, constabularius, botelarius. Facta sunt hæc Cluniaci, ubi erant duo cardinales Romani, domnus Conradus et domnus Comes, ante quos ductus, et omnia supra scripta in præsentia et in manu eorum confirmavi, et observanda promisi; audientibus etiam duobus clericis eorum, Sergio atque Johanne ⁶, et plurima Cluniacensium familia, Hugone Mitte Focum et Duranno Scurula ⁷, et Joculatore Vadepet et pluribus aliis. Qui et prædicti cardinales me, discalciatum et de præteritis delictis pœnitentem, ab excommunicatione solverunt et in ecclesia introduxerunt ; deinde manu propria jusjurandum ibidem⁸ feci, quod si aliquando aliquid eorum quæ supradicta sunt per me aut per meos frangeretur, ammonitus a priore de Paredo per se vel per suum nuncium, infra unum mensem tamdiu in⁹ Monte Sancti Vincentii captus maneam, donec vel capitaliter emendem vel ad voluntatem prioris. Pro tenendo hoc sacramento posui obsides Bernardum de Lermont, qui omnibus istis interfuit ; et decem libras accepi, et hanc cartam¹⁰ super altare Sancti Johannis Baptistæ posui, assistente omni conventu cum priore Artaldo, Gaufredo camarario ³, Bernardo helemosinario¹¹, Stephano armario, Petro archipresbytero, Meschino presbytero. Testes : Hugo de Borbone, Hugo de Sancto Præjecto, Gauscerannus de Copetra, Gaufredus Pilfol, Hisdrahel, Durannus Managona, Rotbertus de Vigiaco, Oddo Jacob, Rotbertus de Juliaco, Gaufredus de Cassanias, Senebrunus et Artaldus de Aurea Valle, Hugo Betal, Gauscerannus Alodi et Wido fratres, Durannus cocus, Bertrannus sartor. Hoc pacto juravit Karolus et omnes alii idem sacramentum fecerunt, ut in octavis beatæ Mariæ Nativitatis Cluniaci se in captionem mittant et in ea sicut fideles obsides tamdiu fideliter maneant, donec domnus abbas vel prior vel cui ipsi jusserint licentiam dent abeundi : et hoc vel in Cluniaco omnes vel in Paredo omnes, aut alii in Cluniaco et alii in Paredo, secundum voluntatem domni abbatis aut prioris,

4. *MBa* f. cha-m. — 5. *MBa* Lamb-s. — 6. *MBb* J-es. — 7. *MBa* Scu-a. — 8. *MBb* ibi. — 9. *MBa* cx. — 10. *MBa* cha-m. — 11. *MBb* eleemosyn-o.

teneant et fideliter conservent; et quotiens eos sub aliqua conditione relaxaverint, secundum prædictum pactum, in captionem totiens fideliter et sine aliqua occasione redeant, et tamdiu ibi maneant donec placito et pace facta ad voluntatem domni abbatis aut prioris libere et absolute emittantur. Hi sunt qui juraverunt : Karolus, cujus sacramentum omnes fecerunt, Laurencius frater ejus, Girardus Perers, Gaulterius li Blans, Briccius Pellicus Puisant, Bancelinus, Petrus Blainus, Dodo Campanus, Andreas coriarius, Berardus filius Jodcelini[12], Hugo Beral, Clarembaldus Popet, Vaguliers, Rainaldus de la Gueri, Airoardus, Adalardus Dolcanbert, Archimbaldus sutor, Salomon faber, Letaldus li Baz, Huns de Corcellis, Constantinus Girardus sutor, Thomas pasturals, Petrus faber, Rotbertus Roleti, Eldricus, Rotbertus Mignelus coriarius, Johannes de la Planchi, Durannus de la Gaveri, Petit de Corcellas, Rotbertus Constantinus, Petrus Rufus, Eldricus salnerius, Rotbertus Garnat, Willelmus Septimana, Durannus Mancel, Bonnet salnerius, Durannus Stephani, Alardus sutor, Girardus, Petrus, Guido Deportet, Dulcedus, Ornatus, Simon Dolbos et Zacharias frater ejus, Queciuns, Bernardus Bolet, Girardus Campa, Bernardus de Ponsi, Petrus Gascum, Amicus Eng', Segnoret, Burdinus Malarein, Richirs, Bernardus Faustinus, Ermenaldus Gandal, Petrus Capreolus, Bardet, Duchaz, Amiet Escot, Archimbaldus filius Girardi Alodi, Bernardus sutor, Galterius Menial, Adzonet, Bernardus Loirs, Gineat, Girardus li pictor, Hugo de Vaura, Bernardus Uldeirs, Petrus et Durannus filii Rotberti Bolet, Bernardus Gascum, Rotbertus li Gras, Johannes sutor, Barinus sutor, Saddec, Letbaldus Tisirs, Denioret Pellitus, Petrus de Itulet, Bernardus filius Baldet, Petrus filius Bernardi, Petrus de Fai.

208[1]

CARTA DOMNI WIDONIS[2] DE TIERNO ATQUE COMITIS CABILONENSIS.

QUIA rerum gestarum memoriam oblivio per temporum successiones intercipere solet, ne de mea id concessione contin-

12. *MBa* J-lmi.

208. — 1. *C 112, MB 3 iter', S '45, MXXXVI 121 ; cf. L 3'*. — 2. S W-1.

gat, scripto volui annotari, per quod posteris omnibus possit perpetuum patefieri. Notum igitur sit succedentibus et modernis, quod ego Wido de Tierno, comes Cabilonensis, volens Hierosolimam³ proficisci, Paredum veni, ubi in manu venerabilis Hugonis, ejusdem loci prioris, quicquid libertatis, quicquid immunitatis antecessores mei prædicto loco et habitatoribus ejus contulerant, et bonas consuetudines quas habebant⁴ confirmavi, laudavi, corroboravi. Si quæ vero malæ consuetudines vel mali usus aut exactiones prædicto loco vel habitatoribus ejus contulerant, ab aliquo impositæ fuerant, pro remissione peccatorum⁵ meorum et omnium prædecessorum meorum et omnium de genere meo in perpetuum procreandorum, werpivi, dereliqui, dimisi ; et in signum veræ guerpitionis⁶ et perhenniter⁷ ab omnibus posteris meis tenendum, librum Euvangeliorum⁸ super altare manu propria posui. Et tamen domnus Hugo prior, pro prædictarum rerum confirmatione, laudatione, obtimam mulam, pretio decem librarum bene valentem, mihi voluntarie impertivit ⁹. Sane hujus confirmationis seu obtimæ laudationis adsunt hii testes fideles : Hugo prior, Antelmus de Faltreriis, Girardus de Copetra, Martinus decanus, Ozeschinus¹⁰ presbiter, Jocelinus¹¹ de Bosco, Stephanus de Parriciaco, et nonnulli alii tam monachi quam laici.

209¹

(CARTA DOMNI WILLELMI COMITIS).

Notum sit omnibus præsentibus et futuris, quod domnus Willelmus comes, post multa incommoda huic loco illata, veniens ad præsentiam domni Petri, abbatis Cluniacensis ², et domni Bernardi, prioris Clunia.³ , finivit⁴ ex toto malas consuetudines quas ipse vel sui elevaverant⁵ vel accipiebant in terra Sancti ⁶, et forisfacta quæ⁷ prior Artaldus et alii seniores hujus loci requirebant ab⁸ eo ⁹, sicut ab illis¹⁰ obtinere¹¹ potuerit, reddat; istum autem locum et res ad eum pertinentes, in illis

---

3. *S* H-an, *MB* Je-lymam. — 4. *S* h-at. — 5. *S* peca-m. — 6. *S* we-s. — 7. p-tum. — 8. *S* Ev-m. — 9. *S* inp-t. — 10. *S* Ozec-s. — 11. *S* Josse-s.

209. — 1. *C '112, MB 31ter', S '45, MLIV '192 ; cf. L 3'.* — 2. *MB* Clun', *S* C-nia. — 3. *M om.* — 4. *S corr.* finiens. — 5. *M* clevevar-t. — 6. *S* inter ascin. — 7. *S M* quem. — 8. *S om (corr.)* — 9. *S corr.* ille, *M* ipso. — 10. *S* ille *(corr.* eo). — 11. *S corr.* o-ri.

consuetudinibus quas ipse vel sui elevaverant, teneat in quibus comes Theodbaldus[12] et filius ejus Hugo tenuerunt, propter[13] hoc quod pro animabus suis probantur dedisse. Hoc autem fecit per manum domni Letbaldi de Digonia et Ademari Morelli ; et ita se promisit teneri[14] in manu domni abbatis, audientibus et multis astantibus testibus.

210[1]

Carta de dono Curdiaci.

Legis autenticæ ita percipiunt[2], ut quicumque jus suum in alium transfundere voluerit, si satis acurate patiare voluerit, per paginæ scripturam asserere atque testificari procuret. Quapropter ego Witburgis, mater Petri de Nucibus, ob remedium animæ meæ atque parentum meorum, tribuo summo Deo et beatæ perpetuæ Dei Genitrici Mariæ, et altari beati Johannis Baptistæ de Paredo et domno Hugoni priori, necnon cunctis fratribus inibi Deo servientibus tam præsentibus quam futuris, quicquid in duabus festivitatibus beati Petri apostolorum principis in ecclesia quæ est sita Curdiaco ; deinde præfato loco quicquid habeo, quicquid possideo in prædicta villa, tali tenore tribuo et concedo, si duo filii mei absque heredibus ex uxore legali moriuntur. Post multum vero temporis, ego Petrus de Nucibus, filius præfatæ dominæ, peccatis meis exigentibus concedi in infirmitate ; quapropter vocare feci domnum Gerardum, priorem de Paredo, et pro animæ meæ salute meorumque parentum, in vita mea tradidi Deo æterno et beatæ Dei Genitrici virgini Mariæ, atque præfato priori omnique conventui fratrum de Paredo, tam præsentium quam futurorum ibidem Deo jugiter servientium, in investitura quicquid in ecclesia Curdiaci habebam et tenebam, cum cimiterio ejusdem ecclesiæ, necnon et domum meam cum virgulto ; post mortem vero meam, quicquid habendo possideo in villa Curdiaci, tam in hominibus quam in domibus, tam in pratis quam in nemoribus, quam in terris cultis quam incultis, cum omnibus appen-

---

12. *S* Theob-s. — 13. *M* præter. — 14. *S corr.*t-re.

210. — 1. *C 112', MXL 58*. — 2. præc-t ?

diciis suis, absque ulla retentione ; et ex hoc accepi palefredum quendam et centum solidos. Sane horum donationum adsunt hii testes : Hugo Beraldus, Hugo Rodulfus, Joceramus de Vilers, Duramnus presbiter, Stephanus de Janthals, Belinus famulus, Wilelmus et duo nepotes ejus.

211[1]

(Carta domni Hugonis de Borbon).

Notum sit omnibus hominibus, quod domnus[2] Hugo de Borbono[3] ex integro laudavit atque concessit illas terras, quæ a patre suo vel a suis[4] hominibus exciderant loco Paredi vel locis pertinentibus ad illum locum, apud Pulcram[5] Spinam, in manu domni Artaldi prioris; necnon illam terram de Digontio nominatim, quam calumpniabat, in pace dimisit. Propter hoc donum[6] X[co][7] solidos accepit, et Gaufredus Palfol[8] unam libram piperis habuit. Testes : Bernardus, Aimo et Gaufredus Palfol, Stephanus præpositus, Milo Pevrari, Pipinus et Josbertus fratres, Durannus Canal, Hugo de Maniaco, Andreas Cotta, Bernardus Faramundus et alii multi.

212[1]

Carta Petri de Roccha.

Petrus infans de la Rochia calumniabat homines a Teli et a Albiniaco, fecitque placitum cum donno Wichardo monacho, in domo monachi de Jhavanes, accepitque ab eo xv. solidos, finivitque et guerpivit Domino Deo et omnibus sanctis ejus, et ad monachos de Paredo, hoc quod querebat in ominibus sive in feminis, qui in supradictis villulis manent ; sicut pater ejus et mater reliquerunt et dimiserunt, rectum quod abebat dedit, tortum quod querebat guerpivit, pro animabus omnium antecessorum suorum ; si defuit aliquid quod ejus pater non dedisset vel guerpiisset, ipse finive dedit et guerpivit omnia Deo.

211. — 1. *C'114, S '49, MXL '72*. — 2. *S om.* — 3. *S* B-ne. — 4. *S* aliis. — 5. *S corr.* P-chram. — 6. *S* bo-m. — 7. *S* decem. — 8. *S* Pil-l.

212. — 1. *C'114, ML 113*.

De hoc placito sunt testes : Petrus infans, Stephanus de Til, Wilelmus de Sancto Desiderio, Wichardus monachus, Ingerbertus de Patagni, Seguinus de Bussiris, Petrus Clissi, Durannus præpositus, Amicus de Recondis, Richerandus dul Furnet, Durannus dul Jambum, Durannus de Chesals, Ainaldus de Larveta, Tetbaldus Lubersi, Aymericus. Hoc donum postea laudavit Walterius, frater ejus, a Til retro ecclesiam ; et inde sunt testes Ylerannus de Gubirs, Arnulfus de Patagni, Wido presbiter, Durannus de Chasals.

APPENDIX

213[1]

Hugo præsul Paredum cum appendiciis [2].

Omnibus [3] in unitate fidei viventibus Christique misericordiam præstolantibus et Verbi Dei pabulo mentis suæ archana alentibus sermo intonat divinus, quod ita dispensacio Redemptoris quibusque consulit ditibus, ut ex propriis rebus quas transitorie possident, centuplicatum valeant acquirere fœnus ; si modo eisdem bene utendo rebus, ea quæ habent studeant erogare pauperibus. Quod videlicet esse possibile ostendens atque ad hoc omnino suadens, dicit : « Divitiæ viri, redemptio animæ ejus [4] » ; et juxta egregii prædicatoris vocem, dum adhuc vacat dumque tempus acceptabile, et dies salutis [5] instare videntur et donec hodie cognominatur, currendum et agendum est summopere quod inperpetuum nobis expediat. Qua [6] scilicet causa

---

213. — 1. Cartul. de Cluny A (St Maïeul), f° 306, n° 834 ; Cart. de Cluny B (St Odilon), f° 9', n° 27 (abrégée). Imprim. dans Chifflet, Béatrix (1656), pr. 194, n° 168 ; Perry, Châlon-sur-Saône (1659), pr. 37 ; [Bertaud], Ill. Orbandale (1662), II, pr. 94 ; Perard, Recueil (1664), 455 (analyse). — 2. B seul ; dans Perard : Fundatio Paredi anno nogentesimo nonagesimo nono. — 3. A Omnium. — 4. Proverb., xiii, 8. — 5. II Cor., vi, 2. — 6 A. Que.

nulla specie vel modo perfectius geri a quolibet creditur, nisi ab his qui postpositis sæculi impedimentis, abrutisque omnibus retinaculis, sub monachico scemate, sponso qui in cœlis est perhenni abitu, gestu atque actu applicare sese maluerint, quibus tantum vivere Christus est et mori lucrum. Igitur cunctis sanctæ matris Ecclesiæ filiis, tam præsentibus quam futuris, notum esse volumus quod beatæ memoriæ comes Lanbertus, per cuncta laudandus nullique suis temporibus sub clamide terreni imperii in christiana religione secundus, ob amorem Dei Omnipotentis, cooperante in hoc ipsum domno Maiolo abbate, quoddam cœnobium, quod Vallis Aurea dicitur, in proprio construxit solo in Augustudunensi [7] pago, in honore Dei Omnipotentis et gloriosæ Mariæ Virginis, ac beati Johannis præcursoris Christi [8] : ea siquidem fide, ea spe atque devocione ut, quamvis ipse cuncta contemnere nequivisset, tamen dum mundi contemptores, quos justos [9] pro certo credebat, susciperet, mercedem justorum reciperet. Decrevit etiam eundem locum liberum esse ab omni cujuspiam loci subjectione ac sæculari dominacione, ita ut liceret monachis inibi degentibus Deo servire sub proprio pastore, ac pro statu tocius Ecclesiæ Deo infatigabiles preces effundere; qui etiam, quamdiu [10] rebus humanis interfuit, ipsum locum decenter in omnibus adornare curavit, quem quasi quodam amoris privilegio præ [11] omnibus dilexit. Sed cum [12] refrigescente caritate, supercrescens iniquitas jam jamque in quorumdam cordibus principatum sibi vindicat, venerabilis Hugo filius ejus, gratia Dei se præveniente, quæ eum segregavit ac prædestinavit præsulem fore suæ sanctæ Ecclesiæ, alto mentis intuitu perspiciens mundanos casus semper in deterius ruituros, simulque considerans supradictum locum in eodem statu quo pater suus decreverat omnino per se stare non posse, cum consilio gloriosi regis Rodberti [13] atque eorum qui simul aderant episcoporum, necnon Aeinrici [14] ducis, jamdictum cœnobium cum omni integritate tradit beatis apostolis Petro et Paulo et Cluniacensi monasterio, cui præest [15] domnus Odilo : ita ut habeat, tam ipse quam etiam sui successores, firmam auctoritatem eundem locum re-

7. *A* A-din-i. — 8. *B* C. p. — 9. *A* j-o. — 10. *B* quandiu. — 11. *A* pro. — 12. *B* quum. — 13. *B* Rotb-i. — 14. *B* Aeyr-i. — 15. *A* prest.

gere, gubernare ac secundum Dei voluntatem disponere, cum omnibus inibi pertinentibus æcclesiis, villis, mansis, farinariis, servis et ancillis utriusque sexus atque ætatis, vineis, campis, exitibus et regressibus, totum ad integrum[16]. Facit autem hanc donacionem jamdictus præsul Hugo Deo devotus, primum pro amore Dei, inde pro anima patris sui Lanberti ac matris suæ Adeleydis, ac gloriosi Rodberti regis atque Aeynrici ducis, necnon pro animabus fratrum ac sororum, nepotumque ac omnium utriusque sexus propinquorum, pro statu[17] etiam et incolomitate catholicæ religionis, postremo, sicut omnes christiani unius compage caritatis ac fidei tenemur, ita pro cunctis præteritorum scilicet ac futurorum seu præsentium orthodoxis hæc donacio fiat. Eodem etiam voto et desiderio, consilio et auctoritate supramemoratorum principum et episcoporum roboratus, tradit jam dictis apostolis ac præfato abbati fratribusque sibi commissis prælibatum Cluniacense cœnobium incolentibus, necnon successoribus illorum in perpetuum locum Sancti Marcelli in suburbio Cabilonensi positum, scilicet ubi idem ipse sanctus martir requiescit corpore, cum omnibus ad se pertinentibus, sicuti olim a Gausfredo comite, matris ejusdem præsulis conjuge, sancto Maiolo suisque successoribus fuit commissum ad possidendum et ordinandum atque disponendum jure perpetuo, sine alicujus contradictione. Placuit etiam huic testamento inseri, ut ab hac die nec nostro nec parentum nostrorum, nec cujuslibet terrenæ potestatis jugo subiciatur idem locus[18], sed habeat[19] rectorem ac gubernatorem dominum nostrum Jesum Christum, simulque domnum Odilonem abbatem Cluniensium, ejusque successores in futura tempora et generaciones generacionum. Si quis vero, quod minime per Dei misericordiam evenire credimus, vel ex propinquis vel extraneis, vel ex qualibet conditione vel potestate, qualicumque calliditate contra hoc testamentum aliquam concussionem inferre temptaverit, primum quidem iram Dei Omnipotentis incurrat, auferatque Deus partem illius de terra vivencium, et deleat nomen ejus de libro vitæ, sitque pars illius cum Juda traditore Domini, æternis cruciatibus cum eo in inferno retru-

16. *B* i., pro redemptione omnium fidelium Christianorum. Placuit...
— 17. *A* stratu. — 18. *A* eadem loca. — 19. *A* h-ant.

sus; secundum mundialem vero legem, his quibus litem intulerit centum auri libras exolvat et conatus ipsius nullum vigorem obtineat, sed hæc donacio omni auctoritate fulta in perpetuum firma permaneat. Actum suburbio Cabilonensi, cœnobio Beati Marcelli, in præsentia regis Rodberti[13]. Signum Hugonis episcopi, qui hanc donationem fieri et firmare rogavit. Signum Aynrici ducis. Signum Ottonis comitis. Signum Widonis comitis. Signum Mauricii comitis. Signum Rodberti vicecomitis. Signum Gaufredi. Signum Richardi comitis. Signum Rodgerii episcopi. Signum Rainaldi episcopi. Signum Gisleberti. Signum Hugonis. Signum Odulgarii. Signum Remigii. Signum Walterii episcopi. Signum Anserici. Signum Giraldi. Signum Wilengi. Signum Bernardi. Signum Widonis abbatis [20].

Data mense maio[21], indictione duodecima, anno Incarnationis dominicæ DCCCC^{mo}.XC°.VIIII°, Rodberto rege, anno quarto[22] regni ejus. Aldebaldus, licet indignus sacerdos et monachus, scripsit.

214[1]

PRÆCEPTUM ROTBERTI REGIS DE PAREDO, AUGUSTUDUNENSI IN PAGO [2].

IN NOMINE SANCTAE ET INDIVIDUAE TRINITATIS, RODBERTUS, DIVINA PROPITIANTE CLEMENTIA, serenissimus rex. Sicut certum indubitanter est nullam potestatem nisi a Deo prorsus existere, sic consequens itaque est ut, quisquis ejus dispositione in terrenæ potestatis culmine sublimatur, sub potenti ejusdem largitoris manu sese humiliet, eique de suis donis placere studeat. Quapropter notum sit omnibus per temporum curricula sibi succedentibus, tam regibus videlicet quam

---

20. *A*Hactum... Rotb-i. Testes : H-o e-pus, A-cus dux, O-o comes, Vuido comes, M-cius comes, Rotb-tus c-s vicarius, Gausf-dus, R-dus comes, Rotg-rius e-pus, R-dus e-pus, G-tus, Vua-rius e-pus, Vuido abbas, B-dus. — 21. *Mai 999.* — 22. *B* IIII.

214. — 1. Cartul. de Cluny C, *f° xxxj (p. 60), n° 65. Impr. (XVII*[e] *s., 4°), Bibl. nation., coll. de Bourgogne, LXXXVI, n° 28, p. 1-2.* — 2. *Impr.* CARTA SEU PRÆCEPTUM ROBERTI REGIS FRANCORUM, PRO CONFIRMATIONE DONATIONIS FACTÆ MONASTERIO CLUNIACENSI DE CŒNOBIO QUOD DICEBATUR VALLIS AUREA, NUNC PAREDUM SEU PARODIUM.

comitibus, cunctisque magistratuum gradibus vel rei publicæ
ministratoribus, quod ad deprecationem Hugonis præsulis,
nostri imperii fidelissimi, nostra regali auctoritate concedimus
Cluniensi monasterio quoddam cœnobium quod Vallis Aurea
dicitur, situm in Augustudunensi [3] pago, consecratum in
honore Dei Omnipotentis et gloriosae Mariae Virginis ac beati
Johannis Xpisti præcursoris. Quod coenobium beatæ memoriae
comes Lantbertus, per cuncta laudandus nullique in suis
temporibus in Xpistiana religione secundus, ob amorem Dei
Omnipotentis in proprio construxerat solo, cooperante in hoc
ipso opere domno Maiolo abbate ; qui etiam quam diu rebus
humanis interfuit, ipsum locum decenter in omnibus adornare
curavit, quem quasi quodam amoris privilegio præ omnibus
dilexit. Decreverat siquidem jam dictus comes eundem locum
liberum esse ab omni cujuspiam loci subjectione ac seculari
dominatione, ita ut liceret monachis inibi degentibus Deo
servire sub proprio pastore, ac pro statu totius aecclesiae Deo
infatigabiliter preces effundere; sed quoniam, refrigescente
caritate, jamjamque in quorumdam cordibus venerabilis
Hugo, filius ejus, alto mentis intuitu perspiciens mundanos
casus semper ruituros in deterius, simulque considerans
supradictum locum in eodem statu, quo pater suus decreverat,
omnino per se stare non posse, humiliter adiens nostram
excellentiam obnixe deprecatus est, ut per preceptum regale
regali nihilominus auctoritate jamdictum coenobium Cluniensi
monasterio cum omni integritate concederemus. Cujus peti-
tionibus faventes, cum consilio episco(po)rum et principum
regni nostri, auctoritate regali jam dictum coenobium Cluniensi monasterio subdimus, cui preest domnus Odilo pastor
venerandus, et quicquid ad jamdictum locum pertinet, precepto regali firmamus et ratum ducimus cum om(n)ibus ad se
pertinentibus, aecclesiis scilicet, villulis, vineis, campis, terris,
pratis, silvis, aquis aquarumque decursibus majoribus et rivis
minoribus, cum exitibus et regressibus, cum pascuis et omnibus adjacentiis, seu omnibus servis et ancillis vel colonis, cum
infantibus suis et omni cognatione eorum, totum ad integrum

---

3. *En m. (XIVe s.)* Eduensi.

cedimus atque transfundimus, beatis apostolis Petro et Paulo et Cluniensi monasterio, pro statu et incolumitate regni nostri, simul et principum nostrorum atque omnium Xpisti fidelium, vivorum scilicet et defunctorum. Præcipientes ergo jubemus ut deinceps per hanc nostrae sublimitatis auctoritatem jure firmissimo predicti seculi judices, beati videlicet Petrus et Paulus et domnus abba Odilo, suique successores seu jam prefati cœnobii rectores vel monachi inibi Deo servientes teneant, ordinent et possideant, et liberum in omnibus potiantur arbitrium ordinandi quicquid elegerint secundum regulam sancti Benedicti.

Et ut haec nostræ celsitudinis auctoritas firmior habeatur et per ventura tempora melius conservetur, de annulo nostro subtus sigillari jussimus.

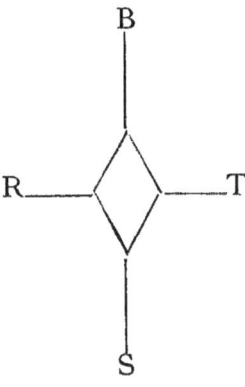

215[1]

CARTA DE MANSO HUGONIS, PRIORIS DE PAREDO, AD AVENGUM.

SACROSANCTÆ Dei ecclesiæ, in honore Sanctæ Trinitatis constructæ, in loco qui dicitur Marciniacus, ego in Dei nomine Hugo, sæculo renuncians, dedi mansum unum ad Avengum, qui mihi ex paterno jure contingebat, et cum omnibus appendiciis suis, sicut Albericus et pater ejus tenuerunt et excoluerunt, et ostenderunt mihi et fratribus nostris monachis, domno Renchoni et Duranno, præsente Aya, matre mea. Testes autem et monstratores hujus mansi sunt Albericus, qui exolit mansum, et Durannus et Rotbertus, fratres ejus, Adalbertus quoque vicarius. Hoc autem donum factum fuit in manu domni Duranni prioris. Testes et laudatores sunt hujus doni : Gerardus, Hartaldus atque Gofredus.

---

215. — 1. *Arch. du Rhône, copie de 1725, n° 3* : « Ex veteri cartulario manu scripto monasterii Marciniaci, descripto circa annum 1140 ».

216[1]

(CARTA ADALEIDÆ, UXORIS PETRI DE CHUCY).

Notum sit omnibus, tam præsentibus quam futuri ævi hominibus, quod ego Adaleida, uxor Petri de Chucy, audiens viros diligi ab uxoribus debere et teneri, dono Deo et beato Petro ac Marciniacensi monasterio, ubi me ipsam mitto, pro anima viri mei viam universæ carnis ingressi et pro animæ meæ remedio, laudantibus filiis meis Galterio et Guillelmo, et fratribus meis Artaldo de Buxolio et Hugone, priore de Paredo, mansum de Marciliaco et servos et burdalarias tres apud Varennis, quas tenent Durannus Boirel et Hebradus de Paret, atque Constantinus de Varennis. Hoc donum feci, facio et confirmo, coram testibus : Guillelmus archipresbiter e[t] Bernardus de Perres.

217[1]

CARTA MARIÆ (, FILIÆ ALBUINI GROSSI).

Noverint tam præsentes quam futuri, quod Maria, filia Albuini Grossi, veniens Marciniaci ad conversionem, elemosinatim donavi sanctæ Trinitati et sanctæ Mariæ, et sanctis apostolis Petro et Paulo et Marciniacensi monasterio, quidquid ex hereditate patris mei michi successerat, a rivo Tenego usque ad villam de Campis, tam in silvis quam in campis, laudante et conceddente fratre meo Albuino et sorore mea Adalmoda. Testes hujus doni sunt : Bernardus de Buxolio, maritus sororis meæ, Hugo, Leodegarius, *etc*.

218[1]

CARTA HUGONIS DE BUXOLIO.

Notum sit omnibus, tam præsentibus quam futuris, quoniam de piscatura quadam querela erat inter Hugonem de Bu–

216. — 1. *Arch. du Rhône, copie de 1725, n° 5* : « Ex cartulario Marciniaci ».

217. — 1. *Arch. du Rhône, copie de 1725, n° 12* : « Ex cartulario Marciniacensi ».

218. — 1. *Arch. du Rhône, copie de 1725, n° 13* : « Ex cartulario Marciniaci ».

xolio et monachos de Marciniaco ; tandem per hujusmodi querela coram domino Æduensi episcopo Stephano, judicatum est in curia ejus, ut monachi suam deinceps possiderint piscaturam, quam ille conabatur lis auferre, *etc.* Testes fuerunt : ipse d. Stephanus Eduensis episcopus, d. Hugo prior Paredi et alii.

219[1]

Carta Hugonis de Sivignon.

Notum sit omnibus, tam præsentibus quam futuris, quod domna Elisabeth, mater Petri et Hugonis de Sivignon, concedentibus et laudantibus filiis suis omnibus, dedit sanctæ Trinitati et Marciniacensibus sanctimonialibus, dum soror et monaca fieret ejusdem loci, alodum suum quem habebat in parochia de Olsola, *etc.* Testes sunt : Bernardus de Buxol, Hugo de Buxol, filius Artaldi, *etc.*

220[1]

Carta Petri de Sivignon.

Salus est animarum benefacere illis qui die ac nocte Omnipotenti Deo deserviunt ; ideoque ego Petrus de Sivignon, pro redemptione animæ meæ parentumque meorum, tribuo, laudo et dono servis et ancillis Dei sanctimonialibus in loco de Marciniaco, in manu domni Seguini, ejusdem loci prioris, mansos de Valle et de Chazeto, *etc.* Fidejussores sunt mecum isti : Ildricus Hisperons, Artaldus de Bussul, Robertus Dalmatius, Hugo de Bussul, filius Girardi, Artaldus de Bussul, junior, *etc.*

---

219. — 1. *Arch. du Rhône, copie de 1725, n° 15* : « Ex cartulario Marciniaci ».

220. — 1. *Arch. du Rhône, copie de 1725, n° 16* : « Ex cartulario Marciniaci ».

221[1]

Comes Cabilonensis, de Paredo.

Quoniam ea quæ a fidelibus geruntur, ad conservandam memoriam, litterarum solent apicibus commendari, idcirco [2] ego Willelmus, Dei miseratione comes Cabilonensis, præsenti paginæ præcepi inserendum, qualiter inter me et ecclesiam Cluniacensem ad bonum pacis et concordiæ convenerimus, super querelis quas eadem ecclesia Cluniacensis et domus de Paredo adversum me diu habuerant. Noverint igitur universi præsentes et futuri, quod ecclesia Cluniacensis frequenter conquesta fuerat de pressuris vehementibus et exactionibus pessimis quibus ego et pater meus, peccatis nostris exigentibus, domum de Paredo et pertinentias [3] ejus, ac terram ecclesiæ vehementer afflixeramus. Cum autem, tempore patris mei et meo, ab abbatibus Cluniacensibus et prioribus Paredi super hoc esset frustra sæpe numero laboratum, novissime convenimus apud Lordonum [4], domnus videlicet Theobaldus [5], venerabilis abbas Cluniacensis, et Johannes prior Paredi, cum quibusdam senioribus Cluniaci, et ego cum quibusdam militibus et hominibus meis; tandem[6] victus ratione et saluberrimis monitis et precibus memorati abbatis adquiescens, simulque peccatorum meorum inmensitatem considerans, ob remedium animæ meæ et antecessorum meorum, guerpivi penitus et quitavi omnes consuetudines et exactiones, quas ego et pater meus in terra ecclesiæ contra justiciam et æquitatem, in periculum animarum nostrarum acceperamus. Recognovi igitur et confessus sum, quod in villa Paredi et pertinentiis ejus et in [7] universa terra ejus, non habeo talliam vel porcellagium, vel besenagium vel messionagium, seu annonagium vel carredum :

---

221. — 1. *Bibl. nation., coll. de Bourgogne, LXXXI, Cluni n° 267, origin. parch. de 23 lig. avec trace de sceau, coté B = O; confirmation de 1205 [n° 225] = V; Cartul. de Cluny D, p. 151-3, n° 298; Cart. de Cluny E, f° 152-3, n° IXxx xvij. Impr. dans* Marrier, *Bibl. Cluniac. (1614), 1441-3;* Duchesne, *Vergy (1625), pr. 119;* Chifflet, *Béatrix (1656), pr. 39, n° 1;* [Bertaud], *Ill. Orbandale (1662), II, pr. 158.* — 2. *V* icc-o. — 3. *V* p-ncias. — 4. *V* n. a. L. c. — 5. *O* Te-. — 6. *O* et t. — 7. *V deest.*

quæ omnia ego et ministri mei plerumque violenter accipiebamus ; præterea homines ecclesiæ quandoque in expeditiones meas ire cogebam et opera mea facere compellebam, videlicet in fossatis meis erigendis et castellis construendis vel destruendis : quæ omnia penitus guerpivi et remisi, ita quod hæc omnia, quæ prædixi, a me vel ab heredibus [8] aut ministris meis deinceps nullatenus requirantur. Et, ut breviter conprehendam, in villa Paredi vel terra ecclesiæ, nullam mihi jurisdictionem vel consuetudinem, exclusa omni concertacione, retinui, præter illa quæ subjecta sunt : quasdam siquidem consuetudines mihi de jure deberi asserebam, quas monachi negabant, quoniam in cartis nobilium virorum Hugonis et Theobaldi[5], comitum Cabilonensium[9], non continebantur; dicebam enim mihi a priore Paredi deberi saugmarium [10] et custodem ejus, cum in exercitum [11] regis perrexero, et sciphum [12] corneum cum duabus cocleariis corneis, prædictum saugmarium in reditu meo redditurus nec aliter deinceps alterum recepturus. Porro dum per terram meam simpliciter deambulavero, procurationem semel aut bis in anno in hospicio Paredi mihi deberi asserebam, ita quod in multitudine sociorum domum non gravarem ; receptionem quoque plenariam apud Tolonum semel in anno quærebam. Siquando ad clamorem prioris et æcclesiæ Paredi, pro damnis [13] ecclesiæ illatis, cum armata manu super aliquem vicinorum pergere me oportuerit, de singulis domibus Paredi singulos homines cum armis mecum ituros dicebam : ita tamen quod ad domos suas possint ipsa die reverti. Super his [14] quatuor [15] consuetudinibus, quas ego quærebam et monachi negabant, ne bonum pacis inter nos impediretur, ita dictum est quod, si eas habere voluero, non statim violenter extorquebo, set [16] appellabo super his [14] abbatem Cluniacensem et priorem Paredi, quod justicia dictaverit inde accepturus. Licebit quoque abbati et priori Paredi me de guerpicione consuetudinum istarum appellare quando voluerint, et ego eis de jure respondebo, quod ratio dixerit servaturus. Dictum et præterea quod in carredo prioris, quo vinum de vineis suis aut

8. *V* h. meis. — 9. *O* C-ll-m. — 10. *V* sag-m. — 11. *V* e-u. — 12. *V* c-m. 13. *V* dampnis. — 14. *V* hiis. — 15. *O* q-tt-r. — 16. *V* sed.

alienis ad usum monachorum de partibus Cabilonensibus adducere solet, non debeo pedagium accipere : si vero prior ad hoc vinum comparatum adduxerit, ut illud denuo vendat, licebit mihi inde accipere pedagium[17]. Procurationem quoque, quam apud Digonz[18] semel in anno quærebam, in manu memorati abbatis Cluniacensis guerpivi et remisi. De hominibus salvamenti diffinitum est, quod homines ecclesiæ, qui terram meam non tenent, nullum omnino servicium mihi vel ministris meis debent per consuetudinem ; homines vero ecclesiæ, qui terram meam tenent, servitium quod tenemento inpositum est, mihi persolvent. Decætero, quoniam gratiam et amorem Cluniacensis ecclesiæ mihi plurimum adquirere cupio, statui firmiter et concessi, ut nullus de villa Cluniacensi per terram meam futuris umquam[19] temporibus pedagium solvat, set[16] de me et hominibus meis vadat securus. Ut autem hujus pacis bonum omni tempore inviolabiliter observetur, præsentem paginam sigilli mei impressione[20] muniri præcepi, et ad testimonium hujus mutuæ compositionis rogavi Æduensem et Cabilonensem episcopos, ut et ipsi ad hoc sigillorum suorum firmitatem apponerent. Testes sunt ex parte monachorum : Beraldus prior Cluniacensis, Rainaldus et Nicholaus, custodes ordinis, Petrus de Marciaco[21] et Sofredus[22], camerarii, Guillelmus[23] Colongarius, helemosinarius, Aimo prior de Sancto Salvio, Girardus decanus de Bellomonte, Berardus decanus de Lordono, Robertus et Seguinus, socii abbatis. Ex parte mea : Girardus de Reun[24], Letaldus[25] de Calvo Monte, Hugo filius ejus, Hugo de Sancto Albino, Hugo de Petra Campi, Pascherius Avengunz, joculator. De familia abbatis : Durannus de Varennis, Hugo caprarius, Bellus Mons. Actum apud Lordonum, anno ab Incarnatione Domini M'. C.[26] octogesimo[27], Philippo rege Francorum regnante in Francia, anno regni ejus secundo.

17. *V* p. a. — 18. *V* Digunz. — 19. *V* ung-m. — 20. *O* inp-em. — 21. *O* Marziaco. — 22. *V* Soff-s. — 23. *V* Wi-s. — 24. *V* Riun. — 25. *V* L-audus. — 26. *V* millesimo centesimo. — 27. *1180*.

222[1]

CARTA PHILIPPI REGIS, DE DOMO PAREDI.

IN [NO]MINE SANCTE ET INDIVIDUE TRINITATIS, AMEN. Philippus, Dei gratia Francorum rex. Noverint universi, presentes pariter et futuri, quod ecclesia Cluniacensis frequenter conquesta fuerat de pressuris vehementibus et exactionibus pessimis, quibus comes Cabilonensis Willelmus[2] et pater suus domum de Paredo et pertinentias ejus, ac terram ecclesie vehementer afflixerant. Cum itaque, tempore patris sui et suo, ab abbatibus Cluniacensibus et prioribus Paredi super hoc sepe frustra laboratum fuisset, novissime convenerunt apud Lordonum[3] Theobaldus abbas Cluniacensis et Johannes prior Paredi, cum quibusdam monachis Cluniacensibus, et comes Cabilonensis cum quibusdam militibus et hominibus suis; et tandem victus ratione, simulque peccatorum suorum immensitatem considerans, ob remedium anime sue et antecessorum suorum, guerpivit[4] penitus et quitavit omnes consuetudines et exactiones, quas ipse et pater suus in terra ecclesie contra justiciam et equitatem, in periculum animarum suarum, acceperant. Recognovit igitur et confessus est, quod in villa Paredi et pertinentiis ejus et in universa terra ejus, non habet talliam vel porcellagium, vel besenagium vel messionagium, seu annonagium vel carredum : que omnia ipse et ministri ejus plerumque violenter accipiebant; preterea homines ecclesie quandoque in expeditiones suas ire cogebat et opera sua facere compellebat, videlicet in fossatis suis erigendis et castellis[5] construendis vel destruendis : que omnia penitus guerpivit[4] et remisit, ita quod hec omnia ab ipso vel ab heredibus

---

222. — 1. *Bibl. nation., coll. de Bourgogne, LXXXI, Cluni n° 268, copie contempor. parch. de 35 lig., au dos* : « Copia cujusdam lictere regie pro decanatu de Paredo, et originale est intus, — Lictera regis Philipi, per quam apparet quod comes Cabilonensis nichil habet in tota terra de Paredo=O ; Cart. de Cluny D, *p. 100, n° 212* = C ; Chartes et Diplômes, *LXXXIV, 92-3 ; ms. lat. 11892, 118-20. Impr. dans* PERARD, Recueil *(1664), 243. Cff.* LABBE, Alliance chronol. *(1651), II, 193 ;* DELISLE, Actes de Philippe-Aug. *(1856), n° 16*. — 2. C W-ermus. — 3. C L-dunum. — 4. C gur-t. — 5. C c. suis.

aut ministris suis deinceps nullatenus requirentur. Et ut breviter comprehendam, in villa Paredi vel terra ecclesie, ubicumque sita, nullam sibi jurisdictionem vel consuetudinem, exclusa omni concertatione, retinuit preter illa que supposita sunt : quasdam siquidem consuetudines sibi de jure deberi asserebat, quas monachi negabant, quoniam in cartis predecessorum suorum, Hugonis et Theobaldi, comitum Cabilonensium, non continebantur ; asserebat enim sibi a priore Paredi deberi summarium et custodem ejus, cum in exercitum nostrum pergeret, et ciphum corneum cum duobus cocleariis corneis, predictum somarium[6] in reditu suo redditurus nec aliter deinceps alterum recepturus. Porro dum terram suam simpliciter deambulaverit, procurationem semel aut bis in anno in hospicio Paredi sibi deberi asserebat, ita quod in multitudine sociorum domum non gravaret; refectionem quoque plenariam apud Tolonum semel in anno querebat. Si quando ad clamorem prioris et ecclesie Paredi, pro dampnis ecclesie illatis, cum armata manu super aliquem vicinorum hostium ipsum pergere oportuerit, de singulis domibus Paredi singulos homines cum armis secum ituros dicebat : ita tamen quod ad domos suas possent ipsa die reverti. Super his quatuor consuetudinibus, quas prefatus comes querebat et monachi negabant, ne bonum pacis inter ipsos impediretur, ita dictum est quod, si eas habere voluerit, non statim violenter extorquebit, set appellabit super his abbatem Cluniacensem et priorem Paredi, quod justicia dictaverit inde accepturus. Licebit quoque abbati et priori Paredi memoratum comitem de guerpitione consuetudinum istarum appellare quando voluerint, et ipse eis de jure respondebit, quod ratio dixerit servaturus. Dictum est preterea quod in carredo prioris, quo vinum de vineis suis aut alienis ad usum monachorum de partibus Cabilonensibus adduci solet, non debet comes pedagium accipere: Si vero prior ad hoc vinum comparatum adduxerit, ut illud denuo vendat, licebit comiti inde pedagium accipere. Procurationem quoque, quam apud Digunz semel in anno querebat, in manum memorati abbatis Cluniacensis guerpivit et

---

6. *C* sum-m.

remisit. De hominibus salvamenti ita diffinitum est, quod homines ecclesie, qui terram comitis non tenent, nullum omnino servitium ipsi vel ministris suis debent per consuetudinem ; homines vero ecclesie, qui terram comitis tenent, servitium quod tenemento impositum est sibi persolvent. De cetero, quoniam gratiam et amorem Cluniacensis ecclesie sibi plurimum adquirere cupiebat, statuit firmiter et concessit, ut nullus de villa Cluniacensi per terram ipsius comitis umquam temporibus pedagium solvat, set de ipso et de hominibus ejus vadat securus. Has itaque conventiones sigillo comitis Cabilonensis confirmatas et sigillis episcoporum Eduensis et Cabilonensis, ipse comes in presentia nostra et baronum nobis assistentium tenendas promisit et super sancta (Evangelia) juravit, et ut sigilli nostri auctoritate communiremus rogavit. Que omnia ut perpetuum et inviolabile robur optineant et ne a posteris quoquomodo valeant retractari, presentem cartam sigilli nostri inpressione ac regii nominis karactere inferius annotato corroborari precepimus. Actum Senonis publice, anno ab Incarnatione Domini M° C° LXXX°, regni nostri anno secundo[7], astantibus in palatio nostro, quorum nomina supposita sunt et signa. Signum comitis Teobaldi, dapiferi nostri, S' Guidonis buticularii. S' Mathei camerarii. S' Radulfi constabularii.

$$\text{Data per manum } \begin{array}{c} P \\ \vdash \\ H \end{array} S \begin{array}{c} P \\ \dashv \\ L \end{array} \text{Hugonis cancellarii.}$$

223[1]

Réglement fait par l'abbé de Cluny, en 1197, contenant les émolumens et les charges de la prévosté de Paray.

---

7. *1180 (nov. 1-1181 avr. 4).*

223. — 1. *Arch. de Saône-et-Loire*, Invent. de Cluny, I, 126 : « Coppie en papier d'un Réglement..., Paray, sans signature, cotté 782 ».

224[1]

C(arta Philippi) regis pro Paredo.

PH(ilippus), Dei gratia Fran(corum) rex, universis ad quos littere presentes pervenerint, salutem. Noveritis quod nos Paredum, Bellummontem, Reigniacum, Villareium et omnes alias villas et res in Burgundia, in quibus eorum domini nos voluerint colligere et assotiare per jus, in custodia nostra suscepimus : salvo alterius jure et ita quod quantum debuerint parati sint per nos juri stare. Actum Parisius, anno Domini M° ducentesimo quarto, mense octobri[2].

225[1]

Carta comitissæ Cabilonensis, de Paredo.

Noverint universi præsentem paginam inspecturi, quod ego Beatrix, comitissa Cabilonensis, cartam de Paredo et de Tolono et de appendiciis eorum, quam pater meus fecit et sigillo suo munivit, laudavi et concessi, meque eam inviolabiliter observaturam, tactis sacrosanctis Evangeliis juravi; et istam præsentem cartam meo nomine feci ad formam prædictæ cartæ patris mei, quæ talis est : « Quoniam ea quæ *(ch. 221)*... regni ejus secundo ». Ut autem hæc rata et inconcussa perpetuis temporibus permaneant, ego Beatrix, comitissa Cabilonensis, præsentem cartam sigilli mei appositione confirmavi. Actum est hoc anno Incarnationis Dominicæ millesimo ducentesimo quinto [2], coram hiis testibus : domno Hugone Autisiodorensi episcopo, Himbaldo, Eustachio, Zacaria, Milone, canonicis Autisiodorensibus ; Stephano de Castello

---

224. — 1. *Bibl. nation., coll. de Bourgogne, LXXXI, Cluni n° 291*, origin. parch. de 6 lig. 1/6, coté A. *Cf.* Delisle, *Actes de Philippe-Aug.* (1856), n° 865. — 2. Oct. 1204.

225. — 1. *Bibl. nation., coll. de Bourgogne, LXXXI, Cluni n° 293*, origin. parch. de 35 lig. 1/3, avec trace d'un sceau ; Cartul. de Cluny D, p. 185, n° 350 ; Cart. de Cluny E. f° 159, n° 177. Impr. dans Chifflet, *Béatrix* (1656), pr. 39, n° 2. — 2. 1205.

de Montana, Bernardo de Calvo Monte et Guicardo filio ejus, Rainaldo Dalmacio, Hugone de Digonia et Guicardo fratre ejus, Hugone de Petra Campi et Guicardo filio ejus, Guicardo de Sancto Albano, Willelmo de Sancto Albino, Radulfo de Marniaco, Hugone de Puleio, Bernardo Gerini, magistro Stephano de Bosco, Roberto capellano de Martiniaco.

226[1]

CARTA ET COMPOSITIO PACIS FACTE INTER ECCLESIAM CLUNIACENSEM ET COMITISSAM CABILONENSEM, DE PAREDO, PER MANUS G. EDUENSIS ET R. CABIL(ONENSIS) ET P. MASTICONENSIS EPISCOPORUM.

Ego G(alterus) Eduensis, ego Rober(tus) Cabil(onensis) et ego Poncius, Masticonensis episcopi, universis notum facimus quod ad preces, quas per litteras suas patentes nobis fecerunt dilecti nostri ·· abbas et conventus Cluniacensis et illustris ·· comitissa Cabil(onensis), presenti scripture, in qua modus pacis continetur de querelis et controversia que vertebatur inter jamdictos abbatem et ecclesias de Cluniaco et de Paredo, ex una parte, et comitissam, ex alia, apposuimus sigilla nostra, ne processu temporis labatur a memoria quod pro bono pacis ab utraque parte noscitur esse factum. Est autem hec forma pacis et verba que in carta comitisse continentur :

Notum sit omnibus presentibus et futuris, quod orta discordia inter abbatem et ecclesiam Cluniacensem et ecclesiam Paredi, ex una parte, et me Beatricem comitissam Cabilonensem, ex alia, tali compositione per manus venerabilis Hug(onis) Autissiodorensis episcopi taliter conquievit : videlicet quod ego cartam patris mei de Paredo et Tolono et appendiciis concessi, laudavi et meo sigillo confirmavi, et me inviolabiliter observaturam juravi ; item juravi salvamentum et tuitionem ville Paredi et Toloni et appendiciorum, et me nullam

---

226. — 1. *Bibl. nation., coll. de Bourgogne, LXXXI, Cluni n° 292, origin. parch. de 22 lig., avec trace de 3 sceaux, coté nostro. Cf. Invent. de Cluny, I, 60' (coté 14).*

injuriam vel violentiam vel gravamen illaturam hominibus vel rebus predictarum villarum : et si forte per interceptionem hominibus earum vel terre ceterioris aliquid contra tenorem carte patris mei commisero, infra xx[ti] dies postquam constiterit et super hoc requisita fuero, me juravi emendaturam et satisfacturam; item juravi quod villam de Paredo vel Tolono contra ecclesiam Cluniaci vel Paredi non muniam vel retinebo, nec homines Paredi vel Toloni contra ecclesiam Cluniaci vel Paredi manutenebo ; elemosinam patris mei restitui integre et quietam clamavi. Ad majorem securitatem predictarum villarum, de mandato meo juraverunt hii homines mei : Bernardus de Calvo Monte, Reinaudus Dalmatius, Stephanus de Castello de Montana, Hugo de Digonia, Guichardus de Calvo Monte, Radulfus de Marci, Hugo de Petra Campi, Guichardus filius ejus, Bernardus Gelini, Guichardus de Digonia, Guichardus de Sancto Albano, Hugo de Pueleto, Willelmus de Sancto Albano : quod si ego contra prescriptam pactionem, que de Paredo vel Tolono et hominibus vel rebus eorum facta est, in aliquo venero submon(i)ta ab abbate Cluniacensi vel mandato suo Cluniacum venient ibique ostagium tenebunt, inde non exituri donec condigna injuriarum emendatio fuerit facta. Pro bono vero pacis remisit mihi ecclesia Cluniacensis cunctas injurias quas ei vel menbris ejus irrogavi, et ego similiter injurias et dampna mihi et hominibus meis illata remisi, et super hoc litteras dom[i] abbatis et ecclesie Cluniacensis recepi. Ego autem Cluniacensem ecclesiam et omnia ad eam pertinentia de cetero diligere teneor et fovere, et per me et per meos amicos manutenere, et omnia impedimenta submovere et bona promovere ; ecclesia similiter Cluniacensis mihi comitisse tenetur. Ut hec compositio in perpetuum firma permaneat, presenti cirografo apposita sunt sigilla meum et episcopi Autissiodorensis, in cujus presentia facta est confirmatio. Actum apud Paredum, anno gratie millesimo ducentesimo quinto[2].

---

2. 1205.

227[1]

CARTA DUCIS BURGUNDIE, DE PAREDO ET DE TOLUN[2].

Ego Hugo, dux Burgundie et comes Cabilonensis, in præsentia venerabilis patris Hugonis, Dei gratia abbatis Cluniacensis, constitutus, notum facio universis præsentibus et futuris, quod ego juro super sancta Dei Euvangelia[3] me servare et tenere cartas antecessorum meorum comitum Cabilonensium, concessas ecclesiæ Cluniacensi de Paredo et de Tolun[4] ecclesiis et pertinenciis suis, et bona usagia dictarum ecclesiarum, per tenorem eorundem[5] cartarum. Sic me Deus adjuvet et ejus sancta Evangelia ; et ad hoc me et successores meos obligo et constringo [6], et teneor defendere dictas ecclesias de Paredo et de Tolun[2] cum pertinenciis suis et custodire bona fide. In cujus rei testimonium præsenti scripto sigillum meum apposui. Actum et datum anno Incarnationis Dominicæ M°CC°XLIII°, mense decembris, die martis ante Nativitatem Domini[7].

228[1]

Bulle d'union du prieuré de Paray avec le chasteau de Tholon et de toutes leurs deppendances, à la mense abbatiale de l'abbaye de Cluny, par le pape Alexandre IV, l'an 2 de son pontificat, environ 1255 [2]*; laditte bulle scellé du plomb de ce pape.*

229[1]

HEC EST VISITACIO FACTA IN PROVINCIA LUGDUN(ENSI) PER DONNUM STEPHANUM (SOCIUM) IN ORDINE.

Anno Domini M° CC° LXIJ°, die mercurii post dominicam qua cantatur *Reminiscere* [2], fuimus apud Sanctum Marti-

---

227. — 1. Cartul. de Cluny D, p. 15, n° 32 ; Cart. de Cluny E, f° 219', n° cclxxxxv. Impr. dans MARRIER, Bibl. Cluniac. (1614), 1511-2 ; DUCHESNE, Bourgogne (1628), pr. 75-6 ; [BERTAUD], Ill. Orbandale (1662), II, pr. 127 ; PERARD, Recueil (1664), 454. — 2. E Tolon. — 3. D Ev-a. — 4. E Tolom. — 5. E e. secundum eor-m. — 6. E as-o. — 7. 22 déc. 1243.

228. — 1. Arch. de Saône-et-Loire, Invent. de Cluny, I, '60 (coté 4) ; en marge : « Le double est parmi les bulles ». — 2. 1255-56.

229. — 1. Arch. de la ville de Cluny, original parchemin, bande de 77 cent. sur 155 mill. écrite des deux côtés, coté n° 77 ; au bas du revers (XIV° s.) : Visitatio in provincia Lugdun. facta anno Dni M° CC° LXIJ°. — 2. 28 févr. 1263.

num Matisconensem, ubi erat tantum unus monachus cum priore et ambo honeste vite ; prior in temporalibus bene administrat : de novo enim ecclesiam et omnes domus recooperiri fecerat ; victualia usque ad novos fructus habet. XIJ centum libras Matisconenses debebat dicta domus, pro precio iiij° boum quos recenter emerat prior qui erat in ipsa domo.

§ 2. Die jovis subsequenti ³ fuimus apud Treffort, ubi erant duo monachi cum priore, et tam prior quam monachi honeste et laudabilis vite ; prior autem bene in temporalibus administrat, quia, ut a monachis asseritur, ex quo fuit prior institutus, auxit redditus et proventus dicte domus plusquam in duplo; victualia sufficienter habet usque ad fructus novos, ac a duobus et dimidio anno citra expendit in enpcione reddituum CC° et L. libras Viennenses, et debebat IX^{xx} libras Viennen.

⁴ § 3. Die veneris subsequenti⁵ fuimus apud Giniacum, ubi dicebant prior et suprior esse xxvi. monachos ; divinum officium bene et laudabiliter fiebat, fratres honeste se habent in omnibus, excep(to) quod de missa Beate Virginis in capella fiebat aliquando negligencia, quam districte prec(e)pimus emendari, ita ne ullo modo infuturum defeciat. In temporalibus deficiebat usque ad L. libras xvii so(l.) : cetera dicebat prior se sufficienter habere. Debebat autem dicta domus CC. libras Viennen., set quibus vel quare noluit dicere dictus prior ; dederat autem dictus prior x libras Viennen. de pensione magistro Guillelmo, clerico comitis Cabilonensis, et pro dictis x libris assignavit dicto magistro xL. quartallos bladi ; inquisivimus autem ab obendiciariis, videl. celerario, camerario, sacrista, si sciebant statum temporalem dicte (domus) : dixerunt quod non nec unquam, ut dictum fuit, nobis computavit coram aliquo de fratribus ; item, ut dictum fuit nobis, magna pars hominum ecclesie, quia non deffenduntur ut consueverunt deffendi, fecerunt concordiam quod, ut dictum fuit nobis, est maximum ecclesie detrimentum. Item ⁵* elemosina bene fit ibidem.

4. Die sabbati et dominico ⁶ fuimus apud Nantuacum, ubi sunt xx monachi, inter quos sunt tantum vi sacerdotes ; item

---

3. 1er mars. — 4. *En interligne* : Proclametur prior de Giniaco. — 5. 2 mars. — 5*. *Huit mots grattés.* — 6. *3-4 mars.*

ex predicto numero xx, duos expulerat dom. Lugdunensis electus [7]. Officium divinum bene et competenter celebrabatur ; fratres honeste se habent, excepto quod claustrales in lectis non habent pannos regulares : dicebant enim quod si haberent vel possint habere pannos regulares, libenter in eis jacerent. Hospitalitas male fit ibi, set qui est loco electi promisit emendare ; de te(m)porali statu intus vel extra vel nomine potuimus scire, quia nullus monachorum sciebat ; nec (de) temporali statu aliquid potuimus percipere, quia non obediretur nobis, electus fecerat de novo post inibicionem dom^i abbatis vi monachos. In virtute obbediencie injunximus claustralibus quod, quicumque posset habere pannos regulares, faceret posse suum quod infra Pasca haberet vel quam primum comode posset. Dicitur ibidem quod dom^s electus satis tepide deffendit jura ecclesie, et specialiter quia dom^s Pet(r)us occupavit a duobus annis citra quedam magna nemora predicte ecclesie. De duobus monachis quos expulerat electus Lugdunensis fuimus cum ipso locuti, et assignavit eisdem mansionem in aliis domibus pertinentibus ad Na(n)tuacum.

5. Die martis [8] subsequenti fuimus (apud) Chandiacum, ubi moratur unus monachus solus, honeste vite et conversacionis, pro ut intelleximus, Amedeus nomine. Domus omnes recooperte sunt hoc anno, excepta unica camera, quam promisit nobis Guichardus, canonicus Lugdunensis, actare omnino modo et latrinas claudere, ita quod totus prioratus et clausus reparatus erit competenter. Hospitalitas non fit vicinis nobilibus, quia non ex causa caritatis videntur petere, set ex causa debiti vel subjectionis ; extraneis et transseuntibus fit. Temporalia bene administrantur, pro ut ista fuerunt ibidem nobis relata ; elemosina non fit ibi, set, ut procurator dicti canonici, qui tenet domum predictam, dixit nobis, quod occasione dicti prioratus ampliat dominus elemosinam suam apud Lugdunum, set ibi nulla fit.

6. Die jovis [9] fuimus apud Taluiers, ubi morantur tres monachi et prior, honeste vite et conversacionis. Servicium divinum bene et seplenniter fiebat ibi, excepto quod familiaris salpmos non dicebant nisi sicut consueverunt dici in diebus

---

7. *Philippe de Savoie.* — 8. *6 mars.* — 9. *8 mars.*

xii lectionum ; nos autem injunximus in virtute obbediencie, sub pena excomunicacionis, ut et xxx salpmos cum tribus orationibus et *verba mea* et alios familiares omnium orarum, pro ut dicuntur Cluniaci, dicerent : quod promiserunt omnes bono corde inplere. In temporalibus prior bene administrat : pulcherrimam caminatam fecit hoc anno et obtimum celarium sub camera, et non debet domus nisi xxiiij libras Viennen., et omnia necessaria habet usque ad fructus novos. Elemosina bene fit ibidem.

§ 7. Die veneris subsequenti [10] fuimus apud Montem Bertodi, ubi moratur prior cum duobus monachis, qui sibi ad invicem bonum perhibebant testimonium : servicium divinum bene fiebat ibidem et complete secundum consuetudinem Cluniaci. In temporalibus (bene) administrabat prior, quia domus nichil debebat et habet neccessaria usque ad fructus novos ; redditus et jurisdictiones sunt bene per ipsum priorem admentate seu augtmentati ; elemosina bene fit ibidem.

8. Die sabbati subsequenti [11] fuimus apud Gravilongam, ubi sunt xviiij sanctimoniales velate et quatuor aut quinque alie recepte : divinum officium bene, sollempniter et complete fit ibi secundum consuetudinem Cluniaci ; domine sunt honeste vite. Laudant se de priore, et bonum testimonium peribent de vita et honestate sua. Duo monachi sunt ibi cum priore, honeste vite, quorum unus morat apud Terniacum : nesciebatur si causa tractandi de habenda ibidem mansione. De temporalibus non fuit qui sciret certum statum dicere nobis, set certum est quod ibi deficit vinum usque ad L. libras Viennen., sicut asserunt domine et illi qui sunt pro priore ibidem. Elemosina bene fit ibi, secundum loci paupertatem, et hospitalitas ; debebat autem dicta domus xxx libras Viennen.

9. Die dominica subsequenti [12] fuimus apud Sales, ubi morabantur duo monachi honeste vite : servicium divinum bene fiebat, et elemosina diebus dominicis sollempnibus omnibus venientibus, pro ut fuit nobis relatum ; de hospitalitate dictum fuit, quos vult clericus, procurator loci, recipit et quos vult repellit. Status temporalium, secundum dicti procuratoris narracionem, bonus erat.

10. *9 mars.* — 11. *10 mars.* — 12. *11 mars.*

10. Die lune 13 subsequenti fuimus apud Sanctum Nicecium, ubi invenimus iiijor monachos : duos quorum neuter videbatur xij annos habere, alter eorum nesciebat in salterio unicum ve(r)bum legere; duo monachi etatis perfecte honeste vite dicebantur esse. Duo molendina tradidit in manu laicali obbedienciarius qui tenet domum et illa molendina destruuntur, quia non est qui faciat quod expedit ad conservacionem ipsorum ; in fenestris circa altaria non sunt vitree et multa alia minora deficiunt ibi, que mandavimus obedienciario quod emendaret. Hospitalitas et elemosina non fit, nec ad voluntatem clerici procuratoris obedientiarii ; totalem omnino jurisdictionem exercet dominus Belli Joci : monachi vero ibidem commorantes dixerunt quod parve emende solebant pertinere ad priorem. Illius loci domus non erat obbligata debitis nec alia multa alienata.

11. Die martis subsequenti 14 fuimus apud Altum Jugum, ubi sunt duo monachi, qui dicuntur esse honeste vite ; unus eorum est sacerdos, alter non ; bene faciunt servicium Dei. Domus fere omnes ruerunt nec reparantur, nec elemosina nec hospitalitas fit ibi ; monachi pro victu habent certum precium.

12. Die mercurii subsequenti 15 fuimus apud Cysiacum, ubi sunt tres monachi ; duo sacerdotes, alter parum aut nichil scit et est juvenis. Nichil debet domus ; jura domus bene deffenduntur ; nec hospitalitas fit ibi, nec fere elemosina nisi reliquie fratrum. Monachi dicuntur honeste vite et bene faciunt servicium Dei.

13. Eodem die fuimus apud Sanctum Victorem, ubi sunt duo monachi presbiteri, honeste vite ; servicium secundum posse suum bene fit ; unus monachorum inabilis ad celebracionem misse propter senectutem : nos insuper consuluimus ne celebraret ; et hospitalitas et elemosina competenter fiunt ibi, secundum quod fuit nobis dictum.

§ 14. Die jovis sequenti 16 fuimus apud Rigniacum, quem locum tenet hospitalarius Savigniaci : ibi sunt tres monachi, quorum duo sunt presbiteri, bene et honeste viventes. Hos-

---

13. *12 mars.* — 14. *13 mars.* — 15. *14 mars.* — 16. *15 mars.*

pitalitas et elemosina quasi pro nichilo est in dicto loco ; item sunt in illo loco tres turres, que destruuntur pro defectu cooperture ; terram dicti loci, ubicumque sit, pro ut intelleximus, bene gubernat dictus hostalarius.

§ 15. Die veneris sequenti [17] fuimus apud Saltum de Cosant : ibi invenimus duos monachos presbiteros cum priore, bone vite et honeste conversationis. De hospitalitate et elemosina bene est, et de divino officio bene sufficit nobis, pro ut invenimus ; in dicto loco non habent monachi regulares pannos, sed precipimus priori ut provideret ita quod haberent. Domus est in bono statu in omnibus et maxime in debitis, quia nichil debet. De edificiis ita invenimus quod prior dicti loci non est ausus edificare, tali ratione quia, si dictus locus edifica(tu)rus erat, dominus dicti loci semper cum priore vel in prioratu ipse et sui vellent esse.

§ 16. Die sabbati post [18] fuimus apud Pomerias : ibi erant decem monachi, qui bene et honorabiliter in omnibus et per omnia, Deo auxiliante, se habent ; divinum officium, pro ut invenimus, ad laudem et gloriam Dei et honorem nostri ordinis ibi est celebratum. Hospitalitas et elemosina semper omnibus parata est ; in dormitorio non erant panni regulares : precipimus omnibus obedienciariis ut emerent et providerent sibi super isto defectu, postea precipimus priori dicti loci ut monachis claustralibus super hoc provideret. De temporalibus dixit nobis prior quia non debet in manu nostra respondere, sed in manu prioris de Nantoais, quia sic consuevit semper, tali vero racione quia prioratus de Pomeriis pertinet ad prioratum de Nantoais. Est in prioratu de Pomeriis quidam monachus, Guillelmus nomine, diffamatus super hoc : extra muros inventus fuit nocte et crudeliter verberatus.

17. Dominica in Passione et die lune sequenti [19] fuimus apud Ambertam : ibi invenimus XIII. monachos ; de officio divino bene sufficit nobis et de omnibus horis aliis. Dormitorium invenimus non regularem in pannis et lectis : quare precipimus in virtute obediencie ut illi, qui proprietates habent, emerent pannos regulares et proprietatem redderent ; de illis qui proprietatem non habent, precipimus priori quod provideret in

---

17. *16 mars.* — 18. *17 mars.* — 19. *18-9 mars.*

brevi super defectu isto dictis fratribus, et quod in dormitorio provideret cilicias in brevi. In claustro non est hostium neque aliqua clausura seu firmitas; in ecclesia ad crucem non est firmitas : precipimus priori in virtute obedientie ut infra octo dies post nostrum recessum hec omnino emendaret et firmaret : quod facere promisit. Invenimus quod supprior dicti loci non est sufficiens in officio suo, non facit tenere silencium in ecclesia neque in claustro, neque in dormitorio neque in refectorio, sed in presencia sua plures de fratribus locuntur ex consuetudine in ecclesia communiter, et ipsemet supprior in ecclesia ita se habet sicuti predicti locutores; item invenimus ibidem quod sacrista dicti loci non est sufficiens, tali ratione quia juvenis est etate et juvenis in ordine, propter quod diversas negligencias facit de officio suo ; item de priore invenimus quod parum ad matutinas venit : excusat se ratione infirmitatis sue[20]; item aspere se habet erga fratres suos; non dedit in anno isto fratribus tunicam neque pelliciam [21]. Item in temporalibus, pro ut intelleximus, bene se habet dictus prior. De debitis ita dixit nobis prior quod intendit solvere apud Lugdunum VJ^{xx} libras Turonen. et ita se habere super aliis debitis quod erit ad honorem sue persone et ad profectum ecclesie, et quod residuum de supradictis debitis in fine istius anni erit CC. libre Viennen. et bene implere factum suum in omnibus et per omnia.

§ *18*. Die martis [22] fuimus apud Villam Novam : ibi morantur duo monachi, honeste vite et honeste conversationis ; servicium divinum bene reddunt die ac nocte. De hospitalitate secundum posse domus bene et sufficienter est ; elemosina datur communiter omnibus tantummodo in die dominica : debet dicta domus de Villa Nova vii. libras Viennen., nonde tempore novi prioris, sed mortui.

19. Die mercurii et die jovis et die veneris sequenti [23] fuimus

---

20. *D'abord :* venit, nec in ecclesia legit vel cantat, et quod nunquam missam cantavit postquam venit apud Ambertam ; item parum curat de spiritualibus, ut nobis dictum fuit, et non vadit in capitulo. — 21. *Effacé :* non item computat corum fratribus de statu domus, licet in constitucione generalis capituli et in constitucione dom[i] pape statutum est ; item largus est cum famulis suis, quibus dedit in anno isto vestem duplicem, cum monachi nichil haberent. — 22. *20 mars.* — 23. *21-3 mars.*

apud Karum Locum, occasione [24] infirmitatis fratris Petri : ibi invenimus xx^{ti} et vi. monachos, bene et integre se habentes in officio divino et per omnia. Dormitorium invenimus male ordinatum : quare precipimus omnibus obedienciariis ut pannos regulares emerent et providerent ; priori vero precipimus ut illis qui proprietates non habent neque obediencias in pannis regularibus provideret in brevi, quod facere promisit. De debitis dixit nobis prior, coram toto conventu, quod est in bono statu : non debet domus Kari Loci nisi vij^{ti} libras Viennen., et bene habent pro anno isto victui necessaria sufficienter. Et ibi ordinavimus et statuimus socium supprioris, scilicet domnum Petrum armarium dicti loci, bonum virum, honestum et religiosum. In elemosina et hospitalitate bene se habent.

§ 20. Die sabbati sequenti et die dominica in Ramis Palmarum [25] fuimus apud Marcigniacum : ibi invenimus xviii^{to} monachos, bene et honorabiliter se habentes et in ecclesia Deum servientes. Hospitalitas et elemosina bene se habent in dicto loco ; in dormitorio sunt lecti regulares. De debitis dixit nobis prior coram fratribus : debet dictus prior CCC. libras Viennen. ; sed bene habet de quo potest fieri solutio et plus, et pro anno isto habent sufficienter victui necessaria.

21. Die lune subsequenti [26] fuimus apud Paredum, ubi sunt xx monachi, honeste et laudabiliter se habentes ; servicium divinum bene et integraliter secundum modum Cluniaci fit ibidem : si qua fuerunt corrigenda regulariter fuerunt correcta. In temporalibus in bono statu dicitur, quia jura et jurisdictiones bene deffenduntur, ampliantur redditus et non debet ultra xl. libras Viennen., pro ut prior in presencia tocius conventus dixit nobis.

22. Die martis subsequenti [27] fuimus apud Borbonium, ubi erant tres monachi, excepto priore : divinum officium, pro ut dicebant, fiebat ibidem secundum modum Cluniaci ; honeste, pro ut dixerunt nobis, vivebant. In temporalibus dixit prior in presencia fratrum bene administrasse, quia sufficienter habet necessaria usque ad novos fructus : tantummodo obligata erat domus in octo xx^{ti} libris, in quibus cumputabat etiam expensas donni abbatis, qui istis diebus erat ibi venturus. Die

24. *D'abord* ratione. — 25. *24-5 mars.* — 26. *26 mars.* — 27. *27 mars.*

dominico dabatur omnibus elemosina, omnibus aliis diebus omnibus forinsecus venientibus hospitalitas, licet donnus abbas tempore date domus propter honera debitorum eidem priori inibuisset : tamen omnibus petentibus fiebat, ut dicebat. Quia domus omni clausura et latrinis carebat, injunximus ut infra capitulum faceret latrinas et disponeret de clausura ; item, ut cum fratribus jaceret, injunximus: quod et omnibus prioribus non conventualibus injunximus.

23. Die veneris subsequenti [28] fuimus apud Simuliacum, ubi moratur unus monachus cum priore : honeste, ut dixerunt nobis, vivebant et integre faciebant divinum officium ; injunximus priori ut in eadem domo cum monacho jaceret. Die dominico et per totam XLmam data fuit omnibus elemosina ; item omnibus transeuntibus sinper datur, ut dictus prior dixit nobis. Jura, jurisdictiones bene deffenduntur ; obligata est domus in x libris Nivernen.; victualia habet usque ad fructus novos sufficienter ; item hospitalitas fit omnibus fratribus Cluniaci, ut dixit prior, et injunximus ut liberalius fieret, propter quedam que intelleximus.

24. Die sabati [29] fuimus apud Luçiacum, ubi est tantum unus monachus cum priore : non fit ibi divinum officium, nec hospitalitas nec elemosina ut deberet, et omnino elemosina non fit. Nimis aspere tractat prior subditos ecclesie ; multos clamantes audivimus, item multos defectus et facta, que non sunt scribenda, pro ut intelleximus : non potuimus plura facere, propter infirmitatem prioris. — Apud Blançiacum, quod tenet idem prior, non est monachus : decessit enim circa catuis primum apud Luçiacum ; in eodem statu se habet utraque domus, ut dixit nobis prior [30] : tantum unicus serviens moratur ibidem sicut apud Luiçacum, dixit nobis idem prior : necessaria dicit idem prior sufficienter habere usque ad fructus novos. Obligate sunt due dicte domus in XL. libris forcium Nivernensium.

25. Die dominica qua cantatur *Misericordia Domini* [31], fuimus apud Maçobrium, ubi morantur IIIJ monachi, honeste vite et conversacionis, prout et ipsi et dom[s] Boninus, procurator dicte domus, dixerunt nobis : servicium divinum,

---

28. *3o mars.* — 29. *3r mars.* — 30. *Douze mots grattés.* — 31. *D'abord* : D. d. subsequenti. *8 avril.*

hospitalitas, elemosina bene et sollempniter fiunt ibidem, prout predicti asseruerunt coram nobis. Temporalia bene administrantur, quia domus parum aut nichil debet ; sufficienter sunt ibi necessaria usque ad fructus novos.

26. Die lune subsequenti [32] fuimus apud Montem Sancti Vincentii : ibi est prior cum unico monacho, honeste vite et conversacionis, ut fuit nobis relatum ; divinum officium, hospitalitas et elemosina secundum facultates ipsius loci, pro ut prior cum monacho asseruit, bene fiunt.

27. Die martis et mercurii subsequentibus [33] fuimus apud Sanctum Marcellum Cabilonensem, ubi sunt xv monachi, honeste vite et honeste conversacionis ; divinum officium bene complete fit ibidem ; item elemosina et hospitalitas bene fiunt. Domus, ut dixit nobis prior in capitulo coram toto conventu, est in bono statu, quia bene habet unde potest solvere omnia debita, et sufficiencia usque ad fructus novos habet.

28. In vigilia Purificacionis [34] fuimus, nos frater St(ephanus), socius in ordine, cum fratre Hugone, decano de Maleyo, apud Montem Sancti Johannis : ibi sunt iiij monachi com priore ; et, prout ipsi dixerunt, divinum officium bene et complete faciebant. Dormitorium ita turpe et male mundatum ac discoopertum erat, quod porci non deberent inhabitare ; item in ipso dormitorio quilibet fratrum habebat camerulam cum clavi, in qua jacebat : quas precepimus amoveri, ita quod fratres ita jacerent ut se viderent ; latrine nulle erant, quas precepimus fieri infra brevem terminum. Elemosina, ut dixit idem prior, bene fiebat ; de hospitalitate dixit quod plures veniebant quam vellet. Monachis inibuimus ne per villam discurrerent, item ne aliquo modo alias quam suam domum intrarent, nec secum haberent honestas personas et cuc' domum ex necessitate. Ecclesia discooperta est, vitree non sunt ut expedit ibi ; grangia putrefit propter discoopertionem et ruit propter antiquitatem. Domus erat obligata in CC. libris Viennen. vel Parisien. Plus victualia habet usque ad fructus novos ; multa dicebat se adquisivisse. Dicebatur suspectus de quadam muliere que morabatur prope portam ipsius prioratus.

32. 9 avril. — 33. 10-1 avril. — 34. 1ᵉʳ févr. 1262-3.

230[1]

VISITATIO PROVIN[CIE LUG]d(UNENSIS) FACTA PER DONNUM
STEPHANUM ELEMOSINARIUM CLUNIACI ET PER
PRIOREM DE K[ADR]E[LLA].

Anno Domini M°CC°LX° octavo, § 1. die sabbati ante Foc[...] [2] fu[imus] apud Kadrellam: ibi morantur duo monachi, quorum unus parum videt nec [potest] adjuvare socium suum; cetera sunt in bono statu, tam in spiritualibus [quam in t]emporalibus.

§ 2. Die lune post [dominicam [3] fuim]us apud Paredum: ibi morantur decem et septem monachi. Bene se [habet] dom[us in spiritu]alibus, hoc excepto quod ecclesia discoperta est in parte, propter contempcionem que est [inter pri]orem et sacristam, quis debeat eam cooperire; item..... sti sunt elemo[sinario e]x bichetis siliginis, quos solebat percipere in molendino de T..... ; item conq[uerit] elemosinarius quod prior extorquet talliam de hominibus qui de novo hospitantur in terris [elem]osine, licet in aliis qui antiquitus hospitati sunt non accipiat; item sustrahitur defunctis panis et vinum, qui solebat dari tringinta diebus, pro quolibet monacho defuncto, cu[ilibet] capellano qui celebrabat pro eo; item est negligencia et defectus parandi ecclesiam de debitis, quia sustraitur maneglario panis et vinum, quod solebat percipere quando paraba[t] et [r]eparabat, secundum quod apparet per litteras quas inde habet. In temporalibus bene se habet do[mus et n]ichil debet, et habundat victualibus.

§ 3. Die mercurii sequenti [4] fuimus apud Marcigniacum: ibi morantur sexdecim monachi. In spiritualibus bene et laudabiliter se habet domus: conqueruntur tamen moniales quod non habent sufficienter panem, et alias conqueste sunt donno abbati. De temporalibus non potuimus esse certi, donec prior loqutus fuisset cum predecessore suo super debitis que debebat domus

---

230.— 1. *Arch. de la ville de Cluny, origin. parchem. avec trace de sceau sur lemnisque, 2 bandes de 93 cent. sur 145 mill., la 1ᵉ rongée à gauche; au dos 'XII° s.':* Visitatio in provincia Lu[gdun. facta] anno CC° LXVIIJ'.
— 2. *9 févr. 1269.* — 3. *11 févr.* — 4. *13 févr.*

quando recepit eam ; habundat siquidem domus omnibus necessariis usque ad novos fructus.

§ *4*. Die jovis 5 fuimus apud Karum Locum : ibi morantur xxvii. monachi; in spiritualibus bene se habet domus. In temporalibus obligata est in CCC. libris Viennen., et erat obligata quando prior recepit eam, tres anni erunt circa Penth(ecosten), in sepcies centum libris Viennen.; et habet necessaria usque ad novos fructus.

§ *5*. Die sabbati sequenti 6 fuimus apud Tysiacum : ibi morantur tres monachi et prior; bene et honeste se habent. Ad festum beati Johannis Baptiste nuper preteritum recepit domum prior, et [tradi]dit ei prior Kari Loci domum honeratam in CC. libris Viennen., que converse sunt in so[lutionem] debitorum domus Kari Loci, et habet domus necessaria usque ad nova.

§*6*. Die d[ominica qua] cantatur *Reminiscere* 7 fuimus apud Raigniacum: ibi morantur [......monachi et prior]; in spiritualibus bene et honeste se habet domus. Obligata est [in... . libris Viennen., que converse sunt] in solutionem debitorum domus Kari Loci ; et tam domus [................Raigni]aco sunt decime domus grangie, et quidam prioratus et quedam [..... ....per] quindecim annos illicite, sicut dicunt priores : que ipsi possunt [........ redimere ab e]mptoribus, si super hoc habent mandatum. Ad capitulum [.............. ....] donno abbate et diffinitoribus tractatum habere.

[§ *7*. Die lune sequenti 8] fuimus apud Sanctum Victorem : ibi sunt duo monachi. In spiritualibus et [temporalibus bene et lau]dabiliter se habet domus; nichil debet, et habet habundanter necessaria omnia usque ad [novos fructus].

§*8*. Die [martis sequenti 9] fuimus apud Poilliacum : ibi morantur duo monachi, quorum unus est inutilis, [alter propter senectut]em non potest audire confessionem socii sui nec juvare ad divinum [officium fa]ciendum. Cetera, tam in spiritualibus quam in temporalibus, sunt in bono statu, preter [......]im, de qua gentes comitis Forensis injuriantur aliquando priori et domui Poilli[aci]; item intelleximus ibidem quod dominus de Cosam abstulit domui de Poilli, in quadam villa que vocatur

5. *14 févr.* — 6. *16 févr.* — 7. *17 févr.* — 8. *18 févr.* — 9. *19 févr.*

Asteron, centum solidatas terre et plus, in quibus recuperandis obedienciarius Sancti Justi Lugdunensis, qui tenet domum de Poilliaco, non apponit consilium.

§ *9*. Die mercurii post [10] fuimus apud Saltum de Cosant : ibi morantur duo monachi; in spiritualibus et temporalibus bene se habet domus, hoc excepto quod dominus de Cosam gravat eam multum.

§ *10*. Die jovis sequenti [11] fuimus apud Pomers : ibi morantur decem monachi. In spiritualibus et temporalibus bene se habet domus; obligata est debitis in ducentis et LX libris Viennen., propter libertates quas acquisivit a comite Forensi; in aliis temporalibus bene se habet domus.

§ *11*. Die [sa]bbati [sequenti [12]] fuimus apud Villam Novam, quam tenet abbas Sancti Rigaudi : ibi sunt [........ monachi. In spiritu]alibus et temporalibus bene et honeste se habet domus; nichil debet [et habet necessaria u]sque ad novos fructus.

[§ *12*. Die dominica qua canta]tur *Oculi mei* [13] fuimus apud Ambertam : ibi morantur xx. monachi sine p[resbitero, nec est] ibi sufficiens subprior. In spiritualibus bene se habet domus, hoc excepto quod elemosina non datur ibi nisi per duos dies in edomada; obligata est domus in quingentis libris Viennen. : sed prior, qui nunc est, invenit eam obligatam in IX. libris. [Dorm]itorium non est regulare; in aliis temporalibus bene se habet domus, et multum posuit [in servi]ciis necessariis et bonis, et habet necessaria usque ad novos fructus.

[§ *13*. Die.......] ante mediam Quadragesimam [14] fuimus apud Borbonium : ibi morantur sex monachi et [prior; n]on est ibi celerarius monacus, sed quidem garcio de quo monachi conqueruntur. Non datur ibi elemosina nisi die dominica in edomada; nichil debet, et habet necessaria usque ad novos fructus et residuum. Deficit ibi verreria.

§ *14*. Die lune post mediam Quadragesimam [15] fuimus apud Simelay : ibi moratur solus monacus, quia prior est in scolis, et ille solus non potest facere divinum officium; non est

---

10. *20 févr.* — 11. *21 févr.* — 12. *23 févr.* — 13. *24 févr.* — 14. *... mars.* — 15. *4 mars.*

ibi velum ante altare, quod debet poni in Quadragesima. Nichil debet et est in bono statu.

§ *15*. Die martis post[16] fuimus apud Luziacum : ibi moratur solus monacus, quia prior moratur apud Cluniacum pro generali faciendo ; nichil debet et est in bono statu.

§ *16*. Die mercurii sequenti[17] fuimus apud Magobrium : ibi sunt quatuor monachi. Negligenter faciunt divinum officium per omnia : in vigilia Purificationis beate Marie luserunt f[ere] per totam noctem, et lucratus fuit Galterius ab Aberto quatuor [....................] summam pecunie. Domus est obligata in C. libris Viennen. [....................]e est contencio inter dominum de Luziaco et priorem.

[§ *17*. Die.........post] mediam Quadragesimam[18] fuimus apud Montem Sancti Johannis : ibi sunt tres mon[achi et prior] ; unus eorum, Humbertus nomine, missus est apud Cluniacum, quia leviter et dissolute se habuerat. Quando donnus abbas visitavit, duo anni sunt elapsi, debebat domus CCC. et L. et IX. libras : modo debet CCC. libras et L. sol. Viennen. ; et renovavit bis boves omnes carruce sue, qui mortui fuerunt. Habet necessaria usque ad novos fructus : cetera sunt in bono statu.

§ *18*. Die dominica in Passione Domini[19] fuimus apud Troaz : ibi sunt duo monachi ; in spiritualibus et temporalibus bene se habet domus.

§ *19*. Die martis sequenti[20] fuimus apud Floriacum : ibi morantur duo monachi ; bene et honeste se habent, et faciunt divinum officium, sed non possunt habere ea que debentur eis a dom° duce, qui tenet domum, pro vi(c)tu et vestitu. Domus sunt discoperte et duo torcularia omnino dissipata, nec possent omnia reparari pro centum libris et, si diu remanxerit sine emendatione, maximum dapnum subsequetur ; nemora destruuntur et homines ville, propter nimias exactiones et corveias, destructi sunt et, quod pejus est, libertas prioratus poterit deperire, quia omnes homines qui capiuntur in villa pro forefacto et sine forefacto ducuntur apud Lentenay, contra libertatem et dominium prioris, cum super hiis fuerit aliquando maxima contencio inter gentes ducis et priorem.

16. *5 mars*. — 17. *6 mars*. — 18. ... *mars*. — 19. *10 mars*. — 20. *12 mars*.

§ 20. Die mercurii sequenti[21] fuimus apud Vergeyum: ibi morantur xix. monachi. Domus est in bono statu spiritualiter et temporaliter, hoc excepto quod dom^s dux facit multas injurias domui de Ladona et dom^s Henricus de Paigne domui de Charri; nichil debet nisi donno abbati et priori de Kar(itate), et priori Sancti Martini in Campis; et habet necessaria usque ad novos fructus et ultra.

§ 21. Die jovis[22] fuimus apud Sanctum Romanum : ibi morantur duo monachi et prior; bene se habet domus in spiritualibus et in temporalibus, hoc excepto quod dominus ville fecit grangiam suam in propria terra prioratus.

§ 22. Domus Sancti Cosme, quam tenet abbas Sancti Petri Cabilonis, est in bono statu.

§ 23. Dominica in Ramis Palmarum[23] fuimus apud Sanctum Marcellum Cab(ilonensem): ibi morantur decem et septem monachi, tam scolares, quibus ministrat prior, quam residentes. In spiritualibus et in temporalibus bene se habet ; nichil debet, et habet necessaria usque ad novos fructus et residuum : oportebit tamen obligari dictam domum hoc anno in centum libris, pro edificiis et torcularibus apud Mercure dissipatis.

§ 24. In die Pasche[24] fuimus apud Gygne : ibi morantur xxx. et tres monachi. In spiritualibus bene se habet domus, excepto quod dormitorium non est regulare ; de debitis non potuimus esse certi propter absenciam prioris, qui requirebat res suas in terra domini de Turre, quibus quidam predo injuste eum spoliaverat[25], nec erat aliquis in conventu qui sciret certitudinem debitorum nisi de auditu.

§ 25. Apud Nantoacum non ausi fuimus venire propter guerras, set mandavimus priori quod veniret ad presens capitulum cum aliquibus bonis viris de eadem domo, qui de statu ejusdem domus possent vobis certitudinem reportare.

§ 26. Die martis post Pascha[26] fuimus apud Treffort : cum priore non est ibi nisi quidam juvenis, qui nullos habet ordines nec est ibi necessarius. Prior bene aministrat ibi et diminuit debitum quod invenit quando recepit prioratum, et fecit

---

21. *13 mars.* — 22. *14 mars.* — 23. *17 mars.* — 24. *24 mars.* — 25. *D'abord* predaverat. — 26. *26 mars.*

edificia necessaria et bona. Domus ista subjecta est priori de Nantoaco.

§ 27. Die mercurii[27] fuimus apud Vilate, quam tenet archipresbiter de Ambronay, cui vendidit comes Burgondie pos(t)quam fuit uxoratus : ibi sunt duo monachi, quorum unus est quasi laicus, non habet nisi tonsuram et nihil scit. Locus ille destruitur et libertates pereunt pro deffectu deffensoris ; dominus de Loies destruit homines et compellit ire ad opera sua, quod numquam fecerunt usque ad modernum tempus, et ille archipresbiter nullum vult apponere consilium. Dictum fuit nobis quod apud Nantoacum sunt quidam monachi, quod si daretur domus alicui eorum, eriperet eam de manu archipresbiteri et deffenderet eam bene.

§ 28. Die jovis[28] vocavimus priorem Sancti Petri de Chandeyo apud Lugdunum et socium suum, quia non ausi fuimus ire propter guerras ; et licet posita sit domus in medio nationis prave et perverse[29], intelleximus quod prior bene deffendit eam per se et amicos suos, preterquam de domino, qui facit hominibus aliqua gravamina. Obligata est domus, propter tempestates que fuerunt hoc anno in terra illa, que destruxerunt omnes fructus terrarum, in xx. libris vel circa Viennen.; et habet necessaria usque ad novos fructus. Cetera sunt in bono statu.

§ 29. Die veneris[30] fuimus apud Taloiers : ibi morantur tres monachi et prior ; unus eorum, Radulphus nomine, indiciplinate vivit, nec ausus est prior nec sacrista eum corripere, quia minatur hominibus et percutit, et magnum cultrum quod portat trait super eos, et intrat domos eorum ipsis invictis : quare timendum est ne majus scandalum eveniat. Cetera sunt, tam spiritualiter quam temporaliter, in bono statu.

§ 30. In domo de Monbertout, quam tenet decanus Lugdunensis, morantur duo monachi; bene et honeste se habent[31], et domus est in bono statu.

§ 31. Die dominica in octabis Pasche[32] fuimus apud Grelonges : ibi sunt duo monachi et prior et xxiii. moniales. In spiritualibus et temporalibus bene se habet domus, excepto

---

27. *27 mars.* — 28. *28 mars.* — 29. Deuter., xxxii, 5. — 30. *29 mars.* — 31. D'abord *h. vivunt.* — 32. *31 mars.*

quod aqua consumit insulam, et necesse fuit exire moniales hoc anno de insula propter inundanciam aquarum ; pauperes sunt et paciuntur penuriam tam domorum quam victualium, et specialiter hoc anno quia sustractum est de alecciis que solebant eis dari in XL. Nichil debet, et habet necessaria secundum consuetudinem loci usque ad novos fructus.

§ *32.* Die lune sequenti[33] fuimus apud Saules : ibi morantur duo monachi et prior. In spiritualibus et temporalibus bene et laudabiliter se habet domus ; nichil debet et habet necessaria usque ad novos fructus.

§ *33.* Die martis[34] fuimus apud Altum Jugum : ibi morantur duo monachi et prior. In spiritualibus et temporalibus bene se habet domus; nichil debet et habet necessaria usque ad novos fructus.

§ *34.* Die mercurii sequenti[35] fuimus apud Sanctum Nicecium de Strata, quam tenet obedienciarius Sancti Justi Lugdunensis : ibi sunt quatuor monachi, tres eorum removendi, videlicet Humbertus, Petrus et Gerinus sacrista ; Petrus et Humbertus, quia juvenes sunt nec habent aliquos ordines, et discurrunt huc et illuc [35*], nec faciunt divinum officium sicut deceret ; Gerinus, quia leviter se gerit et diffamatus est de incontinencia. Quedam edificia corruerunt ibi et alia sunt discoperta. Ista domus subjecta est priori de Kari Loco.

§ *35.* Die jovis[36] fuimus apud Sanctum Martinum Masticonensem : ibi moratur unus monacus et prior ; et est domus in bono statu, tam in spiritualibus quam in temporalibus.

§ *36.* Domus de Blanziaco est in pessimo statu spiritualiter et temporaliter : non est qui faciat ibi divinum officium ; jura, libertates et redditus domus depereunt, et quiconque occupat ea, quasi si in nullius bonis essent, eis conceduntur.

231[1]

Nos Girardus, Dei gratia Eduensis episcopus, notum facimus universis præsentibus, quod in nostra præsentia constituti

---

33. 1er avril.— 34. 2 avr. — 35. 3 avr. — 35*. D'abord i. et nolunt serprout. Deo vire — 36. 4 avr.

231. — 1. Impr. dans PERARD, Recueil de pièces Bourgogne (1664), 521.

Perrinus de Semuro Briennensi, filius quondam dom[i] Girardi de Semuro, militis, ex una parte, et illustris vir Hugo dux Burgundiæ, ex altera : dictus Perrinus vendit et, titulo puræ et perfectæ venditionis, tradit prædicto Hugoni duci Burgundiæ, tertiam partem quam habet in pedagio de Paredo Moinali et omnem actionem, quod et quam habet et habere potest in prædicto pedagio aliqua ratione; in ipsum Hugonem suosque liberos vel heredes dictam tertiam partem pedagii et omne jus et actionem totaliter transferendo, et hoc pro pretio quater viginti librarum Viennensium, de quo pretio idem Perrinus se tenet plenarie pro pagato; promittens idem Perrinus, per juramentum suum et sub obligatione bonorum suorum, prædicto dom[o] duci, stipulanti pro se et hæredibus suis, quod contra dictam venditionem non veniet nec alicui contraire volenti consentiet, et faciet et præstabit, si contigerit dictam tertiam partem pedagii(...), quicquid in casu evictionis debet fieri vel præstari, et quod pro dicto duce se opponet et si opus fuerit ad justiciam respondebit; renuntians idem venditor, *etc.* In cujus rei testimonium, *etc.* Actum et datum anno Domini millesimo ducentesimo septuagesimo primo, die martis post festum sancti Dionysii 2.

232[1]

Hec est visitacio provincie Lugdunensis facta per de Gravilonga et de Taluyes priores, anno Domini M°. CC°. LXX. primo [2].

Apud Gravemlongam est prior, cum duobus sociis et viginti tribus monialibus; domus est in bono statu spiritualiter et temporaliter. — 2. Domum Sancti Nicetii juxta Bellum Jocum, que pertinet ad prioratum de Caro Loco, tenet obedienciarius Sancti Justi; ibi sunt tres monachi, et deficit unus:

2, *13 oct. 1271.*

232. — 1. Arch. de la ville de Cluny, origin. parchem., bande de 60 cent. sur 10/3; au dos (XIVe s.): Visitacio facta anno Dni Mill° CC° LXX primo. — 2. *1271-2.* — *Effacé* : set petuntur ab eo plura debita de tempore Gaufridi, condam prioris illius loci.

alia sunt in bono statu. — *3*. In domo de Alto Jugo est prior cum duobus sociis; nichil debet, et est in bono statu spiritualiter et temporaliter. — *4*. In domo de Tyse est prior cum tribus sociis; debet pro debito Cari Loci : quantum ad alia est in bono statu. — *5*. In domo de Rigniaco, que pertinet ad Carum Locum, sunt iiij[or] monachi; ibi non est prior, et ideo de debitis non potuimus scire veritatem : quantum ad alia est in bono statu. — *6*. Domum Sancti Victoris tenet abbas Sancti Rigaudi ; ibi sunt duo monachi. — *7*. Domum de Poliaco tenet obedienciarius Sancti Justi ; ibi sunt duo monachi, et cetera sunt in bono statu. — *8*. In domo de Saltu de Quosant est prior cum duobus monachis ; ipse prior debet centum libras Viennen.: cetera sunt in bono statu. — *9*. In domo de Pomers, que pertinet ad prioratum de Nantoays, est prior cum decem monachis ; ibi omnia bene se habent. — *10*. Domum de Nova Villa tenet abbas Sancti Rigaudi, et sunt ibi duo monachi ; omnia ibi bene se habent, et multa bona facit ibi. — *11*. In domo de Amberta est prior cum xvii monachis ; domus debet circa CCCC. libras Viennen.; de aliis est in bono statu. — *12*. Apud Carum Locum sunt xxv. monachi : bene se habent in spiritualibus ; de temporalibus non potuimus scire, quia non erat ibi prior. — *13*. Apud Marciniacum sunt xiiij[cim] monachi et moniales consuete, bene se habentes in spiritualibus ; moniales conqueruntur de aliquibus defectibus, quos precepimus emendari. — *14*. Apud Paredum sunt xx. monachi, et sunt in bono statu. — *15*. Apud Borbonium est prior cum quinque monachis ; debet circa xx. libras et debentur ei plura : quantum ad alia sunt in bono statu. — *16*. Apud Symulay est prior cum uno monacho; sine debito est et in bono statu. — *17*. Domum de Luziaco tenet custos generalis Cluniaci : est ibi unus monachus ; nichil debet. — *18*. Apud Meure est prior cum quinque monachis : nichil debet [3]. — *19*. Apud Montem Sancti Johannis est prior cum duobus monachis; debet circa VIJ[xx] libras Viennen., quia quando recepit domum debebat circa XIIII[xx] libras Viennen. — *20*. Apud Dueme est prior solus et non moratur ibi, set apud Vergeium : dicit quod dom[s] abbas dedit ei indulgenciam de socio usque ad novos fructus; debet vi. libras. — *21*. Apud Troant sunt duo monachi, et bene se habent. —

22. Apud Floriacum, qui pertinet ad domum Sancti Marcelli Cabilonensis, sunt duo monachi, honeste se habentes. — 23. Apud Vergeium est prior cum xx. monachis, et benè se habent spiritualiter et temporaliter. — 24. Sanctum Romanum tenet magister Oddo de Salon, et est ibi unus monachus.— 25. Apud Sanctum Marcellum Cabilonis est prior cum xx. monachis: spiritualiter bene se habent. In temporalibus prior habet tantum in mobilibus quantum debet, excepto archidiacono Flavignaci, cui debet C. et L. libras Viennen., et dictus archidiaconus tenetur expendere in edificiis Sancti Marcelli CC. et xxx libras Viennen. — 26. Apud Sanctum Martinum Masticonensem est prior cum uno monacho; nichil debet, debet tamen placita cum capitulo Sancti Vincencii de justicia domus.— 27. Apud Sales est prior cum duobus monachis; nichil debet, excepta pensione; in spiritualibus bene se habet. — 28. Apud Taluyers est prior cum tribus monachis: bene se habent; per priorem qui fuit exigitur quoddam fl'm debitum, unde posset gravari domus, quam debuit reddere quictam.— 29. Apud Gyniacum sunt xxv. monachi cum priore; debet CCC. libras Viennen.: multa perdiderunt propter guerram, scilicet ad valorem quingentarum librarum; in spiritualibus bene se habent. — 30. Apud Nantoas sunt xvi. monachi cum priore; non est ibi subprior; quando prior recepit domum, debebat tria milia librarum et LXI. libras propter guerram et defectus: de hoc solv(i)t duo milia libr. et XI. libras et VIJ. sol.— 31. Domum de Villeta, que pertinet ad prioratum de Nantoas, tenet archipresbiter de Ambronay; domus corruunt et jura domus pereunt, nec qůi apponat consilium. — 3. Apud Chanziacum est unus monachus cum priore; debet xx. libras; in aliis bene se habet.

2333[1]

Visitacio facta in provincia Lugdunensi per de Gravilonga et de Chanziaco priores, anno Domini M°.CC°.LXXVII [2].

In domo de Monte Bertoudi sunt duo monachi: decanus non erat presens, ideo nichil potuimus scire de statu domus. —

233. — 1. *Arch. de la ville de Cluny, origin. parchem. avec fragment de sceau sur lemnisque (*† S......... GRAVI......... ES*), bande de 48 cent. sur 15/7 ; au dos (XIV° s.):* Visitatio in provincia Lugdun. anno Dni M° IJ° LXX° septimo. —2. *1277-8.*

2. In domo de Villata, quam tenet archipresbiter de Ambronay et que est subjecta domui de Namtuaco, sunt duo monachi; aliquid erat corrigendum, quod precepimus per procuratorem et subpriorem de Namtuaco emendari. — *3*. In domo de Namtuaco, quam tenet abbas Sancti Secani, sunt xvııɪ. monachi; domus non multum debet, nisi dicto abbati vel priori. Ibi intelleximus quod, si dictus prior sepius visitaret dictam domum suam, melius se haberent negocia intus et extra. — *4*. In domo de Strafort nullus est monachus nisi prior, quia superior suus, scilicet prior de Namtuaco, fecit sibi hanc gratiam propter debita, ut dicit. — *5*. In domo de Gigniaco sunt xxv. monachi; prior debet, ut dicit, circa mille et ducentas libras Viennen.; victualia habet usque ad novos fructus.— *6*. Domus de Chavariaco est in bono statu. — *7*. In domo Sancti Marcelli Cabilonensis sunt xvıɪɪ. monachi et duo scolares.— *8*. Domum de Sancto Romano tenet quidam clericus, frater domini illius ville, et [sa]tis bene regit illam ; ibi est unus monachus. — *9*. [Apud Vergeium] sunt xxv. monachi regulariter viventes, et prior benefacit domui et ampliat redditus. — *10*. Apud Floriacum sunt quatuor monachi, et sunt in bono statu. — *11*. Apud Troandum sunt duo monachi maturi : omnia sunt ibi in bono statu. — *12*. Apud Montem Sancti Johannis sunt tres monachi bene se habentes ; prior debet, ut dicit, circa centum libras Parisien. propter quoddam nemus quod emit et defectum vini. — *13*. Apud Meuram sunt quatuor monachi, et ipsi et cetera sunt in bono statu. — *14*. Apud Symulay et apud Luziacum, in quolibet est unus monachus. — *15*. Apud Borbonium sunt quatuor monachi et unus scolaris : bene se habênt ; prior debet, ut dicit, quater viginti libras Turonen. — *16*. Apud Paredum sunt viginti monachi, bene se habentes ; cetera sunt in bono statu. — *17*. Apud Marciniacum sunt xv. monachi, preter moniales ; prior debet VIJ° libras Turonen.—*18*. Apud Carum Locum sunt xxııɪɪ. monachi et unus conversus : conversus ille est diffamatus de incontinencia, et portam prioratus custodivit male et inhoneste ; prior debet sexcentas libras Turonen., ut dicit, preter quasdam emendas regis. — *19*. Apud Villam Novam sunt duo monachi, et sunt in bono statu. — *20*. Apud Ambertam sunt xvıɪɪ monachi in bono statu. — *21*. In domo

de Pomers, que subest prioratui de Nantuaco, sunt decem monachi; et ibi omnia sunt in bono statu. — *22.* In domo de Poliaco sunt duo monachi et decanus, bene se habentes. — *23.* In domo de Rigniaco, que subest prioratui de Caro Loco, sunt tres monachi et prior, qui dicit se et domum suam esse in bono statu. — *24.* In domo de Tyseio, que similiter subest prioratui de Caro Loco, sunt tres monachi et prior, bene se habentes : prior tamen debet circa C. libras propter malas annatas. — *25.* [Apud] Sanctum Victorem sunt duo monachi et decanus, in bono statu. — *26.* [Domus Saltus] de Cosant est in malo statu, non propter culpam prioris qui modo est, set propter maliciam domini de Cosant et ignoranciam aliquorum aliorum; prior debet C. libras Viennen. — *27.* In domo de Taluiers, quam tenet archiepiscopus Lugdunensis, sunt duo monachi. — *28.* Domus Sancti Petri de Chanziaco, ubi est prior cum uno monacho, est in bono statu. — *29.* In domo de Gravilonga sunt duo monachi et prior, et xxix. moniales honeste Deo servientes, set pauperes; debent C. et L. libras Viennen., preter gageriam quamdam et pensionem. — *3o.* Domus de Sales, in qua sunt duo monachi et prior, est in bono statu. — *31.* In domo Sancti Nicetii sunt quatuor monachi et prior, qui debet Lx. libras Viennen. — *32.* Domus de Alto Jugo, in qua sunt duo monachi et prior, est (in) bono statu.

234[1]

Anno Domini M° CC° LXXX°[2],
Visitacio provincie Lugdunensis
facta per de Borbonio et de Sancto Victore priores.

Apud Borbonium sunt quinque monachi cum priore; divinum officium ibidem bene celebratur; domus debet sexviginti libras Turonen., et habet bladum et vinum usque ad novos fructus. — *2.* Item, domus de Luziaco et de Simulay sunt in bono statu, pro ut prior dicit. — *3.* Item, domus de

---

234.—1. *Arch. de la ville de Cluny, origin. parchem. avec trace de sceau sur lemnisque, bande de 55 cent. sur 18/21; au dos (XIII° s.)* : Domus de Mongobrio; *(XIV° s.)* : Visitatio provincie Lugdun. facta anno Dni mill°CC°. LXXX°. — 2. *1281-2.*

Meuvray debet ducentas libras Turonen., et sunt ibi tres monachi et unus parvus monacus; et habet bladum et vinum usque ad novos fructus. — *4.* Item, in prioratu Montis Sancti Johannis sunt ibi tres monachi, et habent bladum et vinum usque ad novos fructus; et de debito est in bono statu, ut dixit nobis prior de Paredo. — *5.* Item, in domo de Vergerio sunt vinginti et tres monachi; ibi divinum officium bene et sollenniter celebratur, et ordo et religio inviolabiliter et fermiter observatur; de temporalitate domus, abbas respondeat. — *6.* Item, domus Sancti Romani est in bono statu. — *7.* Item, in prioratu Sancti Marcelli Chabilonensis sunt vinginti quatuor monachi; et ibidem divinum officium o bene celebratur, et est in spiritualibus in bono statu ; et est bladum et vinum usque ad novos fructus; de debito respondeat prior.—*8.* Item, domus Sancti Martini Masticonensis est in bono statu. — *9.* Item, domus Sancti Nicecii subtus Belijocum est in bono statu, et sunt ibi tres monachi cum priore ; et habent bladum et vinum usque ad novos fructus.—*10.* Item, domus de Arthoingo est in bono statu, et sunt ibi duo monachi; et habent bladum et vinum usque ad novos fructus. — *11.* Item, domus de Salles est in bono statu, et sunt ibi duo monachi; et habent bladum et vinum usque ad novos fructus. — *12.* Item, in domo de Gravilonga sunt tringinta et quatuor moniales, que bene divinum officium celebrant; et est in spiritualibus in bono statu ; de tenporalitate autem senper conqueruntur. —*13.* Item, domus Montis Bertodi est in bono statu, et sunt ibi duo monachi. — *14.* Item, domus Sancti Petri de Chandie est in bono statu, et sunt ibi duo monachi cum priore; et habent bladum et vinum usque ad novos. — *15.* Item, domus de Thaluiers est obligata in ducentis libris Viennen. ; et sunt ibi tres monachi cum priore, qui divinum officium bene celebrant; et habent bladum et vinum usque ad novos fructus. — *16.* Item, domus de Polliaco est, in spiritualibus et temporalibus, in bono statu; et sunt ibi duo monachi, et habent bladum et vinum usque ad novos fructus.— *17.* Item, domus de Saltu subtus Cossam est in bono statu et nichil debet.—*18.* Item, in domo de Pomeriis in[3] Forisio sunt

3. *D'abord* de.

DE PAREDO 151

undecim monachi cum priore; et est in spiritualibus in bono statu, et est obligata in septem viginti libris Viennen.; et habent bladum et vinum usque ad novos fructus, ut dicit prior. — *19*. Item, domus de Villanova est (in) bono statu, et sunt ibi duo monachi cum priore; et habent bladum et vinum usque ad novos fructus. — *20*. Item, domus de Riniaco est in bono statu, et sunt ibi quatuor monachi cum priore. — *21*. Item, domus de Sancto Victore est in bono statu, et sunt ibi duo monachi cum priore. — *22*. Item, domus de burgo Tissiaci est in bono statu, et sunt ibi quatuor monachi cum priore. — *23*. Item, domus Kariloci debet V° libras Viennen., et sunt ibi xxx et duo monachi; et habent bladum et vinum usque ad novos fructus : cetera sunt in bono statu.—*24*. Item, domus de Hamberta debet quatuor viginti et decem libras Viennen. et sunt ibi xx monachi; habent bladum et vinum usque ad novos fructus : cetera sunt in bono statu. — *25*. Item, in domo de Marciniaco sunt decem et octo monachi, qui divinum officium bene celebrant; domine conqueste fuerunt nobis de quibusdam sibi necessariis, sed procuratores prioris promisserunt emendare. — *26*. Item, domus de Charellam debet VI^{xx} libras Turonen., et sunt ibi duo monachi cum priore; et habent bladum et vinum usque ad novos fructus, ut dicit prior. — *27*. In domo de Paredo sunt viginti et quatuor monachi; et est in spiritualibus et temporalibus in bono statu.—*28*. Domus de Arpaiam, licet sit in bono statu in edificiis, tamen de temporalitate male se habet, quia dom^s Stephanus di(c)tus Salvaions et dom^s Jocerannus de Tanneio inponunt servitutem in hominibus liberis eclesie, et clericus episcopi noluit nobis obedire et alias fuit diffinitum ut emendaretur.

235[1]

Hec est visitatio facta in provintia Lugdulensi per decanum Cluniaci et per priorem de Podialano, anno Domini M°. CC°. octogesimo nono [2].

Apud Sanctum Romanum est unus monachus : domus torcularis ejusdem loci ruinam minatur; altare etiam ecclesie

235. — 1. *Arch. de la ville de Cluny, origin. parchem. avec fragments de 2 sceaux sur lemnisques, 3 bandes de 94 cent. sur 15 ; au dos (XIII° s.)* : Visitatio provintie Lugdun. anno LXXXIX°; *autre titre du XIV°s.*—2. *1289-90.*

dicti loci defectum patitur de albis et casulis. Magister Theobaldus de Camera tenet dictam domum.

§ 2. Apud Vergeyum sunt XXIII. monachi cum priore, quorum decem sunt sacerdotes, alii duodecim pueri sunt et juvenes. Offitium divinum non fit ibi ita bene sicut alias consuetum est, propter multitudinem juvenum; silentium non tenetur in clastro nec in aliis locis; conventus utitur stratis lineis in dormitorio. A tempore quo fuit iste prior non fuit ibi supprior usque ad adventum visitatorum; remanserunt aliquando et adhuc remanent misse propter defectum sacerdotum, ut sunt misse tercennariorum et missa matutinalis. Prior est negligens circa divinum officium, non celebrando missam suam ex quo fuit prior ibidem; raro aut numquam intravit capitulum; removet mutando dictus prior sacerdotes et antiquos de dicta domo sine causa rationabili. Clastrum dicte domus ruinam minatur, et pluit ibidem et in dormitorio; teclum, quod est super capitulum, minatur ruinam; conventus non comedit in refectorio. Domus debet septingintas libras Turonensium et plus.

§ 3. Apud Duismum est unus monachus; prior non facit ibidem residentiam; offitium divinum raro ibidem celebratur. Non est ibi nec^{2*} vinum nec cetera; domus debet XXXVI. libras Turonen. vel circa.

[§ 4. Apud] Montem Sancti Johannis sunt tre[s mona]chi cum priore; officium divinum bene celebratur ibidem; [monachi jac]ent in stra[tis lineis. Domu]s debet CCC. libras Viennen.: alia temporalia sunt [in bono statu].

[§ 5. Apud Magobrium sunt sex monachi, quorum] tres sunt sacerdotes et tres pueri. [Officium divinum ibidem celebratur honeste sicut] consuevit; sacrista tenet [ecclesiam inhoneste : precepimus priori quod] facer[et emend]ari, quod et promisit. Domus [debet.....] libras Turonen.

[§ 6. A]pud Luziacum sunt duo monachi cum priore, honeste divina celebrantes sicut ibidem consuetum est; prior nichil debet. —§ De Similac fiat mentio.

§ 7. Apud Borbonium sunt quinque monachi cum priore,

2*. *D'abord* n. panis, bladum nec.

honeste divina celebrantes : omnes sunt sacerdotes. Sacrista tenet ecclesiam inhoneste, set prior promisit nobis quod faceret emendari. Domus debet centum libras Turonen.

§ 8. Apud Paredum sunt xxiiii monachi, quorum xii. sunt sacerdotes, set tres non faciunt ebdomadam suam, et duodecim qui non sunt sacerdotes, quorum duo sunt Parisius studentes, alii sunt in clastro. Vitree de ecclesia dissipate sunt : sacrista promisit quod infra festum beati Johannis faciet dictas vitreas reparari ; officium divinum honeste celebratur ibidem, sicut antiquitus consuetum est. Monachi jacent in stratis lineis, exceptis aliquibus antiquis. Domus debet trecentas libras Turonen.

§ 9. Apud Kadrellas sunt duo monachi sacerdotes cum priore: ecclesia minus honeste tenetur propter deffectum vitrearum, set propter loci paupertatem prior non potest emendare. Domus debet centum libras Turonen.

§ 10. Apud Marciniacum sunt xviii monachi cum priore. Offitium divinum ibidem honeste celebratur sicut consuetum est. Libra panis monialium est nimis parva nec potest eis sufficere ad victum cotidianum †. Predecessores istius prioris alienaverunt 3 anniversarium domⁱ Johannis episcopi Masticonensis in manu seculari, nec fit ibidem officium dicti episcopi ; nec refectio datur monialibus diebus statutis, unde moniales non minime conqueruntur. Beneficia et redditus dicte domus alienata sunt in manu secularium usque ad valorem octingentarum librarum Turonen. Monachi jacent in linteaminibus. Prior habet blada et vina ad maximam habundantiam. Correximus alia que ibidem repperimus corrigenda. Domus debet mille ducentas libras Turonen.

§ 11. Apud Karumlocum sunt tringinta monachi cum priore ; officium divinum ibidem valde bene et honeste celebratur. Domus est in bono statu secundum spiritualitatem, excepto quod monachi jacent in linteaminibus. Domus debet VI libras Turonen. vel circa.

§ 12. Apud Sanctum Victorem sunt duo monachi cum priore, sacerdotes, et unus juvenis ; officium divinum ibidem fit competenter. Domus nichil debet.

3. *En surcharge* redditus.

§ *13*. ApudVillam Novam sunt duo monachi sacerdotes cum priore; officium divinum competenter celebratur ibidem. Domus nichil debet.

§ *14*. Apud Ambertam sunt decem et octo monachi cum priore, novem sunt sacerdotes; prior gravi infirmitate percussus est. Conventus non habet panem sufficientem, quia due partes sunt siliginis, nec habent vestiarium suffitiens; et propter istos defectus et alios officium divinum minus sollempniter ibidem celebratur, et rigor ordinis in aliqua parte dissolvitur; monachi jacent in linteaminibus. Domus debet IX^{xx} libras Viennen., item C. et III. libras Turonen. in quibus prior tenebatur cuidam servienti, dicto Oriralit, defuncto, qui in testamento suo legavit dicto conventui de Amberta dictas centum libras et LX sol. Turonen. ad augmentationem vestiarii conventus. Ecclesia tenebatur inhoneste : precepinus quod emendaretur.

§ *15*. Apud Pomerios sunt novem monachi cum priore; officium divinum ibidem celebratur honeste; correximus aliqua que ibidem corrigenda repperimus. Domus debet centum libras Viennen.4

§ *16*. Apud Saltum de Cosan sunt duo monachi sacerdotes cum priore; officium divinum ibidem celebratur honeste sicut consuevit. Domus nichil debet, sicut prior dicit.

§ *17*. Apud Poliacum in Forisio5 sunt duo monachi sacerdotes; decanus Montis Brisonis tenet domum. Decanum predictum ibidem non invenimus; monachi ibidem conversantes non faciunt officium divinum sicut decet, propter defectum rectoris, et discurrunt nimis huc atque illuc. Correximus alia que fuerunt corrigenda,

§ *18*. Apud Taluers sunt tres monachi cum priore, sacrista, sacerdos et duo juvenes : unus post visitationem factam promotus est in sacerdotem. Domus debet quatuor centum libras Turonen.

§ *19*. Apud Chandiacum sunt duo monachi sacerdotes cum priore; campanile est reedificatum. Domus nichil debet.

§ *20*. Apud Montem Beltodi sunt duo monachi : prior de

---

4. *D'abord* Turon. — 5. *D'abord* P. en Foreis.

Gravilonga tenet domum de novo ; domus pro majori parte indigent reparatione.

§ 21. Apud Gravilongam sunt duo monachi cum priore et xxxiiii. moniales ; non habent refectorium nec clastrum nec capitulum nec dormitorium sufficiens ; moniales bene faciunt officium divinum. Domus debet xl^a libras Viennen.

§ 22. Apud Saules sunt duo monachi cum priore, sacerdotes; offitium divinum celebratur honeste ibidem sicut consuevit. Domus nichil debet.

§ 23. Apud Altum Jugum sunt duo monachi sacerdotes cum priore ; officium divinum ibidem celebratur sicut consuevit. Domus nichil debet[6] .

§ 24. Apud Sanctum Marcellum de Cabilone sunt xx monachi : dormitorium indiget reparatione; monachi jacent in linteaminibus. Correximus alia que fuerunt ibi corrigenda ; officium divinum ibidem celebratur honeste. Domus debet

§ 25. Apud Gigniacum sunt xxx^a monachi : xiii. sunt sacerdotes; officium divinum minus sollempniter ibidem agitur, propter deffectum obedientiariorum et maxime propter deffectum camerarii et celerarii ; monachi exeunt portas domus sine licentia supprioris. †[7] Dom^s Henricus de Paigneyo multum gravat dictam domum ; domus debet IX^c libras Viennen.

§ 26. Apud Nantoais ire non potuimus propter inundationem aquarum. — § 27. Apud Sanctum Martinum Masticonensem est unus monachus cum priore ; domus nichil debet.

In tota provintia Lugdunensi quasi omnes ecclesie inmunde tenentur et inhoneste.

§ 28. Domum de Belna tenet magister Johannes de Landona cum appenditiis suis.

§ 29. Domum de Troando tenet dux Burgundie; est ibi unus monachus solus ; clastrum minatur ruinam.

---

6. *Dans un cartouche*: De Sancto Cosma. — 7. *En surcharge* De aqua.

236[1]

VISITATIO PRO(V)INCIE LUDUN(ENSIS) FAUTA PER DE RUNS ET DE NIGRO STABULO PRIORES, ANNO DOMINI M° CC° NONAG'O II° ET INCEPTA DIE JOVIS POST *Invocavit* me [2]

Apud Ambertam et ibi, facta inquisicione diligenti de statu ecclesie et personarum, de statu tepporalium invenimus quod prior bene administrat et servet jura ecclesie; invenimus eciam per juramentum prioris et testimonium conventus quod temppore quo primo habuit domum, computatis defectibus debitis quater viginti libris v. sol., pro quibus erat obligata domus de Mable, quas postea solvit, debebat domus sexdecies viginti vel circa libras Turonen., modo non debet sex viginti; alia, si qua erant, precipimus corrigi que poterant de facto corrigi. Sunt ibbi decem et novem monachi.

2. Item, apud Villam Novam sunt duo monachi; prior bene aministrat in tempporalibus et spiritualibus, nec debet ultra L. solidos; et correximus ea que erant corrigenda, et est dictus locus bene munitus.

3. Item, apud Pomerium in Foresio sunt undecim monachi; domus debet ducentas et viginti libras vel circa Turon., et quando prior cepit eam, computatis defectibus usque ad fructus novos, bene debebat septigentas libras, ut dixit nobis prior per juramentum suum; et quia monachi illius loci nimis vacabant veneationi, proibuimus eis in virtute obediencie corrigi, et alia que poterant corrigi per priorem : cetera sunt in bono statu.

4. Item, apud Saltum sunt duo monachi com priore ; domus nichil debet, exepto debito dom[i] abbatis, ut dixit nobis (prior) per juramentum.

5. Item, apud Poliacum sunt duo monachi com priore ; prior non erat presens : dixerunt nobis socii sui quod domus nichil debebat ; gentes comitis multas molestias inferunt domui.

6. Item, apud Taluers sunt duo monachi : non aparet ibbi

---

236. — 1. *Arch. de la ville de Cluny, origin. parch. avec fragment et trace de 2 sceaux sur lemnisques, bande de 57 cent. sur 12/3 ; au dos* : Visitatio provincie Lugdun. facta anno Dni mill° CC° LXXXX° IJ°.—2. *1292-3 févr. 19.*

prior ; hospitalitas male servatur, ut vulgaliter dicitur, turris est discoperta, muri indigent reparatione ; nec invenimus ibi aliquem cui possemus precipere corectionem talium, quia dicebant se non habere potestatem.

7. Item, apud Gravam Longam sunt triginta et [qua]tuor moniales : bene faciunt divinum officium et sunt bone fame ; d[ebet domus] qu(a)ter viginti libras v (sol.) ; [de defect]u vero proprietatis, ecusant se pretestu paupertatis, quia non ad[ministr]antur eis necessar[ia] : dicunt tamen quod prior eis bene administrat secundum reditus ecclesie. [De aliis] vero, de quibus dicebantur inobedientes priori, eis rependimus [......]rant nobis corretionem. Item est ibi defectus dormitorii, refectorii et capi[tuli], ita quod non possunt dormire nec comedere simul, et reditus domus non supficiunt de talia facienda sine auxilio et consilio ordinis.

8. Item, apud Montem Bertoti sunt duo monachi et patitur multas molestias a vicinis injuste : prior tamen, in quantum potest, defendit jura eclesie ; de debito nichil pot(u)imus scire, quia prior non erat presens.

9. Item, apud Saules sunt duo monachi cum priore ; domus nichil debet ; de hospitalitate, que male servabatur, ipsum redarguimus pro posse nostro et promisit nobis emendare

10. Item, apud Altum Jugum sunt duo monachi et domus est in bono statu.

11. Item, apud Sanctum Romanum sunt duo monachi ; ille qui credebatur prior, dicit se non esse priorem : alias domus est in bono statu.

12. Item, apud Bernam non est prior nec monachus, nec hospitalitas servatur ; sprebiter qui custodit domum, noluit nos recipere, dicens se non hab[ere] potestatem.

13. Item, apud Vergeyum sunt triginta monachi cum priore ; prior bene ad[ministrat] ; domus debet CCCC libras et debeb[at .... libra]s q(u)ando cepit eam, [computatis] defectibus usque ad fructus [novos : alias domus est in bono stat]u.

14. Item, apud Floriacum sunt [........ monachi.........].

15. Item, apud Truandum est [................................] in pessimo statu, nam claust[rum........................] minantur ruinam.

16. Item, apud Glonez sunt tres monachi sine priore, quorum unus puer est, qui recepit habitum de licencia dom^i abbatis Yvonis, sicut dicunt.

17. Item, apud Mangobrium sunt sex monachi cum sine priore; debet ducentas libras et sex Turon.; multa dampna passus fuit propter incendium, ita quod oportuit ponere novies viginti libras in edificiis, et recepit domum obligatam in quadriginti libris, computatis defectibus usque ad novos (fructus).

18. Item, apud Luziacum sunt duo monachi et prior; et debet domus quater viginti libras et cepit eam sine debito, set excusat se propter causas; item dixit nobis quod habet de residuo bladi usque ad valorem quinquagita librarum Turon.

19. Item apud Borbonium sunt sex monachi, computato priore; debet domus LX libras Turon.; divinum officium bene faciunt; hospitalitas servatur, nov' reditus ecclesie.

20. Item, apud Paredum sunt triginta monachi et unus, computato priore; et debet domus trecentas libras Turonen.; monuimus ipsum de diligenciori custodia nemorum; in numero autem monacorum, computatis decano de Bemote et priore Montis Sancti Vincencii et decano.

21. Item, apud Marciniacum sunt xvii^{tem} monachi, computato priore; et debet domus vicecies centum libras Turon.: excusat se propter defectum vini,...... dicit se posuisse usque ad valorem quingentarum librarum, et invenit domum obligatam in mille quadrigentis et sexaginta libris et multos reditus obligatos, tam ad vitam, tam ad tempus: injusimus sibi de revocatione quod faceret posse suo.

22. Item, apud Karolocum sunt triginta et tres monachi, computato priore.

23. Item, apud Kadralas sunt duo monachi: divinum officium celebratur bene, et hospitalitas bene servatur et helemosina; debet domus octo viginti libras Turonen., computatis defectibus usque ad novos (fructus): tamen invenit ecclesiam obligatam, quando acepit eam, in CCC. libris Tu(ron.); alia sunt in bono statu, et amentavit ecclesiam suam in reditidibus centum solid.

237[1]

[Anno Domini M° CC° no]nag° quarto [2],
Visitatio provincie Lugd(unensis) [facta per archidiaconum]
Cluniaci, et de Sancto Victore et Villa Nova priorem.

Apud Karilocum sunt triginta monachi cum priore. Domus est in spiritualibus et temporalibus in hotimo statu et nichil debet, et posuit prior dicte domus in edificiis hoc anno, tam in clautro reparando quam in aliis edificiis, usque ad valorem IIJ° librarum Turonen. De numero antico monacorum non potuimus habere plenam fidem, quia aliquando fuerunt plures et aliquando pauciores.

§ 2. Apud Ambertam sunt decem et novem monachi : anticus numerus erat minor, ut antiqui dicebant; domus est (in) spiritualibus et temporalibus in bono statu.

§ 3. Apud Pomerios, qui mediate subest prioratui de Nantuaco, sunt decem monachi cum priore. Prior et monachi dicte domus dixerunt nobis quod dom^s episcopus Valetinensis, qui tenet prioratum de Nantoaco, visitaverat ipsos et locum predictum.

§ 4. Apud Palliacum sunt duo monachi cum priore ; domus est in bono statu et nichil debet, excepta querela quam habet cum comite.

§ 5. Apud Saltum subtus Cosam sunt duo monachi cum priore ; domus debet viginti libras Viennen., et habet bladum et vinum usque ad novos fructus, ut dixit nobis prior.

§ 6. Apud Taluier sunt duo monachi cum sacripta, nec aparet ibi prior ; turis est discoperta, set procurator dicte domus nobis dixit quod in brevi faciet cooperire et meliorare ; procurator dicte domus emit quoddam feodum et quoddam pratum hoc anno usque ad valorem LXIIII librarum Viennen.

§ 7. Apud Chandiacum sunt duo monachi cum priore : prior non erat in domo, et sic non potuimus habere certitudinem de

---

237. — 1. *Arch. de la ville de Cluny, origin. parchem. avec trace de sceau sur lemnisque, 3 bandes de 116 cent. sur 12/3 ; au dos (XIIIe s.)* : Visitacio provincie Lugdun. facta per archidiaconum Clun. et per Ville Nove priorem anno Dni M° CC° nonag' quinto ; *autre titre du XIVe s.* — 2. *1294-5.*

statu dicte domus, tamen dicitur quod est in bono statu et nichil debet, ut postea dixit nobis prior.

§ *8*. Apud Vilete, qui mediate subest prioratui de Nantuaco, domus est in peximo statu in spiritualibus et temporalibus, quia moverterunt clautrum et edifficia totaliter cor(ru)unt; et ibidem solebant esse prior et monachi, modo ibidem nullus inhabitat, nec ibidem in dicta domo divinum officium celebratur.

§ *9*. Apud Nantuacum sunt viginti et tres monachi. Divinum officium in eodem loco bene celebratur, et ordo et religio satis competenter observatur. Domus debet mille libras Viennen. Comes Gebernensis debet reddere triginta libratas terre domui de Nantuaco pro excambio de la Corbere; dom^s episcopus Valetinensis est in prosecutione dicti excambii, prout procurator Nantuaci nobis dixit. Quidam sacerdos, qui vocatur Aymo de Taluxiaco, tenet domum de Chantriac en Choutayne, que subest prioratui de Nantuaco; vinee dicte domus inculte remenxerunt et edifficia corru(u)nt; juridictio et possessiones pereunt et per vicinos occupentur.

§ *10*. Apud Gigniacum sunt triginta tres monachi. Divinum officium satis competenter celebratur. Quidam prioratus et quedam possessiones prioratus de Gigniaco sunt obligate, non de novo: prior, ut nobis dixit, non potest aliquod consilium apponere; tres pueri induti fuerunt hoc anno. Aliqua erant corrigenda, que precipimus corrigi et emandari. Domus debet VIJ^c libras Turonen.; habet bladum et vinum usque ad novos fructus.

§ *11*. Apud Sanctum Marcellinum sunt viginti unum monachi cum priore. Divinum officium ibidem bene celebratur; ordo et religio satis competenter observatur. Domus est obligata duobus mille VJ^c LXV. libris XIJ. sol. X. den. Viennen.; item prior pro se debet pro negociis celsium, pro ut dictus prior nobis dixit, circa M. libras Viennen. Clautrum et edifficia corru(u)nt et minantur ruinam, et maneria que tenet prior ad manum suam sunt corrute pro majori parte, prout dixit nobis prior; quedam posessiones et prioratus ejusdem domus sunt alienate ad vitam tenencium usque ad valorem mille ducentarum librarum annui redditus vel circa. Prioratus de Artariis male tratatur, quia prior non est ausus intrare prioratum predictum. Cause de talia et justicia de Sancto Marcello, de Floriaco et de Urcinis pendent coram dom° duce Burgondie.

§ 12. Apud Sanctum Romanum sunt duo monachi; domus est in bono statu.

§ 13. Apud Vergeyum sunt triginta unum monachi cum priore : anticus numerus erat decem et octo monachorum, pro ut dicunt. Divinum officium ibidem bene celebratur ; ordo et religio satis competenter observatur. Domus debet V^c libras Toronen.: excusat se pretestu tanpestatis.

§ 14. Apud Montem Sancti Johannis sunt tres monachi cum priore ; domus est in bono statu, et habet bladum et vinum usque ad novos fructus ; debet IJ^c libras Toronen.

§ 15. Apud Magobrium sunt sex monachi cum priore ; domus est in bono statu, et dixit nobis prior quod habet bladum et vinum usque ad novos fructus; et debet IJ^c libras Toronen.

§ 16. Apud Luziacum sunt duo monachi cum priore. Habet bladum usque ad novos fructus ; habet defectum vini usque ad valorem decem librarum Turon. Domus debet IIIJ^{xx} libras Turonen. ; juridictio predicti prioratus est in manu comitis Nivernensis bene sunt viginti anni elapsi. Domus de Similayo est in malo statu, in edifficiis et spiritualitate ; quidam ibidem solebant esse monachi et non sunt.

§ 17. Apud Borbonium sunt sex monachi cum priore ; domus est in bono statu, in spiritualibus et temporalibus, et debet predictus prior sexsaginta libras Turon.

§ 18. Apud Paredum sunt viginti et septem monachi ; divinum officium ibidem satis competenter celebratur ; domus debet IIIJ^c libras Turon. ; non habet bladum neque vinum ad sufficienciam usque ad novos fructus. Anticus numerus monachorum erat viginti quinque.

§ 19. Apud Marcign(iacum) sunt viginti monachi cum priore : anticus numerus monachorum erat quatuordecem sacerdotum vel circa ; et debet IIIJ^{or}decem° libras Toron.: prior dicti loci excusat se de dicto debito pretextu tampestatis et quia cemsas sibi debitas in Yspanie et Anglie non habuit, tres anni sunt exlapsi.

§ 20. Apud Kadrellem sunt duo monachi cum priore ;

domus debet quatuor viginti libras Toron. : prior excusat se pretestu tampestatis et quia invenit dictam domum, quando fuit sibi colata, magnis debitis obligatam.

§ 21. Apud Sanctum Victorem sunt duo monachi cum priore; prior bene administrat in spiritualibus et temporalibus, et habet bladum et vinum satis usque ad novos fructus.

§ 22. Apud Villam Novam sunt duo monachi cum priore; et est domus in peroptimo statu.

§ 23. Prioratum de Regniaco, de Tissiaco et de Sancto Nycetio, qui mediate subsunt prioratui Kariloci, visitavit prior de Kariloco et fuimus in predictis locis et invenimus dictas domos im bono statu.

§ 24. Apud Sales sunt duo monachi cum priore ; domus est in bono statu, et habet bladum et vinum usque ad novos fructus et amplius.

§ 25. Apud Gravenlongam sunt tringinta et tres moniales : anticus numerus monialium salebat esse sexdecem, tempore Hugonis de Jaloniaco, quo(n)dam prioris ejusdem loci, et ante ipsum ; prior debet sexaginta libras Viennen. Defectus est ibidem dormitorii, refertorii et capituli, ita quod non possunt dormire nec comedere in simul, pro ut decet. Prior clautralis Cluniaci visitavit predictum locum : ordinant diffinitores quod visitatores anni futuri inquirant et refferant de antiquo numero monialium apud Gravem Longam.

§ 26. Apud Sanctum Martinum Mast(iconensem) est prior cum uno monacho. Domus S^i Martini Masticon. non fuit visitata.

§ 27. Apud Altumjungum sunt duo monachi cum priore; domus est in bono statu, in spiritualibus et temporalibus.

238[1]

Anno Domini M° CC° nonag' optavo [2],
Visitatio provintie Lugd(unensis) facta per de Paredo et M[agobrio ? priores].

Apud Paredum sunt xxvii monachi, quamvis antiquus numerus soleret esse minor : [......... cele]brantur ibi

238. — 1. *Arch. de la ville de Cluny*, origin. parchem. avec traces de 2 sceaux sur lemnisques, 3 bandes de 144 cent. sur 19 ; au dos (XIIIe s.) : De provincia Lugdugni ; (XIVe s.) : Visitacio anni IJ^e nonagesimi septimi facta est ; Visitacio provincie Lugdun. anno Dni mill^{mo} CC^{mo} nonage^{mo} octavo. — 2. *D'abord* septimo.

qualibet die in conventu tres misse cum nota ; divinum officium fit ibi laudabiliter et d[evote; bene] se habent in aliis regularibus observantiis, ut dicunt; hospitalitas et elemosina fiunt etiam ibidem competenter, ut dicitur. Domus debet, ut dicit prior, VJ^c libras tam dno abbati quam conventui Cluni(a-censi), quam aliis creditoribus et nichil est ibi cum usura ; jurisdictio bene manutenetur et etiam custoditur, ut dicebant ; habet domus blada et vinum usque ad fructus novos.

2. Die martis post *Invocabit me*[3] fuimus apud Quadrellam, ubi sunt duo monachi cum priore : divinum officium fit ibi secundum loci decentiam ; hospitalitas et elemosina fiunt etiam ibi secundum loci facultatem. Domus debet, ut dicit prior, Cx. libras vel circa, nichil tamen debet cum usura : dixit nobis prior quod recepit domum obligatam in VIJ^{xx} libris, quando fuit prior institutus ; habet domus victualia usque ad fructus novos.

3. Die jovis sequenti[4] fuimus apud Borbonium, ubi sunt viij. monachi cum priore : divinum officium ibi cum hospitalitate et elemosina, ut dicitur, fiunt conpetenter. Domus debet, ut dicebat prior, lx. libras Turonen. et nichil debet cum usuris ; et habet victum usque ad fructus novos.

4. Die veneris sequenti[5] fuimus apud Luziacum : duo sunt ibi monachi cum priore ; celebrantur ibi divina secundum loci decentiam ; hospitalitas servatur ibidem et facit elemosinam prior, ut dicit, qualibet die. Domus debet, ut dicebat prior, CC. libras Turon.: tamen, ut dicebat idem prior, bene debebat CCC. libras quando fuit prior institutus ; nichil tamen debet cum usuris et habet victualia usque ad fructus novos.

5. Die sabbati[6] fuimus apud Magobrium, ubi sunt vi. monachi cum priore; bone sunt vite et honeste conversat[ionis, ut] dicebat procurator; prior enim erat apud Montempessalanum in scolis, ut dicebat idem procurator ; divinum officium devote fit ibidem : celebrantur enim in loco qualibet die due misse, una cum nota et alia sine nota, ut nobis dixerunt. Domus debet CC. libras, ut dixit prefatus procurator, sine usuris tamen ; hospitalitas et elemosina custodiuntur in loco et servantur : domus habet blada et vinum usque ad fructuum novitatem.

---

3. *25 févr. 1298.* — 4. *27 févr.* — 5. *28 févr.* — 6. *1er mars.*

6. Die lune post *Reminiscere*[7] fuimus apud Montem Sancti Johannis : tres sunt ibi monachi cum priore ; divina celebrantur in loco secundum congruentiam loci bene et devote, ut dicitur, nisi quod non cantabant cum nota sextam et nonam, nec etiam in predictis horis pulsabatur : precepimus autem priori et sociis suis quod decetero horas omnes cum nota dicerent et quod pulsaretur in predictis horis, pro ut est moris in ordine nostro et maxime quia prioratus situs est juxta castrum ; hospitalitas et elemosina fiunt ibi bene, ut dicitur, secundum loci facultatem. Domus debet, secundum relationem prioris, VJ^{xx} libras Turon. sine usuris, et habet victualia usque ad novos fructus.

7. Die martis[8] fuimus apud Floriacum, ubi sunt duo monachi residentes ; divinum officium fit ibi et satis tenuiter ; hospitalitas non consuevit ibidem fieri nec elemosina, ut nobis dixerunt monachi qui habitabant ibi, quia domus pertinet ad prioratum Sancti Marcelli prope Cabilonem ; invenimus quod non portabant frocos in monasterio ad horas, unde super hoc eos increpavinus et promiserunt quod decetero corrigerent hoc valde bene.

8. Die mercurii et jovis sequenti[9] fuimus apud Vergiacum, ubi sunt xxx monachi commorantes : divinum officium celebratur ibi lauda(bi)liter et devote, et cantantur in loco illo qualibet die tres misse in conventu cum nota ; bene se habent in r[egulari]bus observantiis, ut dicitur, excepto dormitorio quod invenimus partim inordinatum, ut pote sine laneis et cum pellibus silvaticis et pannis rubeis seu coloratis : precepimus autem decano seu priori ista corrigi ac etiam emendari, qui promisit ista corrigere et etiam emendare. Domus est obligata in M. libris vel circa : predecessor enim suus tradidit ei domum obligatam in VJ^e libris : tamen bene invenit postea CC. libras, ut dicit ; dom^s dux Burgundie querit ab eo pro subventione C. libris, pro duplici decima petuntur ab eo VIIJ^{xx} libre. Habet tamen victualia usque ad fructuum novitatem.

9. Apud Duismam non fuimus nec visitavimus, quia prior erat in Francia cum priore de Sancta Margarita in Helincuria.

10. Die sequenti[10] fuimus apud Belnam et visitavimus ibi

---

7. *3 mars*. — 8. *4 mars*. — 9. *5-6 mars*. — 10. *6 mars*.

priorem Sancti Romani juxta Belnam, qui dixit nobis quod tenebat unum monachum bone vite et bone fame : faciebant enim servitium divinum secundum possibilitatem et loci facultatem. Domus nichil debet nisi xii. libras pro duplici (deci)ma regis et habet victualia usque ad fructus novos.

11. Die veneris et sabbati[11] fuimus apud Sanctum Marcellum juxta Cabilonem : xx. monachi sunt ibi, computatis tribus scolaribus ; bene vivunt et honeste conversantur, ut dicitur : prior non erat presens ; divinum officium fit ibidem bene et devote ; hospitalitas et elemosina fiunt ibi sicut decet, ut dicunt ; dormitorium erat inordinatum, ut dicebant : precepimus autem procuratoribus quod dicerent priori quod faceret dormitorium regulare de stratis laneis et caperet lintheamina ; de vestiario deficiebant conventui pellicie, pedules et calige que debebant solvi eis in nondinis Cabilonis transactis. Domus, secundum relationem procuratorum, debebat IJ^m VJ^o LX. libras V(ien.) vel circa : plura sunt ibi alienata a temporibus retroactis per magistrum Petrum de Bello Forti, tunc priorem dicti loci, secundum quod plenius per relationem predecessorum visitatorum potest intueri ; domus habet blada et vinum pro victu usque ad fructus novos.

12. Die lune post *Oculi mei*[12] fuimus apud Sanctum Martinum de Vineis prope Masticonem, ubit venit nobis obviam quidam monachus, qui morabatur ibidem et dixit nobis quod non habebamus ibi visitationem, quia non erat prioratus set decanatus : attamen vidimus aliquos defectus et aliqua corrigenda ; divinum officium non fit ibi secundum quod decet talem locum, qui est situs juxta civitatem ; monasterium non est bene coopertum, immo pluit ibi ; claustrum etiam et alia edificia non erant bene cooperta, et maxime quedam grangia ubi pluebat. Prior non erant presens.

13. Die martis et mercurii sequenti[13] fuimus apud Gravilongam, ubi sunt xxvii moniales et duo monachi cum priore : divinum officium faciunt laudabiliter et honeste, ut dicebatur in loco ; bene se habent et religiose tam monachi quam moniales, ut nobis retulerunt ; hospitalitas et elemosina fiunt in loco prout est actenus consuetum. Domus debet C. libras, ut nobis dixit

11. 7-8 mars. — 12. 10 mars. — 13. 11-2 mars.

procurator, quia prior non erat presens : est autem in Lonbardia, ut dicunt, de precepto rev[dt] in Xpisto patris dom[i] abbatis. Domus habet victualia usque ad fructuum novitatem.

14. Die eodem[14] misimus pro monachis Montisbertodi apud Gravilongam : apud Montem Bertodi sunt duo monachi, qui celebrant divina et faciunt hospitalitatem et elemosinam prout est ibi consuetum. Domus nichil debet et habet victualia usque ad fructuum novitatem.

15. Die jovis sequenti[15] fuimus apud Sanctum Nicetium subtus Bellijocum, qui subest immediate priori Kariloci : non visitavimus ibi, quia dom[s] abbas fuerat hoc anno et visitaverat; item prior Kariloci visitat ibi quodlibet anno, ut dicunt, quia domus est subjecta eidem, ut est dictum.

16. Apud Altum Jugum[16] sunt duo monachi cum priore : celebrant divina secundum loci qualitatem ; hospitalitas servatur ibidem una cum elemosina prout est consuetum. Inter autem illos duos monachos, qui morantur ibi, fuit contentio, rancor et discordia diu, quamvis alias sint boni et bene se habeant, ut dicit prior, nec possunt concordari nec pacificari, ut dicitur et est quasi fama in partibus illis : unde propter scandalum precepimus priori ut unus removeretur de loco et alibi pro mansione mitteretur, et hoc quantitius posset procuraret. Domus nichil debet, ut dicit prior, nisi censam consuetam.

17. Die sabbati[17] fuimus apud Sales, ubi sunt duo monachi cum priore ; celebrantur ibi divina, ut dicunt. Domus, ut dicit prior, debet xx. libras vel circa, et habet victualia usque ad fructus novos.

18. Dominica qua cantatur *Letare Jherusalem*[18] fuimus apud Lugdunum, ubi misimus pro priore de Chandiaco et monachis dicti loci, quia non poteramus transire secure apud illum locum propter guerras que erant ultra Sagonam : prior autem non venit ad nos apud Lugdunum, set sacrista solum ; quesivimus a dicto sacrista quare non venerat prior et ubi erat : respondit nobis quod erat in Provintia pro domno abbate, secundum quod dixerat sibi in recessu, nec fuit apud Chandiacum a Natali Domini citra, quamvis anno pret(er)ito precepissent eidem visitatores ne ita frequenter se a suo loco absentaret. Divinum

14. *12 mars.*— 15. *13 mars.*— 16. *14 mars.*— 17. *15 mars.*— 18. *16 mars.*

officium, hospitalitas et elemosina fiunt ibi secundum loci facultatem et sicut est consuetum, prout dict. sacrista nobis referebat ; de debitis non potuimus scire veritatem, quia prior non erat presens, ut est dictum.

19. Die lune sequenti[19] fuimus apud Taluers, ubi sunt IIJ monachi residentes : non invenimus ibi priorem. Celebrantur ibi divina secundum loci decentiam, ut dicunt monachi ; hospitalitas et elemosina servabantur ibidem, ut dixit nobis sacrista qui regebat ibi spiritualiter ; quedam grangia, que est sita extra muros, indiget reparatione et diu est quod fuit reportatum ad capitulum generale, ut dictum fuit nobis in loco; item quedam turris est ibi supra portam monasterii dicti loci, que etiam indiget reparatione ; non sunt bene cooperte alie domus dicti loci, ut dicitur ; camera etiam in qua jacebamus erat perforata in fundamento. Domus nichil debet : dixit nobis sacrista quod jurisdictiones bene regebantur et jura ecclesie bene custodiebantur.

20. Die martis[20] fuimus apud Polliacum in Foresio, ubi sunt II monachi cum priore, honeste vite et bone conversationis, ut dicitur ; divinum servitium, hospitalitatem et elemosinam faciunt pro(ut) est consuetum, ut dicunt. Domus nichil debet, ut dicit prior, quin habeat unde solvat et habet victum usque ad fructus.

21. Die mercurii[21] fuimus apud Saltum subtus Cosant, ubi est unus monachus cum priore, quanvis consuev(e)rint esse duo : unus autem abiit post Natale Domini ; et quia erat ibi solus monachus, divinum officium fiebat minus bene, et quia ille monachus non poterat convenienter cantare omnes horas cum nota, ideo priori predicto (precepimus) ut procuraret unum monachum quantocius posset, ita quod decetero divinum officium cum nota posset celebrari, prout erat consuetum in loco illo ; et quia non pulsabatur ibi ad omnes horas nec tempore Quadragesime, precepimus etiam priori quod decetero pulsaretur ad omnes horas canonicas, prout est moris in ordine nostro ; hospitalitas et elemosina fiebant ibi secundum loci facultatem, ut dicebant prior. Domus debet, ut dicit idem prior, IIIJ^{xx} libras V(iennen.).

19. *17 mars.* — 20. *18 mars.* — 21. *19 mars.*

22. Die jovis[22] fuimus apud Pomers, qui subest immediate prioratui de Nantuaco ; xıj monachi sunt ibi cum priore : prior tamen non erat presens. Divinum officium non fuit ibi hoc anno transacto ita bene factum sicut deceret talem locum, propter defectum aliquorum monachorum, qui tunc ibi residebant, eddomadas suas facere non volentes; prior autem, qui venit ad locum illum circa Natale Domini, procuravit mansionem predict. monachorum alibi, ita quod illi qui sunt modo ibi residentes promiserunt nobis quod celebrarent divina decenter, congrue et devote; item, cum anno preterito precepissent eisdem visitatores quod qualibet die missam matutinalem dicerent, secundum quod alias fuerat diffinitum in capitulo generali, et ipsi super hoc fuerint negligentes, precepimus eisdem quod nullo modo predict. missam obmitterent, set amodo celebrarent aut alias gravius punirentur ; item precepimus eis quod sacriste dicti loci obedirent secundum quod alias fuerat eis inju(n)ctum per visitatores precedentes; hospitalitas et elemosina fit ibi, ut dicebant, satis bene. Dompnus Oddo, quondam prior illius loci, conquestus fuit coram nobis quod procurator non faciebat ei necessitates suas in infirmitate sua, immo paciebatur multos deffectus, ut pote quia non habebat de pane et vino sufficienter secundum quod decebat eum, nec pictantiam congruam infirmitati sue : precepimus procuratori quod circa illum infirmum bene et curialiter se haberet et predict. defectus corrigeret : qui omnia predicta bona fide promisit corrigere ac etiam emendare. De debitis non potuimus scire veritatem ad plenum, propter absentiam prioris : procurator tamen dixit nobis quod prior veniret ad capitulum et tunc super hoc diceret veritatem.

23. Dominica in Passione[23] fuimus apud Ambertam, ubi sunt xix monachi : divina celebrantur ibidem congruenter et sunt ibi qualibet die due misse cum nota ; hospitalitas et elemosina fiunt ibi competenter. Domus debet circa CC. libras Turon., et habet satis in victualibus usque ad fructus novos.

24. Die lune in vigilia Annunciationis beate Virginis et in festo sequenti[24] fuimus apud Marcigniacum, ubi sunt xv monachi cum priore et sanctimoniales secundum antiquum nume-

---

22. 20 mars. — 23. 23 mars. — 24. 24-5 mars.

rum; sunt ibi omni die due misse cum nota, et alia divina ibi bene celebrantur: bene se habent tam monachi quam moniales, ut dicunt. Domus debet IJ^m V^c libras Turon. vel circa; habet domus predicta victualia usque ad fructus novos[25].

25. Die mercurii[26] fuimus apud Villam Novam, quam tenet sacrista Cluniacensis: sunt ibi duo monachi; divinum officium fit ibi cum elemosina et hospitalitate, ut dicunt monachi ibidem residentes. Domus nichil debet, et habet victualia usque ad fructuum novitatem.

26. Die jovis[27] fuimus apud Rigniacum, qui subest immediate prioratui Kariloci : sunt ibi v. monachi cum priore; divinum officium bene fit in loco et devote secundum loci facultatem, et celebrant qualibet (die) duas missas, unam cum nota et aliam sine nota; dormitorium partim erat inordinatum, ut dicebatur; hospitalitas et elemosina fiunt ibi competenter. Domus debet L. libras vel circa, ut dicebat prior; habet domus victualia usque ad fructus novos.

27. Die supradicta[27] fecimus transitum apud Sanctum Victorem, quem tenet sacrista Cluniacensis una cum dicto prioratu de Villa Nova : duo monachi resident in loco, qui faciunt divinum officium, ut dicunt, cum hospitalitate et elemosina. Habent victum usque ad fructus novos.

28. Die veneris[28] fuimus apud Tisiacum, qui subest immediate prioratui Kariloci : non visitavimus ibi, quia dict. prior cui subest visitaverat ibidem non erat diu, ut dicebant.

29. Die sabbati et dominica in Ramis Palmarum[29] fuimus apud Carilocum : ibi sunt xxx monachi cum priore; celebrantur ibi qualibet die iiij^{or} misse, tres cum nota et quarta sine nota pro defunctis, et alia divina fiunt ibi laudabiliter et devote : bene se habent in aliis observantiis regularibus, tam in claustro, refectorio quam dormitorio; quod quidem dormitorium est regulare et bene ordinatum; hospitalitas et elemosina servantur in loco competenter. Domus debet......... libras Parisien. vel circa, non tamen plus sine usuris; habet victualia usque ad fructuum novitatem.

Non potuimus transire ultra Sagonam propter guerras.

25. *Effacé* excepto frumento. — 26. 26 mars. — 27. 27 mars. — 28. 28 mars. — 29. 29-30 mars.

Quasi per totam provintiam Lugd(unensem) erant dormitoria minus bene ordinata, tam in majoribus locis quam in parvis, excepto Kariloco ut dictum est immediate; set tamen priores et loca eorum tenentes promiserunt communiter hoc corrigere ac etiam emendare. Visitatio suprascripta reddita fuit apud Cluniacum anno Domini M° CC°. nonag° octavo.

239[1]

Visitatio provincie Lugd(unensis)
FACTA PER DE GRASACO ET DE POMERIIS PRIORATUUM PRIORES, ANNO DOMINI M°. CC° NONAG' NONO.

Die jovis post Cineres[2] fuimus apud Carum Locum, ubi sunt xxxiii. monachi : celebrantur ibidem singulis diebus quatuor misse, tres cum nota et una pro mortuis sine nota ; divinum officium devote et oris competentibus celebratur ibidem ; helemosina et hospitalitas laudabiliter fiunt ibi ; in aliis regularibus observanciis religiose se habent. Juridictio loci bene mantenetur; debet prior, ut dixit, CCC. libras Vianenses vel circa.

2. Die sabati sequenti[3] fuimus apud Villam Novam, ubi sunt duo monachi bone vite et conversationis honeste : celebratur ibidem qualibet die una missa cum nota, et plus qualibet edomada in die lune alia pro mortuis sine nota ; matutinum et alie ore canonice per dictos monachos cum nota cantantur. Nichil debet domus, ut dixit procurator.

3. Die lune post *Invocavit me*[4] fuimus apud Poliacum, ubi sunt duo monachi cum priore : cantatur ibi diebus singulis una missa cum nota ; fit ibidem helemosina in die domini[ca. Plus] debetur priori quam ipse debeat, preter censam quam de[bet] tantum.

4. Die martis sequenti[5] fuimus apud Taluers, ubi sunt tres monachi ; et ibidem celebratur qualibet die una missa cum nota, et omnes alie ore cum nota cantantur ibidem ; et fit ibi

---

239. — 1. *Arch. de la ville de Cluny, origin. parchem. avec trace de sceau sur lemnisque, 5 bandes de 141 cent. sur 15/4 ; au dos (XIXᵉ s.)* : Visitatio provincie Lugd' anni M'. CCC'; V-o Lugd. facta anno M° CCᵐᵒ nonag. nono. — 2. *25 févr. 1300.* — 3. *27 févr.* — 4. *29 févr.* — 5. *1ᵉʳ mars.*

helemosina bis in edomada; et est ibi quedam turris quasi tota decohoperta nec grangia est reparata, licet pluries fuerit preceptum.

5. Apud Chandiacum non fuimus, quia prior non erat ibi, set vocavimus sacristam loci apud Lugdunum, qui diceret nobis statum: ubi sunt duo monachi et celebratur ibidem qualibet die una missa cum nota, et alie ore similiter omnes [6], ut intelleximus per dict. sacristam; tamen de debito domus nos certificare non potuit, quia hec ignorabat.

6. Die veneris sequenti[7] fuimus apud Nantuacum, ubi sunt XXVI. monachi; et cantantur ibi tres misse diebus singulis cum nota; matutinum, vespere et alie ore diei oris competentibus similiter et cum nota cantantur; in aliis regularibus observanciis bene et devote se habent; helemosina et hospitalitas observantur in loco. De summa debitorum, que debebat domus tempore quo ipsam recepit domnus Guido, prior modernus, que erat IIII^m et IIII^c et LXI librarum, solvit prior modernus XI^c IIII^{xx} et II. libras : tamen de ista solutione accepit ab amicis suis mutuo III^c L. libras sine usuris et sine lucro, et ita solvit de predicta summa VIII^c et XXXII libras; super qua solutione ipsum priorem juverunt quidam amici sui et ecclesie, quia de bonis ecclesie non potuisset solvisse, ut dixit dict. prior.

7. Dominica qua cantatur *Reminiscere*[8] fuimus apud Ginhiacum, ubi sunt XXXI. monachi et ad requisitionem prioris quesimus de numero antiquo, et invenimus per quinque monachos antiquos quod antiqus numerus erat XXV. monachorum; celebrantur ibidem tres misse singulis diebus cum nota; dormitorium non est regulare: tamen promisit nobis prior quod faceret emendari. Et nobis ibidem in capitulo existentibus, quidam monachus loci, qui vocatur dom^s Odo de Balma, coram toto conventu tradidit nobis quemdam rotulum et ipsum legit ibidem, nobis denunciando[9] illa que in dicto rotulo continentur, et recepto a dicto monacho primitus juramento, quod predicta non animo calumpniandi set bono zelo et animo denunciabat, a dicto priore recepimus juramentum quod super singulis articulis in ipso rotulo contentis nobis responderet et diceret veritatem : qui predict. articulis per juramentum suum

---

6. *Effacé* et fit ibi. — 7. *4 mars.* — 8. *6 mars.* — 9. *Ms.* d-càâdo.

respondit prout sub quolibet articulo continetur; recepto eciam juramento a singulis loci monachis in presencia prioris, quod super dict. articulis per dict. priorem negatis, in rotulo predicto contentis, plenam quam scirent nobis dicerent veritatem ; et cum vellemus ad examinationem c(u)juslibet secreto et sigillatim procedere, dict. prior a nobis ad rev^{dum} patrem in Xpisto dom. abbatem Cluniacen. seu ad diffinitores in scriptis appellavit, prout in appellatione sua continetur : cujus appellationi ob reverenciam prefati dom^i abbatis et ordinis detulimus, prout de jure debebamus et poteramus defferre. Post hec subprior loci cum majori parte conventus venit ad nos, qui nobis dixerunt quod dict. monachus predicta non denunciaverat de consensu et voluntate ipsorum, et [10] dicebant quod dict. prior bene spiritualiter et temporaliter ministrabat. Post ea vero dom^s Guido de Cusello, dom^s Guido de Sernay et dom^s Richardus de Donfai, monachi, nobis conquesti fuerunt quod prior Ginhiaci procuraverat erga priorem claustralem Cluniacen. ipsos de prioratu sine causa expelli, petentes cum instancia se restitui ad suam pristinam mansionem ; a quo priore causam expulsionis dict. monachorum quesivimus, quam nobis noluit explicare, set dixit nobis quod dict. causam exponeret coram dom^o abbate Cluniaci [11]. Debet domus Ginhiaci mille et CCC. libras vel circa.

8. Die jovis sequenti [12] fuimus apud Montem Bertoldi, ubi sunt duo monachi bone vite ; celebratur ibidem qualibet die una missa cum nota, alie ore nocturne pariter et diurne per dict. monachos cum nota cantantur ; hospitalitas servatur in loco ; helemosina bis in edomada fit ibidem.

9. Die veneris ante *Occuli mei* [13] fuimus apud Gravem Longam, ubi sunt xxxvii moniales velate, bone vite et conversationis honeste, et tres non velate recipientes prebendam, et duo monachi cum priore ; celebratur ibidem in conventu diebus singulis una missa cum nota, et in diebus sollemnibus, Adventu et in Quadragesima due misse cum nota ce(le)brantur ibidem ; hospitalitas et helemosina fiunt ibi prout est in loco ab antiquis temporibus consuetum ; in dormitorio non jacent nisi xvi moniales, quia plures ibidem recipi non possunt : de quo tam prior quam

---

10. *D'abord* immo. — 11. *Effacé* vel coram d(iffinitoribus). — 12. *10 mars*. — 13. *11 mars*.

conventus multum condolent et tristantur. Posuit ibi prior a tempore quo domum recepit C. et XL. libras Vianen., tam in solutione debitorum quam in meliorationibus domus, et augmentavit redditus ipsius domus in x. libris reddituralibus, et tam prior quam conventus nobis dixerunt quod redditus loci non sufficiunt ad complenda facta domus, quare humiliter supplicabant quod dom⁵ abbas Cluniacen. misericorditer compaciatur eisdem. Debet domus circa xxx. libras.

10. Dominica qua cantatur *Occuli mei*[14] fuimus apud Salas, ubi sunt duo monachi cum priore; celebratur ibidem diebus singulis una missa cum nota; semel in edomada fit ibi helemosina; hospitalitas servatur, ut dicit prior. Debet domus circa VI^{xx} libras.

11. Die jovis (lune) sequenti[15] fuimus apud Altum Jugum, ubi sunt duo monachi cum priore; qualibet die una missa ibi celebratur cum nota; hospitalitas et helemosina servantur ibidem. Nichil debet domus, ut dixit prior.

12. Die martis sequenti[16] fuimus apud Quadrellam, ubi sunt duo monachi cum priore; celebratur ibidem diebus singulis una missa cum nota; matutinum et vespere cum nota cantantur, et eisdem precepimus quod alias oras similiter cum nota cantarent; hospitalitas servatur ibidem et cotidie helemosina fit in loco. Debet domus VII^{xx} libras, nichil tamen debet sub usuris.

13. Die jovis sequenti[17] fuimus apud Sanctum Marcellum Scabilonis, ubi sunt xxi. monachi: celebrantur ibidem qualibet die cum nota tres misse, et omnes alie ore cum nota cantantur; dormitorium non est regulare omnino; hospitalitas servatur ibidem et fit ibi helemosina semel in edomada tantum omnibus pauperibus ibidem venientibus, et diebus singulis stranseuntibus. Debet domus XII^c libras, ut dixit procurator; prior loci multum laborat et nititur pro reparatione et emendatione domus, que multum indigebat.

14. Die sabati sequenti[18] fuimus apud Sanctum Romanum, ubi est unus monachus cum priore: celebratur ibidem una missa cum nota diebus singulis, et alie ore diebus dominicis et festivis cum nota cantantur; hospitalitas servatur in loco;

14. *13 mars.* — 15. *14 mars.* — 16. *15 mars.* — 17. *17 mars.* — 18. *19 mars.*

helemosina datur diebus singulis advenientibus ibidem. Nichil debet domus, ut dicit prior.

15. Dominica qua cantatur *Letare Jherusalem*[19] fuimus apud Vergiacum, ubi sunt xxxiii monachi : celebrantur ibidem diebus singulis tres misse cum nota, et alie ore omnes cum nota cantantur; dormitorium non est omnino regulare ; hospitalitas servatur et helemosina fit ibi qualibet die. Debet domus V^c libras, preter censam dom^i abbatis, nichil tamen debet sub usuris ; et dixit nobis decanus quod nimis erat onerata domus de monachis.

16. Apud Duime non fuimus, quia prior non erat ibi et intelleximus quod dom^s abbas visitaverat locum.

17. Die mercurii sequenti[20] fuimus apud Montem Sancti Johannis, ubi sunt tres monachi cum priore : celebratur ibidem qualibet die una missa cum nota ; matutinum et vespere tantum cum nota cantantur, set eisdem monachis precepimus ut alias oras omnes cum nota cantarent; hospitalitas servatur et elemosina semel in edomada fit ibi, et aliis diebus datur stranseuntibus. Debet domus C. libras, ut dixerunt nobis monachi, quia prior non era(t) presens.

18. Die veneris sequenti[21] fuimus apud Magobrium, ubi sunt sex monachi cum priore : ibidem celebratur diebus singulis una missa cum nota et alie ore cum nota cantantur ; hospitalitas ibidem servatur et fit hemosina in edomada semel. Debet domus CCC. et xx. libras Turonen.

19. Die sabati sequenti[22] fuimus apud Lusiacum : ibidem non visitavimus, quia dom^s abbas visitaverat, ut dixit nobis prior.

20. Dominica in Passione[23] fuimus apud Borbonium, ubi sunt sex monachi cum priore : ibi qualibet die una missa celebratur cum nota et alia per presbiterum parrochialem ; servatur hospitalitas ibidem et fit helemosina ter in septimana. Debet prior VI^{xx} libras.

21[24]. Die lune sequenti[25] fuimus apud Paredum, ubi sunt xxvii. monachi : celebrantur ibidem diebus singulis tres misse

---

19. *20 mars*. — 20. *23 mars*. — 21. *25 mars*. — 22. *26 mars*. — 23. *27 mars*. — 24. Ce § *avait été primitivement écrit au revers du parchemin*. 25. *28 mars*.

cum nota; helemosina fit ibi ter in edomada et hospitalitas observatur; in aliis regularibus observanciis bene et honeste se habent. Bene debetur tantum priori quantum ipse debet alii, ut dixit nobis, excepta censa dom^i abbatis.

22[25]. Die mercurii sequenti[26] fuimus apud Marcinhiacum, ubi sunt[27] moniales secundum antiqum numerum et xviii. monachi : ibidem celebrantur cotidie[28] due misse cum nota ; helemosina et hospitalitas fiunt ibi pro ut est actenus consuetum. Debet dicta domus II^{m}V^c xvii libras Turonen. et est defectus v(i)ni et frumenti ad valorem II^c librarum Turon. vel circa usque ad frutus novos, prout extimaverunt granetarius et cellerarius et plures alii dicti loci[29].

23[24]. Die veneris ante Ramos Palmarum[30] fuimus apud Ambertam, ubi sunt xviii monachi : due misse cotidie ibidem cum nota cantantur; dormitorium non est[31] totaliter regulare, set promisit nobis prior quod faceret emendari ; in aliis regularibus observanciis bene et honeste se habent; hospitalitas servatur ibi et fit helemosina ter in edomada[32]. Debet domus xl. libras, ut dicit prior.

24. Apud Saltum de Cosant sunt duo monachi cum priore : ibidem celebratur diebus singulis una missa cum nota, alie ore omnes sine nota dicuntur; fit ibi hemosina in die dominico et diebus aliis transeuntibus. Debet domus VI^{xx} et x. libras, preter censam dom^i abbatis; acquisivit prior modernus, ut dixit, dicte domui tempore suo unum nemus et quoddam pratum.

240[1]

Visitacio provincie Lugdunensis
facta per de Sales et de Quadrellis priores,
anno M^o CCC^o primo [2].

Domus de Borbonio debet centum libras, sed habet unde solvat; et sunt ibi sex monachi. — § 2. Domus de Luziaco

---

26. *3o mars.* — 27. *Effacé* nonaginta novem. 28.— *A* diebus singulis. 29. *A* De debitis certificari non potuimus, quia prior non erat ibi. — 30. *1er avril.* — 31. *A* erat. — 32. *A* septimana.

240. — 1. *Arch. de la ville de Cluny, origin. parchem. de 31 cent. sur 13/4 ; au dos (XIVe s.) :* Visitatio provincie Lugdunen. anno M^o CCC^o primo. — 2. *1301/2.*

debet C. libras, sed debentur priori xl. libre, ut dicit prior. —
§ *3.* Domus de Maeura vel Mandopera debet duodecim xx^{ti} libras, ut dicit prior, et nichil est innovatum post aliam visitacionem ; et sunt ibi v. monachi cum priore. — § *4.* Domus de Monte Sancti Johannis debet sex xx^{ti} libras Turonen. — § *5.* Domus de Deuma debet lx. libras ; et dux Burgundie vult partiri quoddam nemus quod est commune sibi et priori, quod redundaret in dampnum domus, eo quod aliqui habent usagium in illo nemore et eo partito usagium suum totum verterent in partem prioris. — § *6.* Domus de Vergeio debet CCC. libras Turon. et sunt ibi xxvi. monachi. — § *7.* Domus Sancti Romani est in bono statu et est ibi unus monachus cum priore. — § *8.* Domus de Paredo est in bono statu et sunt ibi xxvi. monachi, computato monacho qui moratur apud Montem Sancti Vincencii et illo qui moratur apud Motam Sancti Johannis.

§ *9.* Domus de Marcigniaco debet M' et CCC. et l. libras, et sunt ibi xviii. monachi ; dicunt moniales quod consuetudo solebat esse quod tempore minucionis sue habebant per tres dies vinum bonum, non limphatum, et amota est a x. annis : supplicant quod restauretur et iterum servetur consuetudo illa ; item de parva quantitate panis conqueruntur, non contra priorem qui nunc est, quia non diminuit tempore suo sed pocius augmentavit, sed tamen augmentum illud non sufficit, ut dicunt.

§ *10.* Domus de Amberta est in bono statu et ducunt quod sunt ibi tres monachi ultra numerum antiquum, videl. xviii. monachi : sunt enim ibi modo xxi. monachi. — § *11.* Domus de Kariloco debet CCC. et xxx. libras Turon., et sunt ibi xxviii^{to} monachi. — § *12.* Domus de Villa Nova est in bono statu, quam tenet sacrista et sunt ibi duo monachi honeste vite, et qualibet die celebrant cum nota missam et omnes horas. — § *13.* Domus de Saltu de Cosanzt debet C. libras Paris. et sunt ibi duo monachi honeste vite, celebrantes qualibet die missam cum nota et eciam matutinas et vesperas.

§ *14.* In domo de Pomërs, quia prior Nantuaci non visitaverat, inquisivimus et invenimus quod domus est satis gravata debitis, sed prior qui nunc est laborat bene ut remedium apponatur ; et sunt ibi quinque monachi solum, licet ix solerent esse. Dixerunt nobis et prior et monachi quod occasione domni

Oddonis, quondam prioris illius loci, veniunt ibi aliqui monachi et jacent in villa, et plura scandala inde oriuntur, cum ipse Oddo moretur extra clausuram prioratus et nimis liberaliter recipiat dictos monachos, licet bona ipsius consumant; item dixerunt quod quidam monachus nomine Jacobus, frater dom[i] Joffredi, quondam prioris illius loci, habet licteras de composicione vel jure domus et non vult eas reddere.

§ *15*. Domus de Poliaco est in bono statu et sunt ibi duo monachi cum priore. — § *16*. Domus de Alto Jugo est in bono statu et sunt ibi duo monachi cum priore. — § *17*. In domo de Taluers sunt tres monachi : quedam turris minatur ibi ruinam propter defectum cooperture ; item gentes domini de Rossolione occupant jurisdictionem quam habere solebat domus in quadam villa.

§ *18*. Domum Sancti Petri de Chandeuz accensavit per tres annos a procuratoribus prioris quidam domicellus et moratur ibi cum uxore sua, et tradidit CCCC. libras Viennen. priori mutuo, ea condicione quod post tres annos reddantur sibi predicte quadringinte libre, et nichil diminuitur de debito, immo periculum est quod plus teneatur solvere dicto domicello dicta domus propter mutacionem et melioracionem monete ; ibi sunt duo monachi, celebrantes quando volunt : dicunt quod quilibet celebrat semel vel bis in eddomada, tamen curatus loci supplet defectum ipsorum in missa ; unus illorum non est utilis in loco, quia inde natus est et leviter se habet, et non vult recipere correctionem, unde esset bonum quod moraretur cum tali priore quem timeret et qui ipsum corrigeret : nomen ejus est Petrus de Chandiaco [2]. — § *19*. Domus de Monte Bertouci est in bono statu et sunt ibi duo monachi honeste vite.

§ *20*. Apud Nantuacum sunt xxv. monachi ; domus debet duo milia et novies centum, sed habet quingentas (libras) de quibus vult satisfeci comiti Gebennensi pro utilitate ecclesie, quando viderit tempus esse.

§ *21*. Apud Gigniacum sunt xxviii[to] monachi, qui vivunt honeste et bene serviunt Deo ; prior debet, ut dicit, septingentas libras Turon. ; quidam malefactores apposuerunt ignem in

---

2. *Effacé* Prior est in scolis.

grangia prioris et nituntur, ut fama est, comburere villam et monasterium de Gigniaco, pro eo quia prior et garderius loci persequntur eos pro jure domus; quedam prebenda, que solebat dari pauperibus, quando fit mandatum, data est cuidam presbitero et elemosina in hoc defraudatur; dixerunt nobis subprior et monachi quod duo vel tres prioratus subsunt priori predicto, et non sunt ibi monachi.

§ 22. In domo Sancti Marcelli Cabilonen. sunt xxiiii^{or} monachi : debet prior quingentas libras Turon., ut dicit.

§ 23. In domo Sancti Martini Masticonen. moratur unus solus monachus, quia prior est in scolis; et domus et ecclesia male est cooperta, ut dicit monachus; et nemora destruuntur et jura domus pessime custodiuntur, maxime jura sepulture.

§ 24. In domo de Quadrellis sunt duo monachi cum priore, et cotidie est ibi missa cum nota, et matutine et vespere cum cantu; debet prior LX libras Turon.; domus illa decepta est et multum gravata in quadam permutacione quam fecit prior cum conventu Clugniaci de quodam stangno et quodam molendino, et illud gravamen est bene usque ad valorem xx^{ti} libr. Turon. annuatim, ut dixerunt monachi ibi morantes, dicentes quod expediret multum quod rescinderetur permutacio vel quod suppleretur defectus.

§ 25. In domo de Salis sunt XLVIII^{to} moniales; prior invenit domum obligatam in CC et xx^{ti} libris; plura edificia ibi fecit et pro monialibus et pro monachis, et victualia cara fuerunt, unde propter predicta debet prior sexcentas libras Viennen.; disciplina autem non fit in capitulo.

241[1]

Anno Domini M° CCC° IIII°,
Visitacio in provincia Lugdun(ensi) [facta per
de........] et de Borbonio priores.

Primo, apud Sanctum Martinum de Vineis prope Masticonem [sunt..... monachi] cum priore : officium divinum et

241. — 1. *Arch. de la ville de Cluny, origin. parchem. avec trace de sceau sur lemnisque, 4 bandes de 78 cent. sur 13, au dos (XIVe s.)*: Visitacio provincie Lugd. anni M$^•$ IIJ^c IIIJ^{to} facta est.

cetera que ad cultum Dei pertinent fiunt ibi com[petenter], prout dicit procurator dicti loci; de redditibus ultra Sagonam non bene gaudet.

§ 2. Apud Altum Jugum sunt duo monachi cum priore; officium divinum, elemosina, hospitalitas et cª que ad cultum Dei pertinent bene ibi fiunt, prout dicit prior; nichil debet.

§ 3. Apud Sales sunt XLVIII moniales, prior cum suppriore et uno monaco : officium divinum ibi fit competenter; invenimus aliqua corrigenda, que prior nobis promisit emendare; invenit dict. prior domum obligatam in II^m libris et C, de quibus solvit octies centum, prout dicit.

§ 4. Apud Montem Bertoudi sunt duo monachi cum priore : prior non erat presens ; officium divinum, elemosina, hospitalitas et cª que ad cultum Dei pertinent fiunt ibi competenter, prout dicunt monachi.

§ 5. Apud Sanctum Petrum de Chandiaco edificia domus minantur ruinam, tecta sunt discooperta; non erat ibi prior neque sacrista, nisi solus monacus qui de novo venerat, qui statum spiritualem et temporalem dicere nescivit; procurator prioris, curatus dicti loci dicunt quod domus debet et certi sunt ducentas libras; duo molendina ibi amittuntur; jura ecclesie male defenduntur.

§ 6. Apud Taluers sunt tres[2] monachi cum priore : officium divinum, elemosina, hospitalitas et cª que ad cultum Dei pertinent ibi fiunt competenter, prout dicunt ; jura et juridictiones ecclesie bene defenduntur, prout dicunt ; verumtamen aliqua inconveniencia nobis dicta fuerunt de sacrista dicti loci, de quibus non[3] potuimus inquirere propter temporis importunitatem : sicut audivimus, ita vobis referimus. Domus de T-s nichil debet.

§ 7. Apud Poliacum sunt duo monachi cum priore : officium divinum, elemosina, hospitalitas et ea que ad cultum Dei pertinent ibi fiunt competenter; prior debet

§ 8. Apud Saltum de Cosant sunt duo monachi cum priore ; officium divinum, helemosina, hospitalitas et cª que ad cultum Dei pertinent ibi fiunt competenter, prout d[icit] prior ; debet quatuor viginti libras Turon., prout dicit.

2. *D'abord* duo. — 3. *Les mots* v-n... non *ont été cancellés.*

§ *9*. Apud Ambertam sunt xxii monachi cum priore ; officium [divinum], helemosina, hospitalitas et c^a que ad cultum Dei pertinent ibi fi[unt com]petenter ; prior nichil debet.

§ *10*. Apud Villam Novam sunt duo monachi : unus ascensavit domum ; helemosina, hospitalitas et c^a que ad cultum Dei pertinent ibi fiunt competenter, prout dicunt: verumtamen ob defectu librorum servicium divinum non ibi potest fieri sicut decet.

§ *11*. Apud Carum Locum sunt xxxii monachi : officium divinum, elemosina, hospitalitas et c^a que ad cultum Dei pertinent ibi fiunt conpetenter ; domus debet octies xx libras.

§ *12*. Apud Marciniagcum sunt xxii monachi : officium divinum, helemosina, hospitalitas et c^a que ad cultum Dei pertinent fiunt ibi competenter ; verumtamen dissensio est inter sanctimoniales ; inquisiverunt visitatores cujus culpa esset : invenerunt priorem absque culpa. Conqueruntur de pictancia et de vestiario : fuit eis de his plenarie satisfactum, hoc excepto quod per quatuor viginti dies vel circa pictanciam non habuerunt ; causa fuit quia dominus de Luziaco tenebat in manu sua bona prioratus omnia ; manu domini predicti amota, paratus fuit prior predict. pictanciam restituere, quam recipere predicte moniale renuerunt. Domus debet xiii^or libras vel circa : prior equitavit eam de sexcentis libris. Memoriale : recusavit priorissa et sui sequaces communicari a priore qui mannam missam celebravit in die Natalis Domini, cum debeant illa die communicari ab illo qui celebrat mannam missam de antiqua consuetudine ; item memoriale : turbaverunt officium divinum, scilicet priorisse sequaces, frexerunt scabella chori, tantum tumultum ibi facientes quod laici de villa ad dict. locum conve[ne]runt, quos socii monachi propter confusionem tumultus de templo ejecerunt ; item in refectorio tintinabula, mappas abstulerunt et de capitulo librum, ut in [ullo] istorum locorum non posset conventus convenire ; in camerariam quedam manus temere [4].

§ *13*. Apud Q(ua)drellam sunt duo monachi cum priore ; unus non est sacerdos : precepimus priori ut ipsum quantitius pote-

4. *Suit une ligne grattée.*

rit faciat ordinari; officium divinum, helemosina, hospitalitas ibi fiunt competenter, prout dicunt; unus calix est ibi perditus propter negligenciam custodis, prout dicit prior. Domus debet circa xxx. libras.

§ *14.* Apud Paredum sunt xxv. monachi cum priore; officium divinum, elemosina, hospitalitas et c^a que ad cultum Dei pertinent ibi fiunt competenter, pro ut dicunt. Domus nichil debet.

§ *15.* Apud Borbonium sunt sex monachi cum priore: officium divinum, helemosina, hospitalitas et c^a que ad cultum Dei pertinent ibi fiunt competenter. Domus debet VII^{xx} libras vel circa; domus habet bladum et vinum usque ad novos fructus 5.

§ *16.* Apud Luziacum sunt duo monachi: officium divinum, elemosina, hospitalitas [et c^a] que ad cultum Dei pertinent ibi fiunt competenter; tecta sunt discooperta et pluit per to[tum].

§ *17.* Apud Magobrium sunt quinque monachi cum priore: unus mortuus est anno isto; officium divinum, elemosina, hospitalitas fiunt ibi competenter, pro ut dicunt. Prior habet neccessaria usque ad fructus novos; domus debet circa VII^{xx} libras.

§ *18.* Apud Montem Sancti Johannis sunt tres monachi cum priore: officium divinum, helemosina, hospitalitas et c^a que ad cultum Dei pertinent fiunt ibi competenter. Domus nichil debet; prior^6 debita solvit, acquisivit, edificavit.

§ *19.* Apud Duismum est unus monachus cum priore: officium divinum, elemosina, hospitalitas et c^a que ad cultum Dei pertinent fiunt ibi competenter. Domus debet circa xxx. libras: habet neccessaria usque ad fructus novos.

§ *20.* Apud Vergeium sunt xxvı monachi cum priore: officium divinum, elemosina, hospitalitas et c^a que ad cultum Dei pertinent fiunt ibi competenter, pro ut dicunt; aliqua erant ibi corrigenda, de quibus non potuimus scire veritatem propter absenciam prioris, nec etiam de temporalitate.

§ *21.* Apud Sanctum Romanum est unus monachus cum priore: officium divinum, elemosina, hospitalitas et c^a que ad cultum Dei pertinent ibi fiunt competenter; habet fructus usque ad novos; nichil debet. Tenet dict. prior domum de Berna : tecta dicte domus male cooperta sunt, nescimus cujus culpa.

5. *D'abord* h./ necessaria u. ad novorum fructuum percepcionem. — 6. *Effacé* equitavit.

§ 22. Apud Sanctum Marcellum de Cabilone sunt xxiiii monachi : officium divinum, elemosina, hospitalitas et c^a que ad cultum Dei pertinent ibi fiunt competenter ; prior debita solvit, edificavit, acquisivit et plura alia bona dicte domui fecit. Prior et conventus retulerunt nobis de fratre Guidone de Colchis, qui recessit de monasterio illicenciatus, correctionem ordinis vilipendens et suis superioribus inobediens.

§ 23. Apud Gigniacum sunt xxx et duo monachi : officium divinum, elemosina, hospitalitas et c^a que ad cultum Dei pertinent fiunt ibi competenter, pro ut dicunt ; verumtamen aliqua invenimus corrigenda, que per priorem dicti loci emendari precepimus. Domus debet viii libras.

§ 24. Apud Nantuacum sunt xxii monachi : officium divinum, hospitalitas et c^a que ad cultum Dei pertinent fiunt ibi competenter. Prior invenit domum obligatam in V^m et CC et LXII libris : modo debet II^m et V^c libras vel circa.

242[1]

Littera acquestus pro conventu de Paredo,
qua dicti li Popier debent ij. solid. et i. gallinam in censum.

Nos frater Henricus, humilis prior de Paredo, notum facimus universis presentes litteras inspecturis, quod Bernardus Chauvacon et Ysabellis ejus uxor, filia deffuncti Galtoni Gauffridi de Paredo, de mandato et auctoritate ipsius Bernardi mariti sui..., coram Petro Forestarii de Paredo, clerico jurato..., non vi..., sed scientes... vendunt, tradunt, deliberant penitus atque quictant, pro se et suis, conventui nostro de Paredo imperpetuum duos solidos Turonen. et unam gallinam serviciales seu reddituales, in quibus ipsis conjugibus... Popperii de Cambonio tenebantur annuatim in quolibet hiemali festo beati Martini persolvendos, videl. precio xxxvii solid. et vi denar. Turon. parvorum, solutorum, traditorum et deliberatorum eisdem conjugibus... a dicto conventu per manum fratris Johannis d'Essartines, sacriste de Paredo, in pecunia bene et legitime numerata ; quare dicti conjuges se et suos devestierunt...,

242. — 1. *Arch. de l'évêché d'Autun, origin. parchem. de 17 lig., sans trace de sceau.* — 2. *5 avr. 1315.*

nichil juris... retinentes, dict. sacristam... in possessionem corporalem totaliter inducendo; promicerunt siquidem..., renunciantes... In cujus rei testimonium... sigillum nostrum presentibus licteris duximus apponendum, salvo tamen jure nostro et quolibet alieno. Datum die sabbati post octabas Pasche, anno Domini mill'io CCC° quintodecimo.

243[1]

VISITACIO PROVINCIE LUGDUNENSIS FACTA
PER RELIGIOSOS VIROS DE MAGOBRIO ET DE TROANDO PRIORATUUM
PRIORES, ANNO DOMINI M° CCC° TRICESIMO TERCIO.

PRIMO, apud Luziacum mandavimus pro priore et monachis et non venerunt, propter quod non potuimus scire statum: ut apparet, domus indiget reparacione; monachi dimiserunt locum de Luziaco et morantur de toto apud Semelayum.

2. Apud Borbonium sunt v monachi cum priore: habent duas missas cothidie; elemosina fit ibidem laudabiliter consueta; monachi se tenent pro contentis de priore et prior de monachis; in dormitorio sociorum defficiunt camere private. Prior debet circa IIIJ^{xx} libras; habet neccessaria usque ad fructus novos.

3. Domus de Paredo est in bono statu spiritualiter et temporaliter: circa molendina, exclusias et circa chaucias stagnorum, et circa cohoperturas domorum in aliquibus locis sunt aliqui deffectus, quos promiserunt emendare. Nichil debent, preter censam dom$^{i..}$ abbatis quam habent paratam.

4. Apud Kadrellas: prior nititur quantum potest super reparacione domorum suarum combustarum, et jam reparavit timpanille cum campanis. Nichil debet et habet neccessaria usque ad fructus novos; curatus de villa semper est sibi infestus, ut facere consuevit.

5. Apud Marcigniacum, prout interleximus, solent esse in numero XVIII monachi tantum, priore computato: modo sunt plusquam XXVI; in tota domo non sunt nisi VI monachi sacer-

---

243. — 1. *Arch. de la ville de Cluny, origin. parchem., 2 bandes de 112 cent. sur 30; au dos (XIVe s.)*: Visitacio provincie Lugdunensis anni CCC XXXIIJ facta est.

dotes, qui multum conqueruntur quia alii non mutantur ad ordines ; dicunt eciam quod ob deffectum sacerdotum et tricenaria et quelibet alie misse consuete multociens defficiunt. Circa conventum monachorum dicti loci aliqui sunt deffectus, quia conqueruntur de vestiario, quod non solvitur eis nec ministrantur eisdem neccessaria ut est moris, quia solent habere in cena tria ova qualibet die, in quibus defecerunt per longum tempus isto anno continue ; item de tota Quadragesima usque ad mediam Quadragesimam qua fuimus ibidem ad visitandum, non habuerunt pictenciam[2] preterquam allecia cum potagio, quam quidem pictenciam solebant habere ter in ebdomada cum alleciis. Circa conventum dominarum sunt aliqui deffectus in reparacione domorum, in claustro, in dormitorio et in lavatorio et in quoquina infirmarum, qui de levi possent corrigi et emendari, et si in brevi non emendentur generabunt majus detrimentum. Conqueruntur moniales de M VI^c libris, que debentur eis de tempore predecessoris prioris qui nunc est, tam pro vestiario, pictanciis suis et aliis neccessariis eis debitis annuatim ; item et de LX libris quas debet eis prior qui nunc est pro tempore suo ex causis consimilibus, quas promisit pluries se redditurum et non reddivit ; item de quadam summa olei que eis debetur annuatim a quodam priore subdito dicti prioratus de Marcigniaco et quem prior debet compellere ad solvendum, quia dict. oleum non habuerunt jam sunt duo anni elapsi ; item et de XII libris amidalarum, que debentur eis a quodam subdito dicti prioris, quem eciam debet compellere ad solvendum idem prior, in quibus deffecerunt per duos annos ; item cameraria dicti conventus conqueritur quia habebat quandam (domum) spectantem ad officium suum, in qua solebat tingere et preparare vela dominarum, ex quibus tingendis et preparandis prior debebat neccessaria ad opus illius ministrare [3] ; item debebat idem prior dicte camerarie duas quadrigatas lignorum quolibet anno, quas non solvit sunt octo anni elapsi, ut asserit dicta domina : de quibus omnibus fecit dicta domina coram dom° ·· abbate querimoniam et precepit dict. dom^s·· abbas dicto priori dict.

2. *Var.* pittanciam. — 3. *Effacé* : quam promiserat idem prior reparare et, licet dom$^{...}$ abbas preceperit eidem, ut dicitur, nichil fecit.

domum reffice(re), dict. tinturam cum neccessariis mi(ni)strare et de dict. quadrigatis lignorum satisface(re), ut dicitur, quod non fecit. De statu debitorum non potuimus scire veritatem, quia prior non erat ad locum.

6. Apud Carilocum, laudabilis conventus et devotus : omnia sunt in prospero statu per Dei graciam.

7. Apud Sanctum Victorem et Villam Novam, domus subjacentes sacristie Cluniaci, sunt aliqua edificia corrupta, aliqua que minantur ruinam ; super jam corruptis respondit sacrista quod non erant utiles nec neccessarie, et credimus quod dicit veritatem, eciam si haberet pecuniam non ea reficeret, dictis de causis ; super aliis que minantur ruinam, promisit in brevi reparare. Habet necessaria usque ad fructus novos : cetera sunt in bono statu.

8. Apud Ambertam est numerus consuetus monachorum, laudabiliter de die et de nocte Domino servientes; super diffinicione anni preteriti facta, videl. quod monachi aprebendati de pane et vino comederent in simul, quia aprebendacio erat contra statuta ordinis et regularia instituta, propter quod eciam elemosina pauperum deffraudabatur, respondit conventus quod parati erant insimul come(de)re quocienscumque priori dicte domus placuerit in pane et vino neccessaria ministrare. Super attenuacione debiti IIIJ^e xxxv libr. non potuimus scire veritatem, quia prior erat absens : cetera sunt in bono statu.

9. Domus de Poilliaco spiritualiter et in edificiis est in bono statu ; habet necessaria usque ad fructus novos. Non potuit tamen attenuare debitum C libr. propter tempestates maximas quas habuit anno isto, et propter aliquam questionem magnam et arguam quam habuit cum quibusdam hominibus dom^i comitis Forensis, super quibusdam decimis sibi et ecclesie sue debitis et de jure deberi, ut credebat.

10. Domus de Salis spiritualiter est in bono statu : hospitalitas servatur ibidem et elemosina consueta. Gentes dom^i archiepiscopi Lugdunensis et plures alii nobiles de Imperio plura gravamina dicto prioratui intulerunt et de die in diem inferunt : prior autem obviat quantum potest, supplicat tamen quod, sicut anno nuper preterito extitit diffinitum, quod dom^s abbas juvet eum in predictis. Debet adhuc IIIJ^e libr. : prout

anno nuper preterito faciebat, excusat se de hoc quod dict. debitum non attenuavit, quia guerre que sunt in Imperio, ubi est major pars reddituum dicti prioratus, ipsum valde gravaverunt, necnon propter expensas non modicas quas ipsum oportuit facere et de die in diem facere oportet in prosecucione jurium dicti prioratus. Domus predicta accensata fuit patri dicti prioris, qui multa bona fecit in dicto prioratu tempore quo vivebat, ut asserit dict. prior, et licet secundum formam cense deberet solvere debita dicti prioratus, supplicat prior quod cum ipse de suo posuerit proprio valorem IJ^m libr., quod sibi compaciatur in predictis. Aliqua edificia reparare indigent, que prior promisit breviter reparare et jam reparare incepit : cetera sunt in bono statu ; deficit ibi unus monachus.

11. Domus de Alto Jugo est in bono statu spiritualiter et temporaliter ; prior facit quod potest ad reparacionem edificiorum suorum, que remanserunt sibi quasi desolata post mortem dom^i Bell'i. Audivimus multos oblatrantes contra ordinem super homicidio quodam perpetrato, ut dicitur, per fratrem Johannem de Monte Berthodi, qui non fuit per ordinem correptus nec punitus, de quo multum mirantur omnes de partibus et incidit per patriam vagabundus.

12. Apud Gigniacum : divinum officium, elemosina consueta et hospitalitas laudabiliter fiunt ibidem. Prior dicti loci invenit domum multis creditoribus obligatam ; tempore suo monasterium corruit : nunc autem per Dei graciam et sui industriam et laborem ecclesia nichil debet ; monasterium est totaliter rehedificatum et omnia sunt in prospero statu.

13. Apud Sanctum Marcellum : divinum officium, elemosina prout moris est laudabiliter et devote fiunt ibidem ; prior nichil debet : cetera sunt in bono statu.

14. Apud Sanctum Romanum domus est in bono statu spiritualiter et temporaliter.

15. Apud Vergeyum consuevit esse subprior cum uno socio in ordine, nunc autem nec est nec fuit a duobus annis citra nec supprior nec socius, ob cujus deffectum multa fiunt ibidem qui remanent impunita, quia non est qui arguat aut quis corrigat, sed quasi pro libito voluntatis se habent et gubernant in conventu dicti loci, nec tenetur ibi capitulum per ebdomadam nec per mensem : si socii habent equitare vel ire per villam, dicunt quod ob deffectum dicti supprioris habent de consuetudine petere licenciam ab ebdomadario dicti loci ; minus plene fit ibidem divinum officium propter horum deffectum ; elemosina solet ibi fieri qualibet die, modo non fit nisi die dominica. Vitree capelle et ecclesie disrupte et maletractate sunt : dicit prior quod sacrista tenetur ad reparandum ; sacrista dicit in contrarium quod prior tenetur istud idem de ecclesia que patitur lesionem in cohopertura et in pluribus aliis. Aliqua sunt ibidem edificia neccessaria quo ad conventum, sicut camere private, que totaliter minantur ruinam et oportet socios exire dormitorium quando habent neccessitatem, quia hostium dict. camerarum est extra dormitorium contra consuetudinis ordinem : alia quam plurima edificia sita in maneriis dicti loci corruerunt et aliqua minantur ruinam et propinquant. Prior nichil debet ; habet neccessaria usque ad fructus novos.

16. Prior de Magobrio non potuit attenuare debitum C libr. quas debebat anno preterito, propter tempestates sevissimas et propter reparacionem grangie sue combuste.

17. Apud Troandum est quidam monachus, Johannes de Belna nomine, quamplurimum de crimine furti diffamatus, et ita habetur suspectus in dicto prioratu quod gentes dicti prioris non sunt ause ire ad negocia domus huc et illuc, quia dicunt quod per artem vel alio quovis modo aperit archas et hostia dicte domus : cognovit enim se dict. prior, ut dicit, et gentes sue ex quo fuit in dicto loco tam in pecunia quam rebus aliis quamplurimum amisisse, et maxime reliquias et jocalia dicte ecclesie ; fuit eciam aliquando deprehensus de apercione hostiorum per gentes dicti prioris, ut dicunt : quem monachum dictis de causis citavimus ad capitulum, quare supplicat prior quod mittatur alibi moraturus. Cetera sunt in bono statu [4].

18. Apud Montem Sancti Johannis omnia sunt in bono et prospero statu ; aliqui sunt libri antiqui et vetustate corrupti : propter hujusmodi corrupcionem socii non possunt ita plene facere divinum officium et regulare servicium sicut decet.

19. Domus de Chandiaco et de Nantouaco non fuerunt visitate propter guerras que sunt in partibus.

[4]. *Ce § a été cancellé et une autre main a écrit :* Domus de Tronado est in bono statu spiritualiter et temporaliter et proficit prior.

244[1]

(FRAGMENTUM VISITATIONIS PROVINTIÆ LUGDUNENSIS SÆC. XIV).

....

1. DIE sabbati ante dominicam qua cantatur *Judica me*, fuimus apud Montem Berthodi et invenimus ibidem decanum cum II monachis, qui veluti hospites nos recepit; requisitus per nos de statu domus, respondit nobis quod non est in usu visitatoribus respondere domorum tam de spirituali quam temporali, quoniam dom*s* abbas seu prior major penes se visitationem habebant, et quod prior major Cluniaci nos precesserat: domus per nos remansit invisitata, secundum quod nobis decanus retulit per priorem majorem fuisse visitatam; tamen vidimus ibidem sacristam dicti loci in decani portantem capucium cornutum.

2. Dominica qua cantatur *Judica me* fuimus apud Saules, ubi sunt duo monachi cum priore et XL moniales: divinum officium ibidem celebratur competenter; elemosina non fit; ibi hospitalitas debiliter fit. Moniales multipli(ci)ter conqueruntur de priore, quia non ministrat eis panem nec vinum, nec alia in quibus eisdem tenetur: quare non comedunt in reffectorio nec jacent in dormitorio; reffectorium, dormitorium cetereque domus indigent reparatione, et secundum relationem dominarum possesiones dicte domus per priorem male gubernantur; item, secundum relationem prioris, domus prefata est diversis creditoribus in IIJ^c libris obligata..

245[1]

Item, bulla ejusdem Clementis (papæ VI), de renunciatione unionis prioratus de Paredo, facta monasterio Cluniacensi [2].

---

244. — 1. *Arch. de la ville de Cluny, origin. parchem., dern. bande de 18 cent. sur 20 1/2, avec traces de 2 sceaux sur lemnisques.*

245. — 1. MARRIER, Bibl. Cluniac. *(1614), 1693.* — 2. *1342/3.*

246[1]

VISITATIO PROVINTIE [LU]GDUNENSIS PER DE LAUDONA ET DE KADRELLIS PRIORES, [ANN]O D[OMINI M°] CCC° XLIJ°, FACTA.

Primo, die lune [post *I*]*nvocavit*[2] fuimus in prioratu de Kadrellis : inv[enimus] priorem cum duobus sociis ; divinum officium, hospitalitas bene fiunt ibidem. Domus nichil debet et sunt cetera in bono statu.

§ 2. Die martis et die lune (mercurii) sequentibus[3] fuimus apud Marcigniacum : invenim(u)s ibidem priorem cum conventu XVIIJ. monachorum, qui retulerunt nobis, quantum ad ipsos spectat, quod divinum officium, hospitalitas et elemosina bene fiunt more solito ibidem. Sunt etiam moniales centum incorrigibiles omnino ; monuimus ipsas, in quantum potuimus, quod permitterent nos intrare capitulum et officium visitationis excercere, ut est moris : que contradixerunt, nisi faceremus eis reddere et solvere per priorem maximam pecunie quantitatem, et sic invisitate remanserunt ; petierunt etiam quod ordo ipsas reponat ad statum in quo erant a tempore quo non est memoria usque ad diem quo controversia inter ipsas et priorem fuit orta. Secun(dum) relacionem prioris domus debet moderno tempore CC. libras : timet ne, necessitate conpulsus, oporteat contrahere debitum usque ad CCC. libras.

§ *3.* Die jovis et die veneris sequentibus[4] fuimus apud Paredum : [inve]nimus subpriorem com conventu ejusdem loci et s[unt ibidem, com]putatis priore pro duobus monachis et duabus monachis d[............]cii et uno scolari Parisius studenti, residui sunt in [............], de quorum numero sunt XVI. sacerdotes ; divinum officium bene [fit ibidem], elemosina vero debiliter : excusat se elemosina[rius] pro eo quod in retinendis juribus elemosinarie oportet necessario contra plures bona et redditus dicte elemosinarie expendere, et sic elemosina non fit ut deceret. Domus male sunt pro majori parte cooperte : super quo conqueruntur monachi, maxime de

---

246. — 1. *Arch. de la ville de Cluny, origin. parchem. (incomplet), 4 bandes de 195 centim. sur 22/3; au dos (XIV° s.)* : Visitacio in provincia Lugdunen. in anno Dni mill'o IIJ° XLIJ°. — 2. *3 mars 1343.* — 3. *4-5 mars.* — 4. *6-7 mars.*

dormitorio, de infirmaria et de domo hospitum multipliciter conqueruntur, quod necessitate compulsi oportet quod cum sanis comedant et jaceant, nec ministrantur eis necessaria ut deceret. Propter absentiam procuratoris, de temporali non potuimus scire veritatem ; hospitalitas non bene fit ibidem pro ut hactenus extitit consuetum.

§ 4. Apud Borbonium fuimus sabbato ante *Reminiscere*[5] : invenimus tres monachos cum priore et debent esse quatuor, sed unus hoc anno obiit ; domus pro parte indiget reparacione et coopertura : prior promisit infra breve tempus reparare. Domus debet C. libras monete currentis ; habet necessaria usque ad fructus novos.

§ 5. Apud Lusiacum fuimus dominica qua cantatur *Reminiscere*[6] : invenimus tres monachos cum priore ; divinum officium , hospit(al)i(ta)s et elemosina more solito bene fiunt ibidem. Domus debet L. libras vel circa monete currentis, et sunt c^a in bono statu.

§ 6. Apud Mangobrium fuimus die lune sequenti[7] : sunt ibidem vi. monachi cum priore ; prior non fuit presens, sed monachi nobis retulerunt quod divinum officium, hospitalitas et elemosina bene fiunt ibidem. Domus nichil debet et habet necessaria usque ad fructus novos : c^a sunt in bono statu.

§ 7. Die martis sequenti[8] fuimus apud Montem Sancti Johannis : ibi sunt tres monachi cum priore, quorum unus tempore visitationis erat absens, pro dom° priore de Abbatis Villa in opere neccessario occupatus. Requisitus prior qualiter divinum officium ibi fiebat, respondit prior quod male die noctuque ; econtorio respondit dom^s Robertus dom° Jacobo socio suo quod erant sine culpa et ex justa causa, quia non est ibi sacrista stabilis qui horis debitis horas pulset, aliquando media nocte, aliquando de clara luce, et sic frequenter cantantur negligenter ; requisiti qualiter ornamenta ecclesie reservabantur, responderunt quod negligenter et dixerunt quod male et inhoneste ; requisiti monachi in presentia prioris cujus culpa, dixerunt quod prioris ; defitiunt ibi albe et cingula ; dixerunt monachi quod sunt ibi duo calices, quorum unus est fractus, alter inhonestissi-

---

[5]. *8 mars.* — 6. *9 mars.* — 7. *10 mars.* — 8. *11 mars.*

me custoditur. Elemosina sac' honeste fit ibidem, hospitalitas non est laudanda. Requisiti quomodo edificia sunt retenta, respondit dompnus Robertus quod male per totum, et nisi remedium celeriter apponatur, plura edifitia ruinam patientur; injunximus et precepimus priori quod remedium apponeret oportunum: respondit prior quod hoc anno nullum remedium apponere posset et sic periculum viget in mora; item requisiti monachi in presencia prioris (si) jura et juridictiones ecclesie deffendebantur et manutenebantur, responderunt quod male et, nisi in brevi remedium apponatur, plures redditus erunt in via perditionis; item dixit nobis idem Robertus, in presentia prioris, quod quinque anni sunt elapsi fuisse diffinitum ut remedium apponeret in tectis cooperiendis et domibus reparandis, quod [adhi]bere minime curavit, set totaliter fuit remissus ut apparet. Requisitus prior de conversacione suorum monachorum, qui dixit in presentia dicti Roberti, domno Jacobo absente, ipsos non esse honeste conversationis set, in conte(m)ptu ipsius et (contra) ejus inhibitionem, frequen(ter) (i)bant ad loca inhonesta et usque ad noctem non revertebantur, et hoc non semel sed pluries, dicto Roberto et pro dom° Jacobo negante; e contra requisiti monachi coram priore, utrum prior diebus festivis sollempnibus celebraret, dixit idem Robertus quod non recolit dict. priorem infra octo annos Eukaristiam su(m)psisse nec missam celebrasse sicut in ordine est consuetum; item dixerunt monachi quod habet penes se dict. calicem fractum, et est precavendum ne dict. calix amittatur si contingeret priorem mori. Et quia, propter brevitatem temporis alias occupati super littibus et controverssiis memoratis finem apponere non potuimus, ad petitionem et requisitionem tam prioris quam monachorum, ad capitulum generale ipsos citavimus coram dom° abbate seu suis commissariis, ad procedendum ulterius super articulis memoratis. Domus debet ad presens LX libras monete currentis; accepit etiam mutuo duos modios bladi, quorum valor tempore moderno ad C libras mon. curr. extimatur, minus IIII libris.

§ 8. In domo de Troado sunt IIIJ^{or} monachi, computato priore, quorum unus est augmentatus de voluntate prioris qui nunc est, quia idem prior redditus acquisivit pro prebenda monachi competenti ; divinum officium, hospitalitas et elemosina bene et ad laudem Dei sunt ibidem ; edificia vetusta bene reparat, nova edificat. Nichil debet et sunt cetera in bono statu.

§ *9*. Ad domum de Sancto Romano personaliter non fuimus, quia domus non indiget opp(re)ssione, preterea quia prior fuit absens ; misimus pro procuratore dicte domus, qui venit ad nos apud Vergeyum et statum domus satis debilem nobis retulit, primo quia divinum officium minus bene fit ibidem, est ibi solus monachus, missam non potest celebrare, nisi parrochiani calicem sibi prestent, missa celebrata oportet statim reddere : erat ibidem unus calix tempore prioris nuper defuncti sub pignore traditus, quem nuntii dom[i] episcopi Valentie redemerunt et secum asportaverunt, ubi sit vel quo devenerit ignoratur. Ecclesia et omnia edifitia, breviter loquendo, sic sunt devastata quod, nisi celeriter remedium apponatur, ad unum inpetum corruent venti. Debet modo XL. libras monete currentis, set necessario oportebit contrahere debitum in blado pro domus sustentatione usque ad xx. libras.

§ *10*. Die dominica qua cantatur *Oculi mei* fuimus apud Vergeyum : numerus monachorum qui debet ibidem esse XVIIJ, dicit nobis decanus quod duo deficiunt qui sunt mortui ; divinum officium bene fit, hospitalitas pari modo, elemosina minime, sed neglecta est fieri a tempore dom[i] Jacobi de Bassey, qui fuit longo tempore. Decanus qui nunc est invenit multa edificia disrupta et discooperta tam in capite quam in menbris, sicut in inventario inde confecto continetur, que pro parte tam in capite quam in membris decanus qui nunc est reparavit, et de die in diem reparare non cessat et adhuc sunt multa reparanda, que vita comite reparabit. Item dicit decanus quod tempore retroacto fuit quidam miles, qui pro remedio anime sue contulit quosdam redditus, sed pacifice non potuit domus habere, quia erant de feodo dom[i] ducis Burgondie : tandem pueri dicti militis solverunt decano qui pro tempore fuit C libras, ille decanus assignavit sacriste qui pro tempore fuit, de redditibus ab antiquo ad mensam decani spectantibus, C solid. annuatim : illos C solid. repetit decanus qui nunc est a sacrista, affirmans

9. *16 mars*.

quod redditus sue mense ad alios usus non posset assignare ; sacrista vero qui redditus possidet, de dict. redditibus non vult respondere, set contra voluntatem decani, ut asserit idem decanus, retinet minus juste. Item dict. decanus qui nunc est dicit quod decanus de Nongento, qui tunc temporis quo in Vergeyo erat decanus, contraxit debitum de CCC. libris, datis super hoc litteris sub sigillo conventus sigillatis in aurora die, non vocato conventu, set solummodo de consensu subprioris qui tunc temporis erat et cantoris ejusdem loci, nomine Johannis de Alta Rupe : supplicat decanus de Vergeyo quod ille CCC. libre solvantur per illos qui solvere tenentur et quod domus de Vergeyo non sit lesa.

§ *11*. Item die mercurii post dominicam qua cantatur *Oculi mei*[10] fuimus apud Laudonam : sunt ibi tres monachi, priore non computato ; divinum officium, hospitalitas et elemosina bene fiunt ibidem ad honorem et laudem Dei, sicut fieri est consuetum. Prior qui nunc est molendina et edificia que erant reparanda reparavit, et de novo aliqua edificavit ; habet necessaria usque ad fructus novos, et sunt omnia in bono statu.

§ *12*. Diebus veneris et sabbati sequentibus[11] fuimus apud Sanctum Marcellum Cabilonis : ibidem fit divinum officium cum ceteris ad spiritualitatem spectantibus laudabiliter et devote ; temporalitas bene regitur et jura ecclesie bene deffenduntur. Interrogatus prior in presencia conventus si essent alique alienationes, respondit quod non, ymo circa LX libratas terre annui redditus de suo te(m)pore acquisivit ; dormitorium et reffectorium, que pre nimio vetustate corruerant, de novo exintegro refici fecit ; aulam majorem dicti loci, que ruine erat propinqua, et plura molendina reparavit : cetera per Dei gratiam sunt in bono statu.

§ *13*. Die dominica qua cantatur *Letare Jherusalem*[12] fuimus apud Gigniacum : prior non fuit presens ; invenimus per priorem claustralem et obedienciarios ejusdem loci quod sunt ibi XXX.IIIJ. monachi, non computato priore, quorum XX.IJ sunt sacerdotes, residui non : injunximus priori claustrali et procuratori prioris ut cicius quam potuerunt de gradu in gradum

10. *19 mars*. — 11. *21-2 mars*. — 12. *23 mars*.

ad sacros ordines faciant promoveri; divinum officium, hospitalitas et elemosina bene fiunt ibidem ; edificia et tecta bene sunt cooperta, et jurisdictiones ejusdem domus bene manutenentur. Prior qui nunc est a toto conventu bene et laudabiliter est recommendatus; nichil debet et sunt omnia in bono statu que pertinent ad priorem. Questio de vestiario, super quo conqueruntur cellerarius et camerarius, dicentes quod non habent redditus ad onera pro tanto numero monachorum, supp(ri)or tamen a decano in contrarium asserente.

§ *14*. Item fuimus in prioratu Nantuaci diebus mercurii et jovis post dominicam qua cantatur *Letare Jherusalem*[13] ; et quia relatu aliquorum intellexeramus relationem factam anno lapso proximo per visitatores prioris ipsius super statu et prioratus ejusdem regimen, et diffinitionem sequtam minime valuisse, quia visitator idem subditus inmediate dicte domus Nantuaci manebat, tanto diligentius inquisivimus veritatem ; et quia omnino tollatur anbiguitas et famosa su(s)picio, reperimus hoc testificantes prioratum predict. in spiritualibus laudabiliter vigere, in temporalibus ubique ; prior nobis exibuit inventa[ri]um confactum sub forma publica 11^a die postquam dicti prioratus [........]it possessionem, et cujus copiam apud Clugniacum trans[misit........]m tenore constitutione Novellarum, in quo quidem [inventar]io continetur tunc dict. prioratum teneri in debitis [IIII^m]quingentorum floren. et insuper deficiebat in blado, vino et pidantia usque ad novos fructus, cum istud esset circa festum Omnium Sanctorum ; clausura aularum conventus et infirmarie et plurima alia edifitia destructa manebant ; non erant ibi aliqua utensilia camere coquine et cellarii, in hospicio tali necessaria ; redditus in magna quantitate bladi et pecunie alienata manebant, quedam ad vitam et alia ad tempus. Ostendit nobis insuper quod debita minuavit hoc anno lapso ad IIII^m floren., et hoc per litteras debitorum cancellatas et per creditorum quitacionis litteras publicatas, et in tantum onera debitorum minuit et usuras, deffectum vini et bladi absque mutuo contrahendo ; ostendit nobis edificia per ipsum reedificata et alienata que ad

13. 26-7 *mars*.

prioratum revocavit, et clare nobis exibuit quicquid relatum fuit anno lapso ; et plus quod hoc anno nulla vina habuit et tamen jam provisus est de eodem usque ad novos fructus et ultra, quorum vinorum deffectus exclusus qua potest annuatim si male non adveniret ascendit ad summam CC. floren.; item edificavit ad castrum de Belandor donjonem de duabus turribus rotundis, nondum tamen perfectum, set in perfectione intendit et intendet hoc anno, et tamen quod factum est ascendit ad summam XII^{xx} floren., solvitque hoc anno pro diffinitione de antiquis debitis IIIJ^{xx} floren. Humberto de Insula domicello ; in prioratu autem de die edificat in diem incessanter, aliorum debitorum onera supportavit et omnes deffectus supplevit, et hospicium minutum usque ad tempora oportuna non sunt redditus minuti set augmentati, et jurisdictio in omnibus observata; aliunde quoque domus non patitur......

INDEX ALPHABETICUS
PERSONARUM, LOCORUM, RERUM

[*Les chiffres renvoient aux numéros des chartes et non aux pages ; pour les n°s 229 à 246 un second chiffre désigne le paragraphe (§) ; le trait (—) supplée à la répétition du mot principal de l'article et cet autre (-) à celle des lettres identiques d'une variante ; les communes dont le département n'est pas indiqué appartiennent à celui de Saône-et-Loire].*

A<small>ABALDI</small> campus, 145.
A<small>ABALDUS</small>, famulus, 158, 160-1.
A<small>ALGRINUS</small> (Richardus), testis, 167.
Abbatis Villa (prior de), 246.7. — *Abbeville (Somme)*.
A<small>BERTUS</small>, lusor, 230. 16.
A<small>CELINA</small>, mater G. de Pinet, 63.
A<small>CELINUS</small>, testis, 31.
A<small>CHARDUS</small>, filius, 99 ; —, testis, 180, 182, 193.
Acriri, villa, 124. — *Crary, c° d'Ozolles, c. de Charolles*.
A<small>DA</small>, uxor Dalmatii, 60.
A<small>DALAIDIS</small> = A<small>DELAIDIS</small>.
A<small>DALARDUS</small>, filius Letbranni, 179.
A<small>DALBERTUS</small>, vicarius, 215.
A<small>DALEIDA</small> = A<small>DELAIDIS</small>.
A<small>DALELMUS</small>, camararius, 207.
A<small>DALMODA</small>, soror Mariæ, 217.
A<small>DALTRUDIS</small>, soror Antelmi, 21.
A<small>DELAIDIS</small>, A-<small>AIS</small>, A<small>DELEIDIS</small>, A-<small>EYDIS</small>, comitissa [*de Châlon*], 5, 87, 152, 165, 180, 192-3, 195-6, 213 ; —, uxor, 17, 68, 216.
A<small>DELINA</small>, uxor G. de Pinet, 63.
A<small>DEMARUS</small>, testis, 58.
A<small>DHELEIDIS</small> = A<small>DELAIDIS</small>.
A<small>DMARUS</small>, abbas Sancti Stephani [*XI° s. fin*], *16*.
A<small>DOARDUS</small>, servus, 80.
A<small>DRALDUS</small>, decanus [*de Paray*], 82 ; —, testis, 32.
A<small>DZONET</small>, jurator, 207.
Æduensis = Eduensis.

A<small>ENRICUS</small> = H<small>ENRICUS</small>.
Æ<small>RDERADUS</small>, miles, 132.
Æ<small>VA</small> = E<small>VA</small>.
A<small>EYNRICUS</small> = H<small>ENRICUS</small>.
A<small>GANO</small>, episcopus Æduensis [*v. 1055-† 1098*], 16, 25, 28, 114, 189 ; —, præpositus, 28, 46 ; —, testis, 44-5, 48, 185.
Agglerius (mons), 131. —
A<small>GIA</small>, mulier, donatrix, 173.
A<small>GNES</small>, filia, 87 ; —, mater, 157 ; —, sanctimonialis, 88 ; —, uxor, 115, 154.
A<small>IMO</small>, prior de Sancto Salvio, 221 ; —, testis, 42.
A<small>IMOENUS</small>, servus, 34.
A<small>INA</small>, mater E. de Lurciaco, 120.
A<small>INARDUS</small>, testis, 71.
A<small>INARDUS</small> (Mainfredus), 27.
A<small>IROARDUS</small>, jurator, 207.
A<small>ITARDUS</small>, testis, 186.
A<small>LAIDIS</small> = A<small>DELAIDIS</small>.
A<small>LARDUS</small>, colonus, 99.
Albanensis episcopus, 189. — *Albano (Italie)*.
A<small>LBERICUS</small>, colon. 215 ; —, testis, 193.
A<small>LBERT</small>, A-<small>TUS</small>, testis, 125, 174.
Albigi (Arnaldus de), 82. — *Augy, c° de Ballore, c. de la Guiche*.
Albiniaco (a), 212. — *Aubigny, c° et c. de Toulon-sur-Arroux*.
A<small>LBUINUS</small>, 217 ; —, frater, 120 ; —Grossus, 217 ;
A<small>LCHERIUS</small>, testis, 63.

ALDEBALDUS, scriptor, 213.
ALEXANDRE IV, pape [1254-61], 228.
Algeria, forest, 184. —
Algerius, villa, 42. —
Allodus, 50, 97.
ALMARUS, colonus, 73.
ALODI (Archimbaldus, Gaucerannus, Girardus, Wido), 207.
Alodium, 48, 50, 56.
Alodus, 219.
Altaripa (de), 109. —
Alta Rupe (Johannes de), 246. 10.—
Altofont (barrochia de), 50.— *Hautefond, c. de Paray-le-Monial*.
Alto Jugo (domus de), 232. 3, 233. 32, 240. 16, 243. 11. — Altum Jugum, A-mjungum (apud), 229. 11, 230. 33, 235. 23, 236. 10, 237. 27, 238. 16, 239. 11, 241. 2.— *St-Loup-d'Ajoux, cᵒ de St-Igny-de-Vers, c. de Monsol (Rhône)*.
ALVERA, venditor, 174.
AMALDRICUS, servus, 146.
AMALRICUS, colonus, 71.
Ambersum, castrum, 131.— *Ambert?*
Amberta (domus de), 232. 11, 240. 10. — A-tam (apud), 229. 17, 230. 12, 233. 20, 235. 14, 236. 1, 237. 2, 238. 23, 239. 23, 241. 9, 243. 8. — *Ambierle c. de St-Haon-le-Châtel (Loire)*.
Ambronay (archipresbyter de), 230. 27, 232. 31, 233. 2. — *Ambronay, c. d'Ambérieu (Ain)*.
AMEDEUS, mon., 229. 5; —, testis, 188.
AMICUS Eng', 207 ; —, servus, 204.
AMILUS, uxor W. de Corte, 95.
Ampiliaco, [villa], 188. —
ANDRALDUS, [Paredi] præpositus, 12 ; prior, 96, 145.
ANDREAS, colonus, 71 ; —, coriarius, 207.
Angl', Angledeus, A-duris, A-luris (de) Ansedeus, 48, 105, 107-8, 116, 131, 157-8 ; — Bernardus, 41, 108, 115, 154, 157-8 ; senex, senior 108, 111, 115, 157 ; — Enricus, 48 ; — Jodcerannus, 108 ; — Rodbertus, Rotb-s, 115-6, 154, 157 ; — Stephanus, 157, 161 ; — villa, 141 ; — Willelmus, 158. — *Anglure, cᵒ de Mussy-sous-Dun, c. de Chauffailles*.
Anglars, A-les (Bernardus de, des), 201, 204. —
Anglia, 237. 19. — *Angleterre*.
Annona, 48, 50-1, 204.
Annonagium, 221-2.
Ansaldus, testis, 174.

ANSEDEUS, filius, 74 ; —, miles, 44 ; —, præpositus, 44, 79 ; —, testis, 15, 40, 48, 140, 157, 187.
ANSEL (Walterius), 166.
ANSELINUS, servus, 40.
ANSELMUS, testis. 65, 134, 193.
ANSELS, testis, 77.
ANSERICUS, præpositus Æduensis [10. .-1110] 16, 189 ; —, testis, 213.
ANSOENUS, servus, 45 ; —, testis, 48.
ANTELMUS, ANTHE-S, donator, 21 ; —. filius, 60 ; —, monacus, 49, 56, 66, 87-8, 93-4, 132, 158-9-60, 170 ; —, testis, 76, 85.
ANTONIUS, clericus. 184.
Appellatio. 239. 7.
Aprebendacio, A-are, 243. 8.
Araris, fluvius, 193.— *La Saône, riv*.
ARBEBALDUS, testis, 193.
ARCHIMBALDUS, frater Girbergæ, 33 ; —, sutor, 207.
ARCHIMBERTUS, præpositus, 105.
ARCHINSINDA, uxor Adoardi, 80.
AREMBURGIA, mater B. Uriul, 82.
AREMBURGIS, soror Antelmi, 21.
ARICUS, miles Forensis, 91.
ARLEGIUS, testis, 193.
Armarum locus, 60. —
ARNALDUS, presbyter, 70.
Arpaiam (domus de), 234. 28. —
Arrodi aqua, 131 ; fluvius, 134. — *L'Arroux, riv*.
ARTALDUS, A-AUDUS, avunculus, 20 ; —, decanus, 166, 167 (de Tolon), 170, 188 ; —, filius, 26, 65, 96, 99 ; —, frater, 26, 76, 168 ; —, dict. Grossus, 31 ; —, monacus, 188 ; 192 ; —, prior Cluniacensis, 176 ; —, — Paredi, 176, 207, 209, 211 ; —, testis, 100.
ARTALT, testis, 123.
ARTARDUS, testis, 186.
Artariis (prioratus de), 237. 11. — *Arcinge, c. de Belmont (Loire)*.
Arvernensis vicecomes, 15.— A-nica territoria, 148. — *Auvergne*.
Asteron, villa, 230. 8. — *L'Acheron, cᵒ de St-Vincent-de-Rallins, c. de..... (Loire)*.
ATALA, uxor Rainerii, 34.
ATTO, testis, 193.
AUDEDERTUS (magister). 202.
AUDOARDUS, servus, 41.
Augustodunensis, A-tud-s pagus, 74, 148, 184, 186. 7, 214. — *Autun*.
Aurea Valle (Artaldus, Senebrunus de), 207.— A-a Vallis, 2, 5. — A-æ V-s Boso, 28 ; — locus, 34, 111,

115, 145, 152, 167, 187; — monachi, 96; — Rotbertus, 28. =*Paray-le-Monial*.
Autisiodorensis, A-issi-s episcopus, 189, 226. — *Auxerre (Yonne)*.
Avariaco (mansus ad), 6; —, villa, 192. —
Avengum (mansus ad), 215. = *suiv*.
Avengunz (Pascherius), 221. =*suiv*.
Avinga, A-go (Ansedeus de), 71; — villa, 71, 136, 139.— *Avignon*, c° de *St-Maurice-lès-Châteauneuf*, c. de *Chauffailles*.
Aviti mansus, 21.
Aya, mater, 215; —, uxor, 96-7, 114.
Aydeus, mancipium, 71.
Ayma, uxor G. de Jaliniaco, 177-8.
Aymardus, prior Paredi, 135.
Aymericus, testis, 212.
Aymo, frater, 168.
Aynricus = Henricus.

Baldet, testis, 207.
Balgeiacum, villa, 148.— *Baugy*, c. de *Marcigny*.
Balma (Odo de), 239. 7.— *La Balme*, c° et c. de *Cuiseaux*.
Balmont (a), 200. — *Beaumont*, c° de *Trivy*, c. de *Matour*.
Bancelinus, testis, 207.
Baolio (mansus in), 3. —
Baptisterium, 167.
Bardes, testis, 127.
Bargi (Gerardus), 27; (Gir-s), 91; (G-s la), 90; — (Gotardus), 27.
Barinus, sutor, 207.
Baronenses cartæ, 180.— B-sis ecclesia, 15; — silva, 6, 184; — villa, 3, 60, 85.— *Baron*, c. de *Charolles*.
Bas, villa, 166. —
Basifranc, villa, 48. — *Bisfranc*, c° de *Vitry-en-Charollais*, c. de *Paray-le-Monial*.
Bassey (Jacobus de), 246. 10. —
Batel (Girardus), 36.
Bautfredus, testis, 173.
Baz (Letaldus li), 207.
Beatrix, comitissa Cabilonensis [1203-†1227], 225-6; —, mater, 164.
Beci, silva, 204. —
Belandor (castrum de), 246. 14. — *Belleydoux*, c° et c. d'*Oyonnax (Ain)*.
Belaspina, ecclesia, 151. = Pulchra Spina.
Belfestu (Bruno de), 159;— (mansus ad), 173; —, terra, 87; —, villa, 66, 87. —

Belinus, don., 181; —, famulus, 210.
Bellaspina, villa, 117. = Pulchra Spina.
Bell'i dominus, 243. 11.
Bello Forti (Petrus de), 238. 11. —
Belli Joci dominus, 229. 10. — *Beaujeu*, a. de *Villefranche (Rhône)*.
Bello Monte (de) decanus, 221, 236. 20; — Petrus, 207.— *Beaumont-sur-Grosne*, c. de *Sennecey-le-Grand*.
Bellusmons, villa, 224. = *précéd*.
Belmont, mansus, 111, 117.— *Beaumont*, c° de *St-Romain-sous-Gourdon*, c. du *Mont-St-Vincent*.
Belna (de) domus, 235. 28; — Johannes, 243. 17. — B-am (apud, juxta, 238. 10. — *Beaune (Côte-d'Or)*.
Belosi (mansus a la), 149. —
Belucia, uxor Maimbalt, 125.
Beluz (Girardus de), 114. —
Bemote = Bello Monte.
Benedicti mons, 145.—*Montbenoît*, c° de la *Motte-St-Jean*, c. de *Digoin*.
Benedictus (sus), 76; ejus regula, 214.
Benedictus (Girardus), 48.
Benefactum, 108, 170, 192.
Beneficiare, 27, 111. — B-rius, 17.
Beneficium, 6, 7, 17, 25, 38, 45, 76, 86, 108, 148, 162, 171, 174, 180, 193, 200, 206.
Beral (Hugo), 207.
Beraldus, 85; —, donator, 81; —, prior Cluniacensis, 221; —, testis, 193, 196.
Beraldus (Hugo), 210; — (Rodulfus, Wido), 201.
Berardus, decanus de Lordono, 221; —, testis, 207.
Berengarius, armiger, 131.
Berguliaco (Rotbertus), 188.— *Bourgueil*, c° et c. du *Mont-St-Vincent*.
Berna (domus de), 241. 21. — B-am (apud), 236. 12. = Belna.
Bernardi mansus, 3.
Bernardus, cæmentarius, 48; —, camerarius, 189; —, canonicus, 192; —, capellanus, 24; —, clericus, 77; —, consobrinus, 60; —, faber, 167; —, famulus, 70, 111; —, filius, 132; —, frater, 20; —, helemosynarius, 207; —, miles, 173; —, presbyter, 27, 200; —, prior de Cluniaco, 190, 207, 209; —, — de Paredo, 190; —, puer, 145; —, servus, 42, 96, 204; — sutor, 207; —, testis, 65, 120, 140, 180, 182, 184, 186, 207, 213; —, vicarius, 148.
Bernardus (Benedictus), 25.

BERNART, testis, 125.
BERNOENUS, servus, 59.
BERS (Bernardus), 10; — (Eldinus-Hilelmus, Enricus-Henricus, Helgodus), 87, 154.
Bertas, vaura, 204. —
BERTASIA, soror Girardi, 59.
BERTELO, abbas, 145; —, levita, 145.
Bertem. campus, 204. —
BERTRANNUS, cantor [Æduensis, 202; —, frater, 17; —, sartor, 95, 207; —, testis, 63, 140; —, vicecomes Arvernensis, 15.
Berziaco (Artaldus de), 188.—*Berzé-le-Châtel, c. de Cluny.*
BETAL (Hugo), 207.
BEZON (Stephanus), 115.
Biciaco (mansus in), 6; —, villa, 3, 7. — *Bissy-sur-Fley, c. de Buxy.*
Bierias (mansus in), 8. — *Les Bières, c⁰ de Vendenesse, c. de Charolles.*
Biirat (Hugo, Rainerius de), 142. —
BILON (Letbaldus), 66.
Biziacensis barrochia, 198. = suiv.
Biziaco, villa, 196. = Biciaco.
Bizon, fluvius, 48. — *La Bize, riv.*
BLADINUS, 188; —, frater, 84.
BLAINUS (Petrus), 207.
BLANC, B-CHUS (Archimbaldus), 19, 22; — (Artaldus), 24; — (Hugo), 95, 153; — (Humbertus), 79, 153.
Blanciacum (apud), 229.24.—*Blanzy, c. de Mont-Cenis.*
BLANCUS = BLANC.
Blandigiaco (mansus de), 164. — *Blangue, c⁰ de Lournand, c. de Cluny.*
BLANS (Archimbaldus li), 38; — (Gaulterius li), 207.
Blanziaco (domus de), 230. 36. = Blanciacum.
BOCHARS (Hugo), 27.
BOERI (Constans), 48.
BOIREL (Durannus), 216.
BOLET (Bernardus, Durannus, Petrus, Robertus), 207.
Bonant (de) Gaufredus, G-ridus, 9, 93, 151; — Rainerius, 144, 151. —
Bonefont (Hugo de), 25.—*Bonnefont, c⁰ de Volesvres, c. de Paray-le-Monial.*
BONET, servus, 53; —, vir, 155. —
BONINUS, procurator Maçobrii, 229. 25.
BONIT, famulus, 95.
BONNET, salnerius, 207.
Bonofont (terra ad), 159. —
BONUS PAR, filius, 25; —, miles, 92.
Bor (villa de), 63. —

Borbentiæ fluvius, 74. — *La Bourbince, riv.*
Borbon, B-nio (de) Ansedeus, 15, 140, 158; — Bernardus, Bertran, 105; — Dalmatius, 115-6, 130-1, 154, 157, 167, 201; — domus, 240. 1; — Falcho, F-co, 115, 130, 154, 157; — Hugo, 200, 207, 211; — Humbertus, 45, 107, 116-7, 131, 158; — prior, 234, 241; — Wicardus, Wicha-s, 115, 131, 154, 201. — B-nem, B-nium (apud), 158, 229. 22, 230. 13, 232. 15, 233. 15, 234. 1, 235. 7, 236. 19, 237. 17, 238. 3, 239. 20, 241. 15, 243. 2, 246. 4. — *Bourbon-Lancy, a. de Charolles.*
Bordelaria, B-leria, 21, 45, 90, 93, 136, 148.
Bornat (boscus de), 159. — *Bois de Bornat, c⁰ de Volesvres, c. de Paray-le-Monial.*
Bornet, silva, 64. = *précéd.*
Bosco (de) Durannus, 160-1; — Jocelinus, 208; — Petrus, 161, 201; — Stephanus, 225. —
Bosco (ecclesia Sæ Mariæ de), 3, 24, 190. — *Le Bois-Ste-Marie, c. de la Clayette.*
BOSROUNT (Hugo), 167.
Bracman (ad), locus, 193. —
Braniaco (Bernardus, Richardus de), 162. — *Bragny-en-Charollais, c. de Palinges.*
Breterias, villa, 111. —
Brion (Ansedeus de), 140. — *Brion, c. de Mesvres.*
Brugulinas, villa, 148. —
BRUNUS (Willelmus), 131.
Buc (Hugo de), 155. —
Burbon = Borbon.
Burbonensis capella, 189. —
BURCHARDUS, prior Paredi, 200-1.
Burdalaria, 216.
BURGENSIS (Bonettus), 56.
Burgondiæ, B-gun-æ comes, 230. 27, 236. 5, 237. 4; — dux, 202, 230. 19-20, 235. 29, 237. 11, 238. 8, 240. 5, 246. 10.— B-ia (in), 224.— *Bourgogne.*
BURIANDES (Bernardus), 70.
Burziaco (Gaufredus, Seguinus), 188. — *Burzy, c. de St-Gengoux-le-Royal.*
Busol, Bussel = Bussul.
Bussiris (Seguinus de), 212. —
Bussul, Buxol, B-lio, Buxul (de) Artaldus, 17, 21, 24, 28, 30, 35-6, 38, 49, 58, 87-8, 92, 96-7, 107-8, 112, 127, 138, 155, 158-9, 161, 175,

216, 219-20; — Atto, 20, 28, 49, 87-8, 96-7, 138, 152; — Bernardus, 28, 49, 136, 138-9, 217, 219; — Gaufredus, G-ff-s, 110, 114; — Gerardus, G-rt, Girardus, 10, 45, 54, 58, 60, 86, 96-7-8, 138, 220; — Guido, Guigundus, 203; — Hugo, 20, 28, 49, 88, 96-7, 136, 138-9, 155, 175-6, 218-9-20; — Salomon, 203. — *Busseuil, c° de Poisson, c. de Paray-le Monial.*
Buxumma (mansus a), 167. —

Cabilonense, C-ses, C-sis civitas, 6, 193; — comes, 180, 194, 186, 208, 227, 229; — comitatus, 2, 7, 193; — comitissa, 226; — decanus, 192; — episcopus, 163, 221-2; — nondinæ, 238. 11; — pagus, 6, 7, 192-3; — partes, 221 °; — suburbium, 5, 193, 213; — vicecomes, 8. — *Chàlon-sur-Saône.*
Cachiaco (de) Bernadus, Hugo, 87; — Petrus, 17. — *La Guiche, a. de Charolles.*
Cahic (Girardus de), 36. —
Calfurno (terra de), 148. —
Calmunt, castrum, 87. = *suiv.*
Calvo Monte (de) B., 176; — Bernardus, 206, 225-6; — Guicardus, G-cc s, Guicha-s, 206, 225-6; — Hugo, 221; — Letaldus, 206, 221. — *Chaumont. c° de la Guiche.*
Camelgias, villa, 181. — *Chamoges, c° de St-Symphorien-les-Charolles.*
Camera (Theobaldus de), 235. 1. —
Cameraria, 241. 12, 243. 5.
Camerarius, 229. 3, 235. 25, 246. 15.
Camp Aldoeni, villa, 148. —
CAMPA (Girardus), 207.
CAMPANUS (Dodo), 207.
Campiluci barrochia, 69. = Campo Lucio.
Campis (villa de), 217. —
Campoburtins, nemus, 93. —
Campo Felici (Wilelmus de), 128, 141. — *Champfeliz, c° de*
Campo Lucio (presbyter de), 56. — *Champlecy.*
Campus Rotundus, 56. — *Champrond, c° de St-Julien de Donzy.*
Campus Spinosus, terra, 103. —
CANAL (Durannus), 211.
Cancellas, villa, 148. —
Candelabra argentea, 10.
Caninam, vaura, 204. —
Capella (Aalaldus de la), 112. —

Capella (Lethaldus de), 48. —
Capella (Stephanus de), 105. —
Capellam Sæ Mariæ (ecclesia ad), 15; — (e-a Sæ M-æ ad), 3. — *La Chapelle-au-Mans.*
Capellus cati, 36.
Capitulum, 235, 2-20, 236. 7, 243. 15-7, 246. 2; — generale, 238. 19-22, 246. 7.
Capo, 22, 36, 41, 98, 127.
CAPREOLUS (Petrus), 207.
Capucium cornutum, 244. 1.
CAPUT JOLUS (Petrus), 95.
Cardinales Romani, 207.
Caritativa (refectio), 22.
Caro Loco (de) = Karo Loco.
Carrus vestitus, 44.
Casam (mansus ad), 183. —
Casania = Cassagnias.
Casasnovas, ecclesia, 23. = Novas Casas.
Cassagnias, Cassaneis, C-nia, C-as, C-nnis (de) Artaldus, 25; — Gaufredus, Gaufr-s, G-ridus, 24-5, 70, 159, 207; — villa, 25, 39; — vineæ, 201. — *Chassagnes, auj. Ste-Radegonde.*
Cassan Berfredi, mansus, 148. —
CASSOER, servus, 69.
Castel, C-llo (de), 85; — Artaldus, 50, 178; — Heldinus, 105; Hil-s, 164; — Hugo, 21, 177; — Ildinus, 164; — Petrus, 89, 177; — Régnier, 113; — Rodbertus. 164; — Willelmus, 149; — (villa ad), 90. — *Castel, Château....*
Castello de Montana (Stephanus de), 225-6.
Castro Petri (de), 18. —
Catgiaco (de) Bernardus, 154, 175; — Letaldus, 44. = Cachiaco.
CAVACHOLA = CAVANHOL.
CAVAL (Bernardus), 48.
CAVANHOL, CAVAZOLA. C-LE (Guichardus, Wi-s), 18, 21, 59, 83, 94, 108.
Cave (Stephanus de), 155. —
CECILIA, uxor W. de Vilers, 109.
CECUS (Durannus), 48.
Celarium, 229. 6.
Celerarius, 229. 3, 230. 13, 235, 25.
CELLA (Arnaldus), 95.
Cellarium, 161, 246. 14.
Cellerarius, 239. 22, 246. 13.
Cemsa, 237. 19. — *Censa*, 2 8. 16, 239. 3-15-21-24, 243, 8-10.
Census, 22, 41; synodalis, 15.
Centarben, C-nc, C-nt, C-rpent (de),

14

Dalmatius, 10, 54, 60, 98 ; — Girardus, Jocerannus, 155 ; — Wilelmus, 68. — *Centarbent, c° de St-Aubin en-Charollais.*
Chalcingis, mansus, 96. —
Chaloe (Letaldus de), 132. —
Chaloeht (Hugo), 139. = *précéd.*
Chaloer (in), 79. —
Chamelgias, villa, 182. — *Chamoge, c° de Champlecy.*
Chandeuz (domus Si Petri de), 240. 18. = Chandiaco.
Chandiaco (de) domus, 243. 19 ; — Petrus, 240. 18 ; — prior, 233. — C-cum (apud), 229.5, 232. 32, 235. 19, 237. 7, 238. 18, 239. 5. — *St-Pierre-de-Chandieu (Isère).*
Chanfeliz = Campo Felici.
Chanlucie (Bernardus), 53. = Campo Lucio.
Chantriac en Choutayne (domus de), 237. 9. —
Chanziaco = Chandiaco.
Charellam (domus de), 234. 26. — *Charolles.*
Charneto (in), 112. — *Charnay, c° de Vitry-sur Loire.*
Charri (domus de), 230. 20. — *Charrey-sur-Saône (C.-d'Or).*
Chasals (Durannus de), 212. — *Chazeau....*
Chasanes (G. de), 176. = Cassagnias.
Chassanii (mansus de la), 70. —
Chassingiacum, ecclesia, 6. — *Sassangy.*
Chassoer, bordeleria, 45. —
Chastel (Heldradus de), 103. = Castel.
Chasuit (Bertrannus, Girardus de), 36. — *Chassy.*
Chatgie (Bernardus de), 22. = Cachiaco.
CHAUVACON (Bernardus), 242.
Chaux (li), mansus, 186. — *La Chaux, c° de Viry ?*
CHAVACHOLE (Wichardus), 9.
Chavariaco (domus de), 233. 6. — *Chaveyriat (Ain).*
Chavasiget (Achardus, Artaldus, Ylio Ylius, Wigo de·, 22. = Chiavaniset.
Chaz (a la), mansus, 186. —
Chazeto (mansus de), 220. —
Chialoet (Hugo de), 46 = Chaloe.
Chiasal Unal, mansus, 167. —
Chiavaniset (Artaldus de), 160 ; villa, 54. — *Cheveniget, c° de Nochize.*
CHIOS (Falco), 177.

Chisal Unal, mansus, 168. —
CHIVROL (Giraldus), 61.
Chopetra (fratres de), 9. = Copetra.
Chucy (Galterius, Guillelmus, Petrus de), 216. — *Cussy, c° de Melay.*
Cimiterium, 17-8-9, 20, 22, 25, 94, 132, 150, 154, 162, 167, 188, 210.
Ciphus corneus, 221-2.
Civignon, C-num, Civin', C-nion, C-non, C-nun (de) Bernardus, 36; — P., 152 ; — Petrus, 36, 66, 159, 176. = Sivignon.
CLARA, uxor Ansedei, 44.
Claromonte. C-ensis pagus, 15, 149. — *Clermont-Ferrand (P.-de-D.)*
Clastrum, 235. 2-8-20-29, 238.12.
Clausus, 3, 36. 42, 45, 69, 89, 156, 195, 198, 229.5.
Clautrum, 237. 1-8-11, 238. 29, 243.5.
CLEMENS VI, papa [1342-52], 245.
CLERICUS (Hugo), miles, 68 ; — (Petrus), miles, 148.
Clissi (Petrus), 212. — *Clessy.*
CLOSERS (Bernardus, Humbertus), 176.
Clugniaci, C-cum (ap.) = Cluniac.
Cluniacense, C-ses, C-sis, C-ci, C-co (de), 3 ; — abbas, 2, 13-4, 48, 87, 178, 189, 192, 206-7, 209, 221-2-3, 226, 239. 7-9 ; — abbaye, 228 ; — archidiaconus, 237 ; — coenobium, 213 ; — consuetudo, 229. 6-7-8-21-2 ; — conventus, 238. 1, 240. 24 ; — custos generalis, 232. 17 ; — decanus, 235 ; — ecclesia 221-2, 226-7 ; e-æ, 189 ; — familia, 207 ; — fratres, 189, 229. 23 ; — locus, 33, 111, 176 ; — monasterium, 213-4, 245 ; — prior, 176, 190, 209 ; claustralis, 237. 25, 239.7 ; major, 244. 1 ; — sacrista, 243.7, 238. 25-27 ; — seniores, 108, 221 ; — villa, 221-2. — C-cum (apud), 176, 207, 250. 15-17, 238.29, 246. 14. — *Cluny.*
Cocus (Bernardus·), 112.
Cohopertura, 243, 3-15.
Colchis (de) Guido, 241. 22 ; — Wido, 166. — *Couches-les-Mines.*
Colmines (Seguinus de), 79. —
COLONGARIUS (Guillelmus), 221.
Colongis, ecclesia, 191. — *Collonge-en-Charollais.*
Colonicas (parrochia de), 164. = *précéd.*
Columbariensis = Columbers.
Columbers (apud), 190 ; —, ecclesia, 27-8, 49. — *Colombier en-Brionnais*
Columbeta (Pontius de), 91.

COMES, cardinalis, 207.
Condamina, 93.
Condemina, 18, 23,157-8.—C-nia,201.
CONRADUS, cardinalis, 207.
Constabularius, 207.
CONSTABULUS, filius, 48.
CONSTANCIUS, colonus, 179-80; —, presbyter, 166; —, testis, 81.
CONSTANTINUS, presbyter, 131; —, servus, 45; — (Rotbertus), 207.
Consuetudo, 3, 6, 10, 12, 15, 54, 57, 59, 87, 97-8, 107, 109, 123, 127, 167, 179, 206 ; bona, 203; mala, 9, 167, 208-9.
CONTAT (Andreas), 48.
Coopertura, 229. 14, 240. 17, 246. 4.
Coperia, Copetra, C-re (de) Atto, 204, 206; — Gaucerannus, Gausc-s, 201, 204, 207 ; — Girardus, 59, 204, 208; —Jocerannus, Jodc-s, Jotc-s, 17, 28, 45, 64, 107, 152, 159, 167. 176 ; — Ledbaldus, Letb-s, 38. 55 (miles), 57, 79 (calvus), 98, 100, 159-60-1, 175 (calvus), 179 ;— Rainaldus, 59. — Cypierre, c° de Champlecy.
CORALDUS (Amicus), 95.
Corbere (excambium de la), 237.9. —
Corbignie, ecclesia, 25.—Curbigny.
Corbiniaco, villa, 25. = précéd.
Corcellas, C-lis (de) Huns, Petit, 207 ; — (mansus in), 3. —Corcelle, c° de St-Symphorien-les-Charolles.
Corcon (Gaufridus de), 21. —
Cordensis silva, 104. —
Corouro (de) Folcherius, 48; — villa, 45-6. — Coleure, c° de....
Corte (Seguinus de la), 116 ; — (Wido de), 95. —
Cosam, C-an, C-nt (de) dominus, 230. 8-9, 233. 26 ; — Zacharias, 160. — Couzan, c° de Sail-sous-C. (Loire).
COTTA (Andreas), 211.
Crais (Durannus de), 69. — Cray, c° de St-Marcellin-de-C.
Crucis altare, 95.
Culturam (a la), villa, 148. —
Cumines (B. de), 203. —
Cunziaco (Wigo de), 27.—
Curbiniaco = Corbiniaco.
Curdiaco, villa, 210. —
Curdin, C-ns, ecclesia, 19. — Curdin.
Curia, 166 ; apostolici, regis, 189.
Curia (Aimardus, Guido de), 202. = suiv.
Curt (de la) Gui, 133 ; Wido 115. —
C-te (Wido de), 204. — La Cour,

c° de Sigy-le-Châtel.
Curte Judæa, villa, 6, 199. — Juif.
Curtilis, 52. — C-lus, 5, 37, 74, 85, 125, 193, 199.
Cuscilo (Guido de), 239. 7. — Cuiseaux.
Cutiaco (silva de), 21. —
CYRICUS (s^{us}), martyr, 145.
Cysiacum (apud), 229. 12. =Tissiaco.

DALMATIUS, dominus, 107; —, testis, 140; — (Hugo), 27, 87, 160 ; — (Rainaldus), 225 ; (Reinaudus), 226; — (Robertus, Rotb-s), 155, 206, 220.
DAMAS (Hugues), 126.
Davarier, mansus, 192. —
Decima, 15, 18-9, 22, 128, 140, 150, 154, 167, 192, 243. 9 ; duplex, 233. 8-10.
Decinum, 21, 94, 132, 140, 162, 204.
DELI (Durannus), 192.
Denariis (in), 162, 167.
DEODATA, filia Adalis, 48.
DEODATI mansus, 99.
DEODATUS, donator, 187; —, præpositus, 35, 48, 53-4, 56, 60, 167 ; —, testis, 181, 185.
DEPORT, testis, 187.
DEPORTET (Guido), 207.
DESCAL (Lambertus), 87.
DETCENDA, mater, 76.
Deuma (domus de), 240. 5. = Dueme.
Digon, D-ncio, D-nia, D-i, D-io, D-nptiaco, D-ns, D-ntio, D-nz, Digunz (ecclesia ad), 15;—(apud), 221-2 ; —(de), Artaldus, 76 ; — Bernardus, 202 ; — ecclesia Si Georgii,140; - Gauffredus,158; Gaufr-s, 162 ; Geoffroy, 119; — Girardus, 77, 204, 206; — Guicardus, 225 ; Guicha-s, 176, 226 ; — homines, 107 ; — Hugo, 225-6 ; — Iterius, 137 ; — Jocerannus, Jodc-s, 64, 77, 176, 206 ; — Lebaldus, Lebaudus, Letbaldus, 21-2-3, 45, 62, 64, 66, 76, 87-8, 92, 127, 152, 155, 159, 167, 175-6, 179, 206, 209 ; — Oddo, 157 ; — Stephanus, 157; — terra, 107, 211 ;—villa, 6, 157 ;—(in), 145, — Digoin.
Dio. ecclesia, 27, 91 ; —(Rotbertus), 27 ; — (presbyter), 88. — Dyo.
Dioci castrum, 160. = Dio.
DIONYSII (s^t) festum, 231.
Disciplina, 240. 25.
DODA, DODANA, mulier, 72.

Dodo, clericus, 193; —, testis, 102.
Dodolini terra, 7, 195.
Dolbos (Simon, Zacharias), 207.
Dolcanbert (Adalardus), 207.
Dolmont (Bernardus), 179.
Domicellus, 240. 18.
Domini altare, 86.
Dominicus, homo, 75.
Dominium, 9, 25, 33, 97, 111, 166-7, 193.
Domziaco, villa, 80. = Donzi.
Donfai (Richardus de), 239. 7. —
Donzel (Girardus), 30.
Donzi (de) Gaufredus, 87; — Jodcerannus, 110. — *Donzy-le-Royal*.
Dormitorium, 229. 16-17-19-20-28, 230. 12-24, 235. 2-20-24, 236. 7, 237. 25, 238. 8-11-26-29, 239. 7-9-13-15-23, 243. 2-5-15, 244. 2, 246. 3-12.
Duchaz, jurator, 207.
Dueme, Duime, Duismam, D-mum (apud), 232. 20, 235. 3, 238. 9, 239. 16, 241. 19. — *Duesmes (C.-d'Or)*.
Dulcedus, jurator, 207.
Dulcet, colonus, 204.
Dulcros (Johannes), 54.
Dulzoles (Arnulfus), 124.
Duramnus, D-annus, capellanus, 16; —, clericus, 72;—, cocus, 207; —, decanus, 43;—, filius, 48, 187; —, infans, 170; —. mancipium, 71; —, monachus. 48, 215; —, præpositus, 25, 99, 166, 212; —, presbyter, 158, 210; —, prior de Paredo, 215; —, testis, 140, 157, 181; —, vicarius, 29.
Duranni (Bct.), testis, 48.

Ebdomadarius, 243. 15.
Eduæ, Eduensis archidiaconus, 202; — archipresbyter, 189, 202; —canonicus, 15-6, 88, 140, 189 ;— capitulum, 16; — civitas, 140 ;— diœcesis. 189; — episcopatus, 16; — episcopus-præsul, 15-6, 140, 189, 202, 218, 221-2 : — sanctimonialis, 20, 88. — *Autun*.
Eldeardis, uxor H. de Larris, 93.
Eldeaz, soror, 134.
Eldebert terra, 125.
Eldebertus, filius, 81 ; —, testis, 177.
Eldesendis, uxor Beraldi, 81.
Eldevertus, colonus, 71.
Eldierius, Eldige-s, miles, 71, 83 ; —, testis, 134, 193.

Eldigerii terra, 97.
Eldinus, filius H. de Larris, 93.
Eldricus, frater, 48; —. salnerius, 207 ; —, testis, 184, 207.
Elemosina, 4, 17, 46-7-8-9. 150, 226, 229, 230. 2, 238, 241, 243, 244. 2, 246. 2.
Elemosinaria, 246. 3.
Elemosinarius, 230. 2, 246. 3.
Elisabeth, mater P. et H. de S. 219.
Emeldina, uxor W. de Castello, 149.
Emenda, 229. 10, 233. 18.
Emendare, 48, 94, 241. 23, 243. 3-5.
Emendatio, 178, 181, 188.
Emmeltrudis, mancipium, 71.
Ende, villa, 57. —
Engelbaldus, archidiaconus, 189.
Engelbertus, colonus, 71.
Enricus = Henricus.
Ermenaldus, frater, 88.
Ermenast terra, 125.
Ermengardis, uxor H. de Borbon, 117.
Ermenjart, soror Girardi, 59.
Erveus, episcopus Nivernensis [1099-†1110], 189.
Esars (Gaufredus de), 87. —
Eschacherii bordelaria, 21.
Escot (Amies), 207.
Essartines (Johannes d'), 242. — *Essertenne*.
Eugenius II, papa [824.7], 202.
Eustachius, canonicus Autisiodorensis, 225.
Euvangelia (sa), 86, 167, 208, 222, 225, 227.
Eva, donatrix, 32, 65 ; —, uxor, 35, 71, 80.
Evraldi vercheria, 99.
Evraldus, colonus, 6, 185.
Evrardus, præpositus, 145; —, testis, 9.
Exartella, E-lis, villa, 148-9. = Essartines.
Exclusa, 181. — *Exclusia*, 243. 3.
Excommunicatio, 229. 6.

Fadi (Alardus), 152.
Fai (de) Petrus, 207;— silva, 45. — *Le Fay*.
Faidla, mansus, 188. —
Faitaldus (Morestenus), 48.
Falco, frater, 192 ; —, testis, 87.
Faltreriis, Faltricrias, F-iis, F-ris (de) Antelmus, 146, 166, 202 ; — Artaldus, 146, 167, 170 ; — Joce-

rannus, 76, 167, 170. — *Fautrières, cᵉ de Palinges.*
FARAMUNDUS (Bernardus), 211.
FARENS (Bonitus), 200.
Fargias, villa, 89. — *Farges.*
FAUSTINUS (Bernardus), 207.
Fautrières (Hugues de), 169. = Faltreriis.
Faya, villa, 20. = Fai.
FERRANZ (Durannus), 89.
FILAI (Rodulfus, Walo), 117.
FILIASTER (Richardus), 201.
Fin (Ansedeus de la), 121. — *La Fin, cᵉ de St-Léger-lès-Paray.*
Finem (villa a la), 148, 206. = Fin.
Finire, 59, 64, 82-3, 87, 117, 154, 160-1, 167, 179, 192, 209.
FINS (Johannes), præpositus, 200.
Flavignaci archidiaconus, 232.25. — *Flavigny (C.-d'Or).*
FLERS, FLOIT (.......), 21.
Floienxani, Florenz', F-zang', F-gis, Florinz-s (de) Bernardus, 129; — Galterius, 117; — Stephanus, 115; — Walterius, 42, 48, 114; — Wido, 118. —
Floriaco (de), 237.11. — F-cum (apud), 230.19. 232.22, 233.10, 236. 14, 238.7. — *Fleury la-Montagne.*
Foc...... (ante), 230.1.
FOLCALDUS, laicus, 92.
Fons Benedictus, locus, 40. —
Font (vercheria de la), 93. —
Forense territorium, 91. — F-sis comes, 230. 8-10, 243.9. — *Forez.*
Forest Teton, boscus, 59. —
Foresta, 111, 115, 120, 204.
FORESTARII (Petrus), 242.
FORESTARIUS (Wido), 155.
Forfactum, 230.19. — *Forisf-m*, 209.
FORTESCUT (Willelmus), 18.
Fracto Puteo (de) Adalis, Adelais, 48; — Bonet, 61; — Girardus, 48, 61; — Letardus, 48; — Petrus, 204; — Rotbertus, 48; — villa, 227; — Wido, præpositus, 61; — Wlbertus, 67; — (mansus in), 3. —
Franchisia, 3, 6, 8, 21, 41, 55, 97, 148.
Francia (in), 238.9. — F-æ rex, 2. — *France.*
Francor, clausus vineæ, 36. —
Francorum boscus, 184. —
Francorum rex, 189, 192, 202, 221.
Frasnem (ad), 159. = *suiv.*
Frasnis, villa, 3. — *Frasne (Jura).*
Fraxinum (mansus ad), 148. —
Frigido Puteo (Petrus de). 202. —

FROTMUNDUS, testis, 187.
Frumentale (mansus ad), 89. —
FRUMENTINUS (Bernardus), 56.
FUIER (Hugo), 42.
FUIRS (Durannus), 154.
FULCALDUS, testis, 90.
FULCHARDUS, servus, 83.
FULCO, domnus, 70; —, frater, 192; —, senior, 78.
FULCREDA, uxor B. de Angled., 95.
Furnet (Richerandus dul), 212. —

GALDELAS, G-LS (Durannus), 157-8.
GALDIAL (Durannus), 42.
GALEGELLUS, testis, 157.
GALTERIUS, famulus, 202; —, lusor, 230.16.
GALTERUS, episcopus Eduensis [*v. 1189- v. 1223*], 226.
GALVANUS, laudator, 205.
GANDAL (Ermenaldus), 207.
Garenio, nemus, 204. —
GARLINDIS, uxor Enrici ducis, 193.
GARNAT (Rotbertus), 207.
GASCUM (Bernardus, Petrus), 207.
GAUDELLUS (Artaldus), 205.
GAUFFRIDI (Galtonus, 24.
GAUFREDI (Hugo), 26.
GAUFREDUS, G-RIDUS, camerarius, 207; —, comes [*d'Anjou 958 et de Châlon 978-† 987*], 13; —, diaconus, 189; —, frater 2168, 188; —, miles, 171; —, nepos, 25, 27; —, testis, 73, 82, 140, 157).
GAUSBERT, testis, 125.
GAUSCERANNUS, decanus de Prisiaco, 190.
GAUSFREDUS = GAUFREDUS.
GAUSLENUS, decanus Cabilonensis [*1080-7*], 192.
GAUTERIUS, archidiaconus Eduensis, 202, —, archipresbyter E-s, 202.
GAUZBERTUS, decanus, 192.
Gaveri (Durannus de la), 207. —
Gebennensis comes, 237. 9, 240. 20 — *Genève (Suisse).*
GELINI (Bernardus), 226.
GELINUS, testis, 31.
GEMO, testis, 193.
Generale fratrum, 48, 230. 15.
Gent', Gentes (de) Asginus, 103; — Stephanus, 115. —
GERALDUS, 56; —, testis, 82.
GERARDUS, prior de Paredo, 210; —, testis, 71, 78, 96, 100, 215.
GERINI (Bernardus), 225.
GERINUS, sacrista Sᵗⁱ Nicetii. 230. 34.

GERVASIUS (s^{us}), martyr, 1, 76, 86; —, præpositus, 200.
Gestiis (ecclesia de), 189. —
Gigniaco (de) domus, 233.5; — prioratus, 237. 10. — G-cum (apud), 229.3, 233.25, 239.7. 240.21, 241.23, 243. 12, 246. 15. — *Gigny (Jura).*
GILBARDUS, servus, 184.
GINEAT, testis, 207.
Ginhiacum, Gini-m = Gigniaco.
GIRALDUS, presbyt. 49; —, testis, 213.
GIRARDUS, decanus de Bellomonte, 231; —, donator, 8; —, episcopus Eduensis [1253-76?], 231; —, homo, 179; —, miles, 26; - li pictor, 207; —, pistor, 95; —, presbyter, 27; —, prior Paredi, 95, 202, 206; —, servus, 69, 103, 105; —, testis, 32, 134, 178, 180, 182, 207.
GIRARDUS (Constantinus), sutor, 207.
GIRBALDUS, miles, 75; —, presbyt.61.
GIRBERGA, donat. 33; —, uxor, 87.
GIRBERTUS, 9; —, archipresbyter, 44, 57; —, capellanus, 150; —, donator, 56; —, homo, 179; —, presbyter, 145; —, prior de Paredo, 12, 43, 179; -, testis, 81.
GISLEBERTUS, testis, 213.
Giverduno (villa de), 177. — *Giverdun, c^e de..... (Loire).*
Giverze, G-zi, G-iaco, G-zy (de) Artaldus, 139; — Bernardus, 57; — Giraldus, 28; G-ardus, 57; — Hugo, 25, 57; — villa, 90. — *Giverdey, c^e de Toulon sur-Arroux?*
Glonez (apud), 236.16. —
GLORIOUS (Rotlannus), 43.
GOFREDUS, testis, 215.
GOLFERIUS, miles, 35; —, testis, 99.
GONDELI (Bernardus), 103.
GONTERIUS = GUNTERIUS.
GONTRUDIS, mater Ansedei, 121.
GOTCERANNUS, testis, 78.
GOULBERTUS, homo, 45.
GOY (Stephanus), 122.
GOZFRIDUS, archiclavus, presb. 145.
Grangia, 17-8, 229.28, 230.6-21, 240.21, 243.16.
Grantmont, salvamentum, 179. —
Granval (de) Artaldus, 32; — barrochia, 60; — Rotbertus, 32. — *Grandvaux.*
GRAS (Rotbertus lii), 207.
Grasaco (prior de), 239. —
GRATUS (s^{us}), præsul [*de Chálon-sur-Saône, 648*], 1, 68, 76, 86, 131, 203-6-7.
Gravam, G-vem Longam, G-vil-m (apud), 229.8, 232.1, 235.21, 236.7, 237.25, 238. 13-4, 239. 9. — Gravilonga (de) domus, 233.29, 234.12; — prior. 232-3, 235. 20 — *Grelonges, île disparue de la Saône, en face de Fareins (Ain).*
Graveri (Archimbaldus de la), 107.—
Graverias, portus, 123; — (in), 164. — *La Gravière-sur-Loire.*
Grelonges (apud), 230.31. = Gravem Longam (apud).
GRIMALDUS, presb. 57; —, servus, 100.
GROS (Artaldus), 31.
GROSSA, mulier, 83.
Grossa Noa, pratum, 93. —
GROSSUS (Albuinus), 90; — Bernardus), 157.
GUALDUS [Giraldus?], homo, 20.
Gubirs (Ylerannus de), 212. —
Gueri (Rainaldus de la), 207.
Guerpire, 48, 212, 221-2.
Guerpitio, 208, 212, 221-2.
Guerra, 230.25-28, 232. 29-30, 238.18-29, 243.10-19.
GUICHARDUS, canon. Lugdunen. 229.5.
GUIDO, buticularius, 222; —, prior de Nantuaco, 239.6.
GUILLELMUS, archipresbyter, 216; —, clericus, 229.3; —, monachus de Pomeriis, 229.16.
GULFERIUS, miles, 35.
GUMBERTUS [=Hu-s], 80.
GUNTAR (Bernardus, Petrus), 48.
GUNTERIUS, 173; —, prior de Paredo, 12, 111, 142; —, testis, 80.
GUNZZE (Stephanus), 48.
Gurbiniaco (Artaldus, Durannus, Lambertus de), 70.= Corbiniaco?
Gurci (mansus a la), 93. —
Gygne, Gyniacum (apud), 230.24, 232.29. = Gigniaco.

Hamberta (domus de) 234.24. = Amberta.
Hararis, fluvius, 6.— *La Saône, riv.*
HARTALDUS, testis, 215.
HELDEARDIS, mulier, 105.
HELDERICUS, testis, 199.
HELDINUS, miles, 111.
HELDRICUS, præpositus, 53.
Helemosina, 192.206, 236.23, 239.1.
HELIAS, hospitalarius Cluniac. 207.
HELIRANNUS, puer, 143.
HELISABETH, mater, 20, 28, 136, 139; —, uxor, 133.

HÉMARD, pricur de Paray, 133.
HENRICUS, dux [de Bourgogne 987-†1002], 5, 193, 213 ; —, episcopus Æduensis [1148-†1170], 202 ; —, prior de Paredo, 242 ; —, testis, 193.
HERMENGARDA, H-dis, uxor U. Borbon, 107.
HERMUINUS, episcopus Æduensis, [1025-†1055], 15, 140.
HERODIS hereditas, 86.
Hierosolimam, H-imis profectio, 111, 206, 208. — Hierusalem (de), 157. — *Jérusalem*.
HILDEARDA, uxor H. de Larris, 94.
HIMBALDUS, canon. Autisiodor. 225.
HISDRAHEL, testis, 207.
Hispania, 10. — *Espagne*.
HISPERONS (Ildricus), 220.
HOLDRICUS, testis, 202.
Horæ nocturnæ et diurnæ, 239.8.
Hospitale monachorum, 161.
Hospitalitas, 229, 236, 238-9, 241, 243-4, 246.
HUBERTUS, testis, 65.
HUGO, abbas Cluniacensis, Clunie-s [1049-†1109], 14, 27, 48, 111, 130, 162, 164, 176 7-8, 189, 192, 227 ; —, — Si Germani [à Auxerre 1099-1115], 189 ; —, archidiaconus [Æduen.], 16 ; —, cancellarius, 292 ; —, caprarius, 221 ; —, cellerarius, 87 ; —, comes Cabilonensis, C-sium [I de Chalon-s.-S., 988], 101, 134, 145. 165, 173, 180, 182, 184, 193-4-5-6, 199, 209, 221-2 ; et episcopus-præsul [d'Auxerre 999 † 1039], 5, 7, 14-5, 96, 102, 111, 140, 183, 185-6, 213-4 ; —, comes [II de Châlon-s.-S. v. 1065-† v. 1078], 10-1, 45, 107 ; —, consobrinus, 124 ; —, constabularius [Cluniacen.], 207 ; —, decanus de Maleyo, 229.28 ; — (domnus), 58 : —, dux Burgundiæ et comes Cabilonensis [IV, 1218-†1272], 227, 231 ; —, episcopus Autisiodorensis [1183- †1209], 225 6 ; — Nevernensis [1013-†1066], 145 ; —, filius, 21, 78 ; —, frater, 17, 20, 46, 48, 54, 60, 63 ; —, miles, 18-9 ; —, monachus, 79 ; —, prior de Paredo, 12, 16, 21, 24-5, 27-8, 34, 47-8-9, 53, 56, 60- 1, 66, 76, 87-8, 91-2 3-4, 97-8, 115, 123, 130, 132, 134-5, 157-8-9, 160-1-2, 164, 167-8, 170, 192, 208, 210, 215-6, 218 ; —, sacristes [Æduen.], 16 ; —,

testis, 44-5, 96, 100, 120, 185, 217 ; —, vir, 150.
HUGOLINUS, testis, 195.
HUMBALDUS, archidiaconus [Æduen.], 189 ; —, episcopus Autisiodorensis [1095-†1115], 189.
HUMBERTUS, abbas, 145 ; —, frater, 79 , —, levita, 145 ; —, miles, 80 ; —, monachus, 230. 17-34 ; —, presbyter, 84 ; —, prior Marciniaco, 91-2.
Hychiun, castrum, 166. — *Uchon*.

ILDINUS, frater, 68 ; —, laudator, 205 ; —, testis, 120, 140.
ILIO, ILIUS, donator, 99, 100.
Immunitas, 208.
Imperio (nobiles de), 243.10.
Incarnatio Domini, D-ica, 2, 4, 189, 202, 206, 213, 221-2, 225, 227.
Incendium, 236.17.
Indominicatus, I-ta, 71, 148, 193-4.
Infirmaria, 246. 3-14.
INGELBERGA, mater, 184 ; —, uxor, 150.
INGELBERTUS, servus, 112.
INGELTRUDIS, mater Lamberti com., 2 ; —, mulier, 134 ; —, textis, 195.
Insula (Humbertus de), 246. 14. —
Inundatio aquarum, 235.26.
Inventarium, 246. 10-14.
ITERIUS, frater, 120 ; —, testis, 186 ; —, vir, 150.
Itulet (Petrus de), 207. —

JACOB (Oddo), 207 ; — (Willelmus), 191.
JACOBI (si) sepulcrum, 11.
JACOBUS, monachus, 240. 14, 246. 7.
Jaliniaco (de) Falco, Gulferius, 177. —
Jaloniaco (Hugo de), prior de Gravilonga, 237. 25. — *Jalogny*.
Jambum (Durannus du), 212. —
Janthals (Stephanus de), 210. —
JARENTO, miles, 68 ; —, testis, 189.
JARGENSIS (Leottaldus), 84.
JARTRUDIS, uxor A. de Buxol, 28, 88.
JESUS CHRISTUS, 4, 206, 213.
Jhalamo, parrochia, 42. —
Jhaloet, J-th (de) Hugo, 88 ; —villa, 121. = Chaloe.
Jhavagist, J gniset, J-asiset, Jhavisiset [de] Artaldus.90-1-2 ; — villa, 60 ; — Ylio, 34. = Chiavaniset.
Jhavanes (monachus de), 212. —
JHAVAZOLA, J-LE (Aimo), 150-1.

JOCERANNUS, famulus, 160, 162 ; —, filius, 132 ; —, frater, 60, 72 ; —, testis, 54, 76, 153, 173, 187.
JODCELMI Berardus, fil.), 207.
JODCERANNUS = JOCERANNUS.
JOEL (Aimon), 59.
JOFFREDUS, prior de Pomers, 240.14.
JOHANNES (sus) Baptista, præcursor Christi, 2, 5, 187, 206, 213-4 ; ejus festivitas, 94; festum. 230. 5, 235. 8 ; —, clericus, 207 ; —, episcopus [de Mâcon, 973-†977], 165 ; —,—Masticonensis [1262-†1264], 235.10 ; —, prior Paredi, 221-2 ; —,— Si Simphoriani, 202 ; —, sutor, 207.
JOHANNIS mansus, 60, 177.
JOSBERTUS, frat. 211;—, presbyt. 26.
JOSSERANNUS = JOCERANNUS.
JOTCELINUS, præpositus, 85.
JOTCERANNUS = JOCERANNUS.
JOTSALDUS, colonus, 71, 74.
JOTSELINUS, mancipium, 71.
JOTSUINUS, colonus, 71.
JOTZA, soror, 179.
JOZERANNUS = JOCERANNUS.
JUDÆI, 6, 199.
JUDAS, traditor Domini, 86, 213.
Juliaco (Rotbertus de), 207. — Juilly (Côte-d'Or).
Juramentum, 231, 236, 239.7.
Jus, ecclesia, 128. — St-Bonnet-de-Joux ?

Kadralas, Kadrellam, K-as, K-lem (apud), 230.1, 235. 9, 236. 23, 237. 20, 243. 4. — K-la, K-lis (de) prior, 230, 246 ; — p-ratus, 246.1. — Charolles.
Kari Loci, Karilocum = Karo Loco (de).
Karitate (prior de), 230.20. — La Charité (Nièvre).
Karo Loco (de) debitum, 232. 4 ; — domus, 234. 23, 241. 11 ; — prior, 230. 5-34, 237. 23, 238. 15 ; — prioratus, 232. 2, 233. 23-4, 237. 23, 238. 26-8. — Karum Locum (ad), 232. 5 ; — (apud), 229. 19, 230. 4, 232. 12, 233. 18, 235. 11, 236. 22, 237. 1, 238. 29, 239. 1, 241. 11, 243. 6. — Charlieu (Loire).
KAROLUS, pœnitens, 207.

Ladona (domus de), 230, 20. = Laudona.

LAGASCHETUS, servus, 203.
Lainaco (ecclesia de), 78. —
Laingiacus, villa, 38. = Langiac.
LAMBERT, mancipium, 71.
LAMBERTUS, comes Cabilonensis, [968-†988 fév. 22], 2, 3, 4, 6, 7, 8, 14, 165, 180, 195-6, 213-4 ; —, miles, 40 ; —, monachus, 130 ; —, testis, 72, 195, 199.
LANBERTUS = LAMBERTUS.
LANCBERTUS, presbyter, 207.
LANCENDUS, colonus, 85.
Landona (Johannes de), 235. 28. —
LANDRICUS, miles, 74 ;—, testis, 78, 185, 193, 199.
Langiacum (apud), 190. —
LANTBERTUS = LAMBERTUS.
Larr', Larris (Hugo de), 18, 48, 93 (juvenis), 94. —
Larveta (Ainaldus de), 212. —
Latrinæ, 229. 5-22-23.
Laudare, 16, 21, 24-5, 27-8, 36, 45, 48, 53, 56, 64, 70, 86-7, 93-4-5, 97, 200-1.
Laudona (prior de), 246. — L-am (apud), 246. 11.—St-Jean-de-Losne (C.-d'Or).
LAURENTIUS, frater Karoli, 207.
Laval, L-ls (a), 6 ; — (de) Hugo, 22, 27, 90, 155 ;— Vualbertus, 112 ; — Willelmus, 42. —
Lavardu', villa, 144. —
Lavarenis (villa de), 204. — Lavarenne, c° de....
Laviniaco (in), 180. —
Legatus sedis apostolicæ, 189.
Lentenay (apud) ,230. 19. — Lentenay (C.-d'Or).
LEODEGARII (s¹) festum, 41.
LEODEGARIUS, testis, 217.
LEOTALDUS, testis, 165.
Lermont (Bernardus de), 207. —
Leschiroles, L-lles, villa, 87.—L'Echeriolle, c° de Martigny-le-Comte.
LESJANS (Wido), 175.
LETALDUS, donator, 53 ; —, nauta, 123.
LETBALDI mulier, 51.
LETBALDUS, 173 ; —, carpentarius, 138 ; —, filius, 65 ; —, testis, 77, 180, 182, 186, 188.
LETBALS (Aymo, Hugo), 167.
LETBERGA, fœmina, 155.
LETBRANNUS, stipes, 179.
LETBURGA, uxor Deodati, 187.
Liber [Evangeliorum], 95.
Libra auri, 4, 187 ; — denariorum, 132 ;— panis, 235. 10;—piperis, 211.

Librata terræ, 237.9, 246.12.
Ligeris, fluvius, 6, 21, 107, 141, 145;
— riva, 164. — *Loire, fleuve.*
Livonæ terra, 80. —
LOBL (Bernardus), 93.
Loies (dominus de), 230.27. — *Loyes (Ain).*
LOIRS (Bernardus), 207.
Lonbardia (in), 238.13. — *Lombardie.*
Longuavilla, locus, 40. —
Longum Peretum (ad), terra, 60. —
Lordono (decanus de), 221. —
L-num (apud), 221. — *Lourdon.*
LOTALDUS, tisserius, 32.
LUBERSI (Tetbaldus), 212.
Luciaco, campus, 180. —
Luçiacum = Luziacum.
Lucina, villa, 35. —
LUDOVICUS, rex Francorum [*VI*, *1108-37*], 189; [*VII*, *1137-80*], 202, 206.
Ludunensis, Lugdule-s, L-une-s archiepiscopus, 233.27, 243.10; — canonicus, 229.5; — decanus, 230.30; — electus, 229.4; — provincia, 229-30, 232-3-4-5-6-7-8-9, 240-1, 243-4-5. — L-num (apud), 229.5-17, 230.28, 238.18, 239.5. — *Lyon (Rh.)*
Lugiaco (de), 160. —
Lugo, mons, 21. —
Luiçacum = Luziacum.
Luminaria, 38, 152, 176, 188.
Lurciaco, Lurcy (de) ecclesia, 150, 162; — Emmo, 120; — Jodzerannus, Painus, 150; — Richard, 163; — Rotbertus, 150; — Wichardus, 93; — Wilelmus, 48, 120, 150. — *Lurcy, c° de Luneau (Allier).*
Lusiacum = Luziacum.
Luurci, L-iaco = Lurciaco.
Luziaco (de) castrum, 189; — dominus, 230. 16, 241. 12; — domus, 232. 17, 234. 2, 240. 2. — L-cum (apud), 229. 24, 230.15, 233.14, 235.6, 236.18, 237.16, 238.4, 239.19, 241.16, 243.1, 246.5. — *Luzy (Nièvre).*

Mable (domus de), 236.1. —
Macobrium = Magobrium.
Maeura = Mandopera.
Magnates, 107, 154.
Magobrio (prior de), 238, 243. —. 16.
— M-ium (apud), 229.25, 230.16, 235.5, 236.17, 237.15, 238.5, 246.6. — *Mesvres.*

MAIMBALDUS, M-lt, donator, 125.
MAIMBERTUS, faber servus, 21.
MAINBALDUS, testis, 81.
MAINBERTI terra, 174.
MAINFREDUS, servus, 134.
MAIOLUS, abbas Cluniacensis [*v.* *965-†994*], 2, 13, 213-4.
MALA TESTA (Robertus), 37.
MALAREIN (Burdinus), 207.
Malareto = Malereto.
Maldelgo (Heynricus de), 138. —
Malereti, M-to (de) Artaldus, 150-1; 154; — Gaufredus, 151, 154. —
MALFREDUS, servus, 134.
MALS ET BONUS (Albertus), 28.
MANAGONA (Durannus), 207.
MANCEL (Durannus), 207.
Mancipium, 3, 5, 6, 71, 92, 145, 165, 193.
Mandopera (domus de), 240.3 = Magobrio.
Manerium, 237.11, 243.15.
Mangobrium = Magobrium.
Maniaco (Hugo de), 211. —
Mansio, 25, 69, 107, 199, 229. 4-8, 238.16-22, 239.7.
Mansum (ad), mansus, 42. = *Mans, c° de Dyo ?*
Mansus, 5, 6, 33-4, 38; 40, 46, 55, etc.
Mansus, terra, 148. —
Maosta, silva, 55. —
Marchisut (Gaufridus de), 206. —
Marci (Radulfus de), 226. = Marniaco.
Marciaco (Petrus de), 221. —
Marcigniacum = Marciniacum.
Marcile, M-li, M-iacencis, M-co, M-ie (de) Atto, 22; — finis, 72; — Joceranus, 22, 98, 100, 159, 176; — Lambertus, 98-9, 100; — mansus, 216; — villa, 58. — *Marcilly-la-Gueurce.*
Marcinhiacum = Marciniacum.
Marciniacense-sis, M-ci, M-co (de) domus, 234.25, 240.9, locus, 215, 220; — monachi, 218; — monasterium, 216.7; — prior, 91-2, 220; — sanctimoniales, 219-20; — silva, 6; — villa, 27, 130; — Wichardus, 160. — M-cum, M-agum (apud), 229.20, 230.3, 232.13, 233. 17, 235.10, 236.21, 237.19, 238.24, 239.22, 241.12, 243.5, 246.2. — *Marcigny-les-Nonnains.*
Mardanges (a), 133. —
Mardelgio (Emricus de), 105. —
Mardiago, villa, 41. — *Mardiaugue,*

cᵒ de ....
Mardialgo (Enricus, Walterius, Wilelmus de), 41-2. = *précéd.*
MARESCALDUS (Bernardus), 202.
MARESCALS (Martinus), 61; — (Petti), 158.
MARESCHUS, testis, 27.
MARIA (ba, sa), 1, 131, 187, 210, 213-4, 217. — Ejus Annunciatio, 238.24; missa, 229.3; Nativitas, 207; Purificatio, 229.28, 230.16.
MARIA, filia Albuini Grossi, 217.
Maringis (de) Ansedeus, 107.117; — Jocerannus, 130; — Letaldus, 99; — Stephanus, 21; — Wilelmus, 50. — *Maringue*, cᵉ *de St-Julien-de-Civry.*
Mariniaco = Martiniaco.
MARINUS, miles, 68; — servus, 22.
MARISCHAL (Rotbertus), 166.
Marliacensis, M-cus, ecclesia, 15, 165, 167. — M-co (in), 3. — *Marly-sur-Arroux.*
Marmanio (Ascherius), 21. — *Marmagne.*
Marnant, villa, 3. — *Marnand*, cᵉ *de Briant.*
Marniaco (Radulfus de), 225. — *Marnay*, cᵉ *de St-Symphorien-de-Marmagne.*
Marriaco (mansus in), 8. — *Mary.*
MARRIGLERII (Letbaldus), 21.
MARTEL (Gelinus), 44.
Martiniaca silva, 184. — M-censis parrochia, 87; — villa, 184. — M-co, 87. — *Martigny-le-Comte.*
MARTINUS (sᵘˢ), 141. — Ejus festum 36, 98, 123-4-5, 127, 145, 242 (hiemale); natalis, 79, 136.
MARTINUS, decanus, 208; —, servus, 22, 134, 139; —, testis, 27.
Marzili = Marcile.
MATHÆUS, camerarius [Franciæ], 222.
MATISCHIAL (Wido), 53.
Matutinæ, 229.17. — *M-num*, 239. 9,-12,-17, 240.13.
MAURICIUS, comes, 213; — frater comitis [*de Châlon*], 5, 180, 193.
Médeus (Fulco de), 110. —
MEDIUS (Girbertus), 166.
Melleduni villa, 189. —
MENCIAD, M-IODA, M-OT (Hugo), 21, 53, 103.
MENIAL (Galterius), 207.
Mensura Paredi, 44; probata, 123.
MERCATOR (Jocelinus), 24.
Mercatum, 6, 194.

Merculie, villa, 172. — *Merculey*, cᵉ *de Gueugnon.*
Mercure (apud), 230.23. — *Mercurey*.
MERLOUS, MEROLUS, MERULUS (Durannus), 23, 28, 34, 88, 114, 132, 167.
MESCHINS, M-NUS (Bernardus), 29; — (Gelinus), 68; — (Rodulfus), 48; — (Wigo), 25.
MESCHINUS, presbyter, 95, 207.
Messio, 41, 98, 124, 143.
Messionagium, 221-2.
Meuram, M-re (apud), 232.18, 233. 13. —
Meuvray (domus de), 234.3. = Magobrio.
MICHAELIS (si) festum, 123; missa, 148, 192.
MIEROZ (Odilo), donator, 167.
MIGNELUS (Rotbertus), coriarius, 207.
MILICI (Bernardus, Rotbertus), 192.
MILO, canonicus Autisiodorensis, 223; —, telonarius, 131.
Misericordia Domini (dominica), 229.25.
Missa matutinalis, 235.2, 238.22; — pro mortuis, 239.1-2; defunctis, 238.29.
MITTE FOCUM (Hugo), 207.
Modius avenæ, 179; — bladi, 246.7; — sigili, 108, 174; — vini, 9, 108.
Molendinum, 6, 45, 48, 63, 78-4, 134-5, 148, 150, 161, 193, 197, 229. 10, 240.24, 241.5, 243. 3, 246.11-2.
Molinum, 47-8, 150, 181.
Monacatus, M-cha-s, 25, 27, 122, 128-9, 164, 205.
Monachicus habitus, 79, 118, 120, 198; — ordo, 90, 168, 172.
Monasteriolum (apud), 189. —
Monbertout (domus de), 230.30. = Montem Beltodi.
Moncel, M-llis, M-lo, M-els (ad), 70; — (al), 29, 30; — (Bernocus), 48; — (Durannus de), 60; — (mansus al), 127; — (Raincrius), 48; —, villa, 3, 41, 59, 81, 110, 125, 145, 148, 204. — *Montceau.*
MONEGRA (Hugo), 201.
Monenchia, foresta, 120. —
MONERT (Wichardus), 87.
Moneta, 189; — currens, 246.4-9; — Matisconensis, 229.1; — Nivernensis, 229.23-4; — Parisiensis, 229.28, 233.12, 238.29, 240.13; — Pictavensis, 46; — de rege, 21; — Toronensis, Tur-s, 229.17, 233.

ALPHABETICUS

15-7, 234.1-26, 235.3-18, 236.1-23, 237.1-20, 238.3-24, 239.18-22, 240.4-24, 241.8, 242 ; — Vianensis, Vienn-s, 229.2-28, 230.4-28, 231, 232.8-29, 233.5-31, 234.15-24, 235.4-25, 236.5-25, 238.11-21, 239.1-9, 240.18-25. — Ejus mutatio, 240.18.
Moneta (Robertus de), 201. —
Moniales velatæ et non, 239.9.
Monliergue (Bernardus de), 56. — *Mouiliergue*, cᵉ *de Paray-le-Monial.*
Mont, locus, 165 ; —, villa, 148. — M-te (castrum de), 3. — M-cm (ad), 42. — *Mont.*
Montem Beltodi, Berthodi, Bertodi, B-oldi, B-oti, B-oudi (apud), 229.7, 235.20, 236.8, 238.14, 239.8, 241.4, 244.1. — Montis B-i domus, 238.1, 234.13, 240.19. — *Montberthoud, cᵉ de Savigneux (Ain).*
Monte Berthodi (Joannes de), 243. 11. = *préced.*
MONTBOON (Lambertus), 34.
Montis Brisonis (decanus, 235.17. — *Montbrison (Loire).*
Monte Combroso (ecclesia B. Mariæ V. in), 15, 148. — *Montcombroux (Allier).*
Mons Liergue, villa, 52 = Monliergue.
Montelanteri mansus, 188. —
Montmalats (Hugo de), 24. — *Montmelard.*
Montermenter, M-the-e (Ansedeus), 20, 107, 111 ; —, castrum, (Dalmatius, Rodbertus, Stephanus de), 111 ; — (Willelmus de), 10, 111. — *Montermenter, cᵉ de .... .*
Montempessalanum (scolæ apud), 238.5. — *Montpellier (Hér.).*
Montem Sancti Joannis (apud), 229.28, 230.17, 232.19, 233.12, 233. 4, 237.14, 238.6, 239.17, 241.18, 243.18, 246.7. — Montis Sᵗ J-s castrum, 238.6 ; — domus, 240.4 ; — prioratus, 234.4. — *Mont-St-Jean (C.-d'Or).*
Monte Sancti Vincentii (in), 6, 188, 194, 207. — M-em Sᵗ V-i (apud), 229.26, 240.8. — Montis Sᵗ V-i, 111, 236.20. — *Mont-St-Vincent.*
Monte Villa (apud), 159. — *Mont-la-Ville.*
Montet, M-th (de) condemina, 161 ; — villa, 79, 134. — *Le Montet.*
Monticima (Rimaldus de), 21. —
Monz villa, 174. — *Mont.*

Moregne (Gauscerannus de), 204. —
MOREL (Bernardus), 34.
MORELION (Hugo), 109.
MORELLI (Ademarus), 209.
Moreste (parrochia de), 177. —
Moriniaco (de) Oddo, 158 ; — Rainerius, 157. — *Mornay.*
MORSALS (Hugo), 109.
Mota (mansus in), 3 ; —, villa, 74, 78. —
Mota Sancti Joannis, 240. 8. — *La Motte-St-Jean.*
Moteri (condamina ad), 93. —
Mula, 64, 108, 112, 115, 159, 208.
MULINIS (Bernardus), 139.
Mulins (Bladinus de), 28. —
Mulnaris, 150, 197. — *M-ium*, 93.
Mulnerius, 45.
Mulneto (in), 145. —
Multo, 44, 107 ; — vestitus, 98. —
Mulus, 21, 167.
Munda (Gelinus de), 112. —
Murciaco (ecclesia de), 94. — *Mussy-sous-Dun* ?
Murneis (mansus de), 188. —
Mussal canabi, 22, 98, 127.

Namtuaco, Nantoaco, N-ais, N-as, N-ays, N-ouaco, N-tuaco (de) domus, 230.26, 233.2-3, 243.19 ; — prior, 233.4, 240. 14 ; — prioratus, 229.16, 232.9-31, 233.21, 237. 3-8-9, 238.22, 246.14 ; — subprior, 233.2. — Nantoacum, N-ais, N-as, N-tuacum (apud), 229.4, 230.25-7, 232.30, 235.26, 237.9, 239.6, 240.20, 241.24. — *Nantua (Ain).*
NARJODUS, episcopus Æduensis [*1098-1112*], 189.
Natale Domini, 41, 238.18-21-22, 241.12.
Nativitas Domini, 227.
Neusiaco, villa, 40, 145. — *Neuzy,* cᵉ *de ....*
Neverneusis = Nivernensis.
NICHOLAUS, custos ordinis, 221.
Nigro Stabulo (prior de), 236. — *Noirétable (Loire).*
Nivernensis canonicus, 145 ; — comes, 189, 237.16 ; — episcopus, 189 ; — præsul, 145. — Nivernis (fact.), 189. — *Nevers (Nièvre).*
Nongento (decanus de), 246.10. — *Nogent-le-Rotrou (E.-et-L.).*
Noschisis, parrochia, 54. — *Nochize.*
Nota (horæ, missa cum, sine), 238.5-29, 239. 1-, 240.24.

Nova Villa = Villa Nova.
Novas Casas, ecclesia, 22; —, parrochia, 60. — Nochize.
Novellarum constitutio, 246.14.
Noviodus, cantor et archidiaconus [Æduensis], 16.Cf. Narjodus.
Nucibus (Petrus de), 210.—

Obedientia, 229.19. — O-arius, 229.3-10-19, 235.25, 246.13.
Oblationes, 21, 143, 150.
Oculi mei (dominica), 230.12.
Oddo, miles, 196; —, prior de Pomers, 238.22, 240.14.
Odilo, abbas Cluniacencis [994-1048], 13, 33, 96, 104, 111, 145, 213-4; —, avunculus, 126; —, monacus, 84, 86, 192; —, puerulus, 85.
Odo, dux Burgundiæ [1142-1162], 202; —, presbyter, 145; —, testis, 193.
Odulgarius, testis, 213.
Odylo = Odilo.
Offerenda, 22, 94, 132, 154, 167.
Officium divinum, 229.3, 235.2, 236, 19, 237.8, 238.1, 239.1, 241.1, 243.12, 244.2, 246.1;—precum, 192.
Ogedia (Hugo), laicus, 92.
Oleschinus, presbyter, 200.
Olsola, Olzola (de) Artaldus, 172; — Hugo, 28, 34, 86, 88, 64, 87, 93, 136, 152, 155, 172, 175; — Joverannus, 87, 112; — parrochia, 219. — Ozolles.
Omnium sanctorum festum, 246.14.
Oredors, Oretors (ecclesia S¹ Petri), 25; — (presbyter), 49. — Ouroux.
Oriralit, serviens, 235.14.
Ornadus, presbyter, 94; —, testis, 185.
Ornatus, testis, 207.
Orval, O-ls (a), 126; — (Rotbertus d'), 159. — Orval, c. d'Oyé.
Osanna, mancipium, 71.
Osbertus, laudator, 167.
Otelmi pratum, 103.
Otbertus, abbas S^æ Margaritæ [1150-5], 202; *— (magister), 202.
Otto, comes [de Bourgogne v. 995-1027], 213; —, nepos comitis, 184.
Ozeschinus, presbyter, 208
Ozola, O·les = Olsola.

Paganus (Ilius), 107.
Paigne, P-eyo (Henricus de), 230.

20, 235.25. — Pagny (C.-d'Or).
Paion (a), 159; —, foresta, 103; — (villa de), 6, 77, 101, 180. — St-Dinis-de-Péon, c° de Curgy.
Palafiedus, 210. — Palefs, 21.
Palfol (Aimo, Bernardus, Gaufredus), 211.
Palut (Stephanus de la), 58. —
Paray (a), 133. — Paredo, P. Moinali (act.), 187; — (de), 242; — capitulum, 200 ;—carta, 225 ;— conventus, 242; — domus, 221.2, 234, 27, 240.8, 243.3; — ecclesia, 152, 202, 221-2, 226-7; — fratres, 16, 210 ; — hospitium, 221-2 ; — locus, 10, 48, 68, 87, 131, 157-8-9, 160-1-2, 164, 175, 177-8, 207-8, 211 ; — monachi, 84, 96, 158, 160, 200-1, 212 ; — pedagium, 231 ; — prévosté, 233 ; — prior, 135, 176, 190, 204, 206-7, 210, 221-2, 234.4, 238 ; — p-ratus, 228, 245 ; — sacrista, 242 ; — seniores, 158, 209 ; — terra, 201; — villa, 204, 221-2, 226 ; — (in), 95. — P-dum (apud), 161, 224-5-6, 229.21, 230.2, 232.14, 233.16, 235.8, 236.20, 237.18, 238.1, 229.2, 241.14, 246.8. — Paray-le-Monial.
Paret (Hebradus de), 216.
Parisius (actum), 224 ; — (studens), 235.8, 246.3. — Paris (Seine).
Parreciaco, P-ric-o (de) monacus S¹ Benedicti, 76 ; — Stephanus, 61, 87-8, 93, 132, 203. — Perrecyles-Forges.
Parrency, P-niaco, P-rin-o (de) Anseau, Ansedeus, 20, 58, 119 ; — Anselmus, 101 ; — Artaldus, 38, 70 ;— Bertrannus, 101-2-3 ; — Girbertus, 36 ;— Heldinus, 103 ;— Hugo, 38, 60, 70 ; — Ildinus, 101-2 ;— Petrus, 70, 135 ;—Walterius, 58, 103 ; — (in), 37. — Perrigny.
Pasca, Pascha, 41, 189, 229.4, 230. 24-26-31 ; ejus octabæ, 242.
Paschalis, papa II [1099-1118], 189.
Pasche, P-et (Hugo de), 132,155. —
Passio Domini, 229.17, 230.18.
Pasturals (Thomas), 207.
Patagni (de) Arnulfus, 212 ; — Ingerbertus, 212.
Patriciaco = Parriciaco.
Pauliaco, villa, 122, 129. = Poliaco.
Paulus(sus), apostolus, 207.213-4, 217.
Pedagium, 221-2.
Pelles silvaticæ, 238.8.
Pellicia, 229.17, 238.11.

PELLICUS Puisant (Briccius), 207.
PELLITUS (Denioret), 207.
Penthecosten (circa), 230.4.
PEREDET (Durannus), 48.
Pererium (al), 41. — *Le Perrier*, c⁰ *de Ciry* ?
PERERS (Girardus), 207.
Perret (Bernardus de), 216. — *Péret, c⁰ de St-Laurent-en-Brionnais*.
PERRIUS (Girardus), 27.
Petra Campi (de) Guicardus, Guicha-s, 225-6; — Hugo, 221, 225-6; — Jotcerannus, 204. — *Pierrechamp, c⁰ de La Guiche*.
PETRONUS, testis, 125.
PETRUS, abbas Cluniacensis [1152-8], 206, 209; —(sus), apostolus, 68, 160-1-2, 164, 177, 190, 207, 210, 213-4, 216.7; —, archipresbyter, 207; — armarius et subprior Kari Loci, 229.19 , —, cocus, 202; —, decanus Cluniacen., 207; —, (dom.), 229.4; —, faber, 207; —, filius, 18-9, 21, 32, 207 ; —, frater, 84, 229.19; —, miles, 17 ; —, monacus, 132, 230.34 ; —, præpositus, 38, 69 ; —, servus, 98, 112 ; —, testis, 55, 83, 131 ; —, vir, 32.
PEVRARI (Milo), 211.
PHILIPPUS, rex Francorum [*I*, 1060-1108], 192, 221-2, 224.
Pictantia, *P-ten-a, Pidan-a, Pitta-a*, 238.22, 241.12, 243.5, 246.14.
Pigneria (Acelinus de), 69. — *Pignière, c⁰ de Changy*.
PILFOL, P-LS (Arlaud), 113 ; — (Gaufredus, Geoffroi), 113, 207.
Pinet (Berengerius, Guido, Waldo, Wido de), 63. —
Pinum (ad), 41. — *Les Pins* ?
PIPINUS, frater, 211.
Piscaria, 5, 6, 193. — *Piscatura*, 218.
PISCIS, servus, 204 ; — (Hugo), 38.
Placis (a les), 41. —
Placitum, 92-3, 154, 159-60-1, 166, 192, 194, 200-1, 207, 212 ; generale, 76.
Planchi (a la), 47 ; — (Joannes de la), 207. —
Plumb', villa, 3. — *Plomb, c⁰ de Baron*.
POCHET (Petrus), 202.
Podialapo (prior de), 235. — *Piolenc (Vaucluse)*.
Podium, villa, 148. — *St-André-le-Puy (Loire)*.
Poilli, P-iacum = Polliaco.
Poisson, P-ns, ecclesia, 20, 49, 88, 178 ; —, villa, 138. — *Poisson*.
Poli, P-iaco, P-ie, Polliaco (de) domus, 232.7, 233.22, 234.16, 240. 15, 243.9 ; — Gaufredus, G-ridus, 137, 151 ; — illi, Letbaldus, 167 ; — Rainerius, Rayn-s, 137, 151, 156, 161 ; — Ysiliardus, 167. — P-cum in Foresio, Forisio (apud), 230.8, 232.7, 233.22, 235.17, 236.5, 237.4, 238.20, 239.3, 241.7. — *Pouilloux*.
Pomerias, P-ios, P-ium in Foresio, P-rs (apud), 229.16, 230.10, 233.15, 236.3, 237.3, 238. 22. — P-riis in Foresio, P-rs (de) domus, 232.9, 233.21, 234.18, 240.14 ; — prior, 239. — *Pommiers (Loire)*.
Ponsi (Bernardus de), 207. —
PONTIUS, abbas Cluniacensis [1109-22], 189-90, 207 ; —, episcopus Masticonensis [1199-1220], 226.
POPET (Clarembaldus), 207.
POPEZ, testis, 93-4.
POPIER (li), Popperii de Cambonio, 242.
POPIN, P-NS, colonus, 35, 86.
Porta (de la) Bernardus, 88 (juvenis), 198 ; — Wilelmus, 44-5. —
Positellis, villa, 148. —
Possions, Possons, Possun = Poisson.
Præpositura, 25.
Præpositus, 24-5, 136, 194.
Prebenda, 239.9, 240.21, 246.8.
Predbonant, pratum, 108. —
Presbyteratus, 17-8-9, 20, 22, 25, 88, 94, 132, 154, 162, 167.
Presbyterium, 130.
Priscey, P-ciaco, Prisiaco (de) decanus, 190 ; — obedientia, 70 ; — villa, 26, 29, 30-1, 36, 79. — *Prity*.
Procuratio, 221. — *P-tor*, 238-9, 241.
Provintia (in), 238.18. — *Provence*.
Pueleto (Hugo de), 226. —
Pulchra Spina, locus, 131, 211. —
Puleio (Hugo de), 225. — *Le Puley*.
PULZET (Otbertus), 167.
Puteres (H. de), 203. — *Puthière c⁰ de.....*

Quadragesima, 229.23, 230. 13-4-7-31, 238.21, 239.9, 243.5.
Quadrellam (apud), 238.2, 239.12, 241.13. — Q-le (Bernardus), 84. — Q-lis (de) domus, 240.24 — prior, 240. = Kadralas.

Quadrile, Q-ense-sis castrum, 45, 181 ; — porta, 45 ; — præpositus, 44. = précéd.
QUECIUNS, testis, 207.
Querelam (ad), 89. —
Querre, villa, 124. — *Quierre, c° de Beaubery*.
Quictare, 152, 232.28. — *Quit-e*, 221-2.

RACULFUS, donator, 3, 196.
RADULFUS, constabularius, 222.
RADULPHUS, monac. de Taloiers, 230.29.
RAGAN, famulus, 95.
RAGENALDUS, presbyter, 145.
Ragiacensis, Raginiaco ecclesia, 17. — *Ragy, c° de Marigny ?*
RAIEMBALDUS, decanus [Nivernensis], 145.
Raigniacum (apud), 230.6. = Regniaco.
RAIMBALT, testis, 125.
RAIMBERT, mancipium, 71.
RAIMBERTI tenementum, 36.
RAIMODIS. domina, 34, 58.
RAINALDUS, custos ordinis, 221 ; —, episcopus, 213 ; —, pistor, 105.
RAINAUDUS, monacus, 48.
RAINERIUS, archipresbyter [Æduensis], 16, 112 ; —, filius, 18-9, 21 ; —, testis, 83, 140, 180, 182,186.
RAINGARDIS, uxor, 56, 110.
RAINGART terra, 174.
RAIONARDUS, servus, 40.
Ramis Palmarum (in), 229.20, 230.23.
Rasneria, silva, 152. —
RATBAL (Hugo), 166.
RATMALDI terra, 30.
RAYMODIS, RAYNERIUS = RAI....
Recondis (Amicus de), 212. —
Rectitudo, 18, 38, 59, 86, 154, 182.
Rectum, 17, 36, 48, 59, 87, 91-2, 159-60, 170-1, 212.
Refectorium, Refert-m, Reffect-m, 235. 2-20, 236.7, 237.25, 238.29, 244.2, 246.12.
Regniaco (prioratus de), 237.23. — *Regny (Loire)*.
Regniacum (juxta), 158.= Rigniaco.
Reigniacus, 224. = Rigniaco.
Reiniaco (ecclesia de), 202. = Rigniaco.
Reliquia, 229.12. — *R-iœ*, 243.17.
REMIGIUS, testis, 213.
Reminiscere (dominica), 229.1, 230.6.
RENCHO, monacus, 215.
Reun (Girardus de), 221. — *Rion,*

c° de Demigny.
REX (Heldigerius), 147 ; — (Martinus), 56.
RICHARDUS, comes [999], 213 ; —, episcopus Albanensis [1102-14?], 189 ; —, homo, 184, 188 ; —, præpositus, 64, 66, 159 ; —, servus, 134, 143 ; —. testis, 140.
RICHIRS. testis, 207.
Rigniaco (domus de), 232.5, 233.23, 234.20. — R-cum (apud), 229.14, 238.26. — *Rigny-sur-Arroux*.
Rimannes (Benedictus, Eldricus, Rotbertus de), 48. —
Riniacum = Rigniacum.
Rispa, 55, 148-9, 193.
ROBERTUS, 21 ; —, capellanus, 28 ; —, — de Martiniaco. 225 ; —, episcopus Cabilonensis [1185- v. 1215], 226; —, filius, 87 ; —, frater, 192-3, 215 ; —. monacus, 93, 246.7 ; —, præpositus, 127 ; —. presbyter, 48 ; —, rex [Franciæ II, 996-1031], 187, 213-4 ; —, servus, 151; —, socius abbatis, 221 ; —, testis, 40, 48, 65, 73, 83, 140, 181, 192, 199 ; —, vicecomes [*d'Autun*], 2 ; Cabilonensis, 8, 165, 213 ; 185.
Rocca, Roccha = Rocha.
ROCELINUS, testis, 184.
Rochi, R-ia (de la) Bernardus, 197 ; — Petrus, 212 ; — Walterius, 212 ; — Wido, 58, 197 ; — Willelmus, 197. —
ROCLENUS, præpositus, 199 ; —, subdiaconus, 145 ; —, testis, 15, 140, 181, 193.
RODBERTUS = ROBERTUS.
RODGERIUS, episcopus, 213.
Rodonis fluvius, 148. — *Le Roudon, riv. (Allier)*.
RODULFUS, archipresbyter, 93, 132 ; —, episcopus Cabilonensis [977-986], 165 ; —, homo, 87, 184 ; — levita, 145 ; —, pater, 65 ; — presbyter, 145 ; —, testis, 71, 80, 186 ; — (Hugo), 210.
Roena (de), Roenensis, Rocnes (Bonuspar, 25, 92 ; — Tetardus, 25, 27, 29, 30, 92. — *Roanne (Loire)*.
ROLETI (Rotbertus), 207.
ROSELS (Constancius), 192.
Roserias, R-rs (ad), 44 ; — (de) villa, 3, 74 ; — vineæ, 9. — *Rosières, c° de Toulon-sur-Arroux*.
Rossolione (dominus de), 240.17. — *Roussillon* ....

ROTBERTUS = ROBERTUS.
ROTGERIUS, testis, 180, 182, 185.
ROTILDIS, uxor Gunterii, 173.
ROTRUDIS, domina, 78 ; —, uxor, 22, 41-2, 87, 99, 100.
Rua Merdosa, villa, 148. —
RUBERT (Jodzerannus), 179.
RUDOLFUS = RODULFUS.
RUFUS (Durannus), 105, 112 ; — (Hugo), 83 ; — (Petrus), 207 ; — (Pontius), 27 ; — (Rainerius), 143.
RUIL (Artaldus), 79.
Rumannes (in), 204. —
RUNGIFER, R-RS (Olgodus), 167 ; — (Rotbertus), 76 ; — (Seguinus), 166-7.
Runs (prior de), 236. —

Sac*ratio ecclesiæ, 3,165.
Sagonam (ultra), 238.18-29, 241.1. — *La Saône (riv.)*.
Salas = Sales.
Salcine (Hugo de), 22. —
Saleniaco = Saliniaco.
Sales (apud), 229.9, 230.32, 232.27, 235.22, 236.9, 237.24, 238.17, 239.10, 241.3, 244.2; — (domus de), 233.30, 234.11, 240.25, 243.10. — *Salles (Rhône)*.
SALICHERIUS, testis, 199.
Saliniaco (de) Aroldus, 127; — Hugo, 20, 48, 79, 92, 101, 127, 153;— Rotbertus, 101; — Wichardus, 48, 127, 153, 155. — *Saligny (Allier)*.
Salis, Salles = Sales.
SALOMON, faber, 207.
Salon (Oddo de), 232.24. —
Saltu de Cosant, C-nzt, Quosant, subtus Cossam (domus de) 232.3, 233.26, 234.17, 240.13. — Saltum (apud), 236.4. — S-m de Cosan, C-nt, subtus Cosam, Cosant (apud), 229.15, 230.9, 235.16, 237.5, 238.21, 239.24, 241.8. — *Sail-sous-Couzan (Loire)*.
SALVAIONS (Stephanus dictus), 234.28.
SALVAMENTO (Bernardus), 188.
Salvamentum, 179, 194, 221-2, 226.
SALVATOR (sus), 2, 187.
Sancti familia, 105 ; — terra, 10, 209.
Sancto Albano, Albino (de) Anselmus, 206 ; — ecclesia, 102 ; — G., 203 ; — Guicardus, G-cha-s, 225-6 ; — Hugo, 221 ; — Willelmus, 225-6. — Si A-ni de Calmo (ecclesia, 189. — *St-Aubin-en-Charollais*.

Si-Andreæ apostoli (ecclesia), 31. —
Sancto Benigno ecclesia, parrochia, 167. — *St-Berain-sous-Sanvigne*.
So Bonito (Rodulfus de), 21. — *St-Bonnet-de-Vieille-Vigne*.
Sancti Cirici terra, 6. —
Si Cosmæ domus, 230.22, 235.23. — *St-Cosme-lès-Châlon*.
Sancto Desiderio (de) Ansedeus, 45 ; — parrochia, 148 ; — Wilelmus, 212. — *St-Didier....*
Sum Dionisium (ad), 145. —
Sanctam Ecclesiam (capella dicta ad), 152. —
Sæ Euphemiæ ecclesia, 87,184. — *A Martigny-le-Comte*.
Sancti Ferioli, Ferr-i terra, 7,195. — *St-Forgeuil*.
Si Filiberti terra, 64. —
Sancti Gengulfi ecclesia, 189. — *St-Gengoux-le-Royal*.
Si Georgii terra, 180. —
St Germain (Girard, Guillaume de), 113. —
Si Germani abbas, 189. — *St-Germain, à Auxerre (Yonne)*.
Si Grati terra, 29, 52, 79, 160, 206. —
Sancti Joannis, J. Baptistæ altare, 206-7, 210 ; — circuitus, 145 ; — terra, 8,125.
Si Joannis archipresbyter, 202. —
Si Joannis castrum, 48, 107, 131. = Mota Si Joannis.
Si Joannis cœnobium, 193 ; — monasterium, 8. — *St-Jean-de-Maizelle, près Châlon*.
So Juliano (de) Bernardus, 161-2 ; — parrochia, 35, 86 ; — villa, 83. — *St-Julien-de-Civry*.
Si Justi ecclesia, 6, 133 ; — mansus, 96 ; — terra, 49 ; — villa, 44-5. — *St-Just, c^e de Champlecy*.
Si Justi Lugdunensis obedientiarius, 230.8-34, 232.2-7. — *St-Just, à Lyon*.
Sancto Laurentio (de) Hugo, 202 ; — obedientia, 190 ; — parrochia, 88. — *St-Laurent-en-Brionnais?*
Si Leodegarii ecclesia, 21, 132 (mart.) ; — parrochia, 21,48, 51. — *St-Léger-lès-Paray*.
So Luciano (de), 48. —
Sum Lucianum (ad), 64. —
Si Marcelli Cabilonensis, C-onis, Cha-nensis, in suburbio Ca-i, prope C-onem) cœnobium, 213 ; — domus, 232.22, 233.7, 240.22 ; — prior, 233.11 ; — prioratus, 234.7, 238.7. —

S**um** M-lum, M-m de C-é, C-ensem, C-onis, juxta C-nem, Sc-nis (apud), 229.27, 230.28, 232.25, 235. 24, 238.11, 239.13, 241.22, 243.13, 246.12. — *St-Marcel, à Châlon-s.-S.*
S**um** Marcellinum (apud), 237.11. = *précéd.*
S**æ** Margaritæ abbas, 202. — *Ste-Marguerite, à Beaune (C.-d'Or).*
S**a** Margarita in Helincuria (prior de), 238.9. —
Sanctæ Mariæ terra, 64, 180. —
S**æ** Mariæ : *voy.* Bosco.
S**æ** Mariæ : *voy.* Capellam (ad).
S**i** Martini capella, ecclesia, 25. —
S**i** Martini ecclesia, 3,165; — mansus, 6.
S**i** Martini in Campis (prior, 230.20. — *St-Martin-des-Champs, à Paris.*
S**i** Martini Masticonensis (domus, 234.8, 237.26, 240.23. — S**um** M-num M-nsem, Matisc-m, de Vineis prope Masticonem (apud), 229.1, 230.35, 232.26, 235.27, 237.26, 238. 12, 241.1. — *St-Martin-des-Vignes, c° de Mâcon.*
Sancti Nazarii capella, 134; — terra, 7, 195. —
S**i** Nicetii ecclesia, 3. — *St-Nizier-sur-Arroux ou sous-Charmoy.*
S**i** Nicetii, S**i** N-i juxta Bellum Jocum, subtus Bellijocum (domus, 232.2, 233.31 234.9; — prioratus, 237.23. — S**um** N-tium s-s B-m, de Strata (apud), 229.10, 230.34, 238.15. — *St-Nizier-d'Azergues (Rhône).*
S**t** Nycetio (de) = S**i** Nicetii.
Sancti Pauli colonica, 6. —
S**i** Petri cathedra, 202.
S**i** Petri terra, 72, 79. —
S**i** Petri Cabilonis abbas, 230,22. — *St-Pierre, à Châlon.*
S**i** Petri de Chandeyo, C-die, Chanziaco (dominus, 230.23 ; — domus, 233.28, 234,14 ; — prior, 230. 28. — S**um** Petrum de Chandiaco (apud), 241.5. — *St-Pierre-de-Chandieu (Isère).*
S° Prejecto (de) Hugo, 207 ; — Huldris, 133 ; — Vericus, 27. — *St-Prix.*
S° Privato (Guido de), 76. — *St-Privé.*
Sancti Quintini abbas, 16. —
Sancti Rigaudi abbas, 230.11, 232.6-10. — *St-Rigaud, c° de Ligny.*

S**i** Romani ecclesia, 189. — *St-Romain-sous-Gourdon.*
S**i** Romani domus, 233.8, 234.6, 240.7, 246.9. — S**i** R-i (dominus villæ), 230.21 ; — juxta Belnam (prior, 233.10). — S**um** R-num, 246.9 ; — (apud), 230.21, 235.1, 236.11, 237.12, 239.14, 241.21, 243. 14. — *St-Romain-le-Haut (C.-d'Or).*
Sancti Salvatoris terra, 30. —
S° Salvio (prior de), 221. —
S**i** Secani abbas, 233.3. — *St-Seine-l'Abbaye (Côte-d'Or).*
S**i** Simphoriani ecclesia, 27-8, 49, 165 ; — prior, 202. — *St-Symphorien-des-Bois.*
S**i** Stephani abbas, 16. — *St-Etienne, près Autun.*
Sanctum Victorem (capella ad), 6.—
S**i** Vincentii capitulum, 232.26. — *St-Vincent, chap. à Mâcon.*
S**i** Vincentii terra, 206. —
Sanctimonialis habitus, 17 ; — recepta, velata, 229.8.
Santena, villa, 197. — *Santenay (Côte-d'Or).*
Sarron (Hugues de), 163. —
Sau (Guichard de), 133. —
Saules = Sales.
Savigniaci hospitalarius, hostalarius, 229.14. — *Savigny (Rhône).*
Saviliacensis ager, 195. — *Santilly.*
Saviniaco (in) ,6 ; —, villa, 69. — *Savigny-sur-Grosne.*
Scabellis (Hugo de), 93-4, 150-1, 162. —
Scammium, 96. — *Scamnium*, 190. — *Scannium*, 177.
Sciphus argenteus, 10.
Scolaris, 230.28, 233.7-15, 238.11.
Scolis (prior in), 230.14, 238.5, 240. 18-23.
Scotia (de) Humbertus, 39 ; — villa, 39, 59, 97. — *Ecossais, c° de Cronat.*
Scurula (Durannus), 207.
Secretarius ecclesiæ, 25.
Segnoret, testis, 207.
Segualdus, præpositus, 12.
Seguinus, archidiaconus Æduensis, 16, 189 ; —, donator, 68 ; —, filius, 73, 140 ; —, frater, 68 ; — monachus, 130 ; —, præpositus, 117 ; —, prior de Marciniaco, 220 ; —, presbyter, 57 ; —, socius abbatis, 221 ; —, testis, 63, 96. 102. 199.
Seimeriaco (Artaldus de), 44. — *Sommery.*

S¹ Victoris domus, 232.6, 234.21 ; — prior, 234.237. — Sum V-rem (apud), 229.18, 230.7, 233.25, 235, 12, 237.21, 238.27, 243.7. — *St-Victor, cᵒ de.... (Rhône).*
Sella argentea, 10.
Semelayum (apud), 243.1. = Simulay.
Semuro (Girardus de), 231. = *suiv.*
Semuro Briennensi (Perrinus de), 231. — *Semur-en-Brionnais.*
Senior, 8. — *S-res.* 87, 131, 157, 167, 174, 181, 190, 192.
Senonis (actum), 222. — *Sens (Y.).*
Senviniaco (in), 145. = Sine Vinea.
SEPTIMANA (Willelmus), 207.
Sepultura, 19, 21, 97, 100, 102-3, 107, 109-10, 136, 139, 167, 176, 187.
SERGIUS, clericus cardinalis, 207.
Sernay (Guido de), 239.7. —
Servitium, 3,35-6, 55, 58, 90, 97, 109, 124, 127, 134, 139, 143, 184, 206; — Dei. 229. 11 ; divinum, 229.6, 238.20.
Servitutis calumnia, 66.
SESCHAL (Stephanus), 111.
SESCHAS (Bernardus), 200.
Setmur (Gaufredus de), 166-7. = Semuro.
Sextaria, 141.—*S-ius*, 20), 22, 35-6, 41, 44, 70, 98, 123-4, 127, 136, 138, 159.
Sigillum, 221-2, 225-6, 246.10.
Simelay, Similac, S-ayo = Simulay.
Simirie (Artaldus de), 69. = Semuro.
SIMON, testis, 174.
Simulay, S-liacum (apud), 229.23, 230.14, 232.16, 233.14 ; — (de), 235.6 ; — domus, 234-2, 237.16. — *Sémelay (Nièvre).*
Sinemurense castrum, 90. — S-ro (Dalmatius de), 15. = Semuro.
Sine Vinea, castrum, 76. — *Sanvigne.*
Sivignon (de) Hugo,219 ; — Petrus, 219.20. — *Sivignon.*
Societas, 16, 68, 108, 170.
SOFREDUS, camerarius, 221.
Solman (Hugo de), 30. —
Spinacia (Guillaume de), 133.
SPIRIACO (Hugo), 25.
Spirii (Lambertus de), 189. —
Sposion (ecclesia de), 154. = Poisson.
STAGNI (Gaufredus), 166.
STEPHANA, domina 79 ; —, uxor, 18-9, 21, 29, 30, 88, 113.
STEPHANI (Durannus), 207.
STEPHANUS, abbas S⁺ Quintini [XIᵉ *s. fin*]. 16 ; —, archipresbyter, 76 ; a-r S⁺ Joannis, 202 ; —, armarius, 207 ; —, cantor, 189 ; —, decanus, 87 ; —, eleemosinarius Cluniaci, 230 ; —, episcopus Æduensis[1112-3q], 218 ; —, frater, 229-30 ; —, præpositus, 43,211 ; —, presbyter, 27, 88 ; —, servus, 48 ; —, socius in ordine, 229.28 ; —, testis, 35, 42, 71, 140 ; —, vicarius, 143.
Strafort (domus de), 233.4. —
Stratus laneus, 238.11 ; lineus, 235. 2-4-3.
Sulvusi (Hugo de la), 150. —
SUSANNA, fœmina, 159.
Symulay (apud) = Simulay.

T..... (molendinum de), 230.2. — Tablenas (apud), 61. —
Talia, 237.11. — *Tallia*, 221.2, 230.2.
Talmeriaco, villa, 191. — *Thomery, cᵒ Collonge-en-Charollais.*
Taloiers, Taluers, T-uier, T-rs, T-uyers(apud),229.6,230.29,232.28, 235. 18, 236.6, 237.6, 238.19. 239.4, 241.6 ; — (de) domus, 233.27, 234, 15,240.17 ; — prior, 232. - *Taluyer (Rhône).*
Taluxiaco (Aymo de), 237.9.—*Taluchot, cᵒ de Toulon ?*
Tanneio (Jocerannus de), 234.28. —
Tanpestas = Tempestas.
TARABALDUS, testis, 27.
Taschia, 60, 70, 98, 127, 157-8, 206.
Tasneria (campus a la), 90. —
TEBRANNUS, testis, 174.
TECHIT (Ingelhertus), 167.
TEDBALDUS = Theobaldus.
TEGRINUS, testis, 80.
Teli (homines a), 212. = Til.
Telia 30, 138.
Tempestas, 237.13-19-20, 243.9-16.
Temponiaco (in), 145.—
Tenego, rivus, 217. —
Tenementum. 20, 36, 42, 45, 60, 69, 80, 109, 112, 139, 221.
TEODBALDUS = THEOBALDUS.
Tercennariorum missa, 235.2.
Terniacum (apud), 229.8. —
Testamentum. 10, 176, 213.
TETBALDUS = THEOBALDUS.
TETCENDA, serva, 76.
TEUDBALDUS = THEOBALDUS.
TEUDBERTUS, testis, 71.
TEUDINUS, testis, 186.
TEUZA, TEZA, mulier, 170.

Thaluiers = Taloiers.
Theconerias, villa, 6. — *Tassonnières, auj. Droux, c° de Sevrey*.
THEOBALDUS, abbas Cluniacensis [*1179-83*], 221-2 ; —, comes, c-s Cabilonensis [*1039- † v. 1065*], 10-1, 64, 87, 96, 101, 107, 111, 140, 152, 194, 209, 221-2 ; c-s dapifer, 222; nepos comitis, 9,184 ; —, presbyter, 145 ;—, servulus, 48.
THEODORICUS, servus, 82.
THETÆRALS, laudator, 48.
THETMANNI mansus, 112.
Tholon (chasteau de), 228. = Tolon.
THOMAS, clericus. 61.
Tiangis, villa, 143. — *Thianges (Nièvre)*.
Tier, T-rno (Wido de), 87, 152, 203. — *Thiers (P.-de-D.)*
Til (a), 212 ; — (Stephanus de), 212. — *Tilly, c" de St-Aubin-en-Charollais*.
Tilve (Constantius de), 53. —
Timpanille, 243.4.
Tisiacum (apud), 238.28. = *suiv*.
TISIONS (Heldinus), 92.
TISIRE (Letbaldus), 207.
Tissiaco (de) domus de burgo, 234. 22 ; — prioratus, 257.23. — *Thizy (Rhône)*.
Tolfol, villa, 156.—
Tolociaco, villa, 32. — *Tollecy, c° de St-Julien de Civry*.
Tolon, T-nensis, Tolono, Tolun (de) cartæ, 165 ;— decanus, 167 ;— ecclesia, 15, 227 ;— potestas, 167 ; — stagnum, 48 : — villa, 3,165-6, 175, 221-2, 225-6. — *Toulon-sur-Arroux*
Tolosa, 10 — *Tolosa (Esp.)*
Tor (de la) Hugo, 66,152 ; — Seguinus, 57,66. —
Torcularis (domus), 235.1.
TORNULUS (Ayrardus), 82.
TOSINUS (Bernardus), 56.
Treffort (apud), 229.1, 230.26. — *Treffort (Ain)*.
Trenorchium (apud), 176. — *Tournus*.
Trinitas (sa), 206, 214-5, 217, 219, 222.
Troado, Troando (de) domus, 235. 29, 246.8 ; — prior, 243. —T-dum, T-nt, Troaz (apud), 230.18, 232.21, 233.11, 236.15, 243.17. — *Trouhans (Côte-d'Or)*.
Tronce (terra de), 204. — *Troncy*

(*Le*), c° de *Nochize*.
Truandum (apud) = Troandum.
Turiaco (Rodulfus de), 162. — *Toury, c° de Cortembert*.
Turre (dominus de), 230.24. — *La Tour-du-Pin (Isère)*.
Tyse, T-cio (domus de), 232.4, 233, 24. —
Tysiacum (apud), 230.5. = Tissiaco.

U GO = HUGO.
ULDEIRS (Bernardus), 207.
Uldri (ecclesiæ) parrochia, 167. — *Oudry*.
ULGERIUS, servus, 184.
Ulmo (ecclesia Si Albani de), 189. —
Ulmos (piscaria ad), 6. — *Ormes*.
Un... (Hugo de), 43.
UNCBERGIA, uxor, 73.
UNDRADA, ancilla, 84.
Ungren, vineæ, 151. —
Urcinis (de), 237.11. — *Urcy (C.-d'Or)*.
URIOLS (Girardus), 166.
URIUL, URUILS (Bernardus), 82.
Usagia bona, 227. — *U-gium*, 240.5.
Usuaria, 64. — *U-ium*, 204.
Usura, 238.1 à 29, 239.6-12-15.

V ADEPET (Joculator), 207.
VAGULIERS, testis, 207.
VALDET (Heldinus), 53.
Valentiæ, Valentinen, episcopus, 237.39, 246.9. — *Valence (Drôme)*.
Valestinas, V-nes, V-nis (de) Anselmus, 36,127 ; — Fulco, 27 ; — Girardus, 25,70 ; — Girbaldus, 24 ; — Humbertus, 70 ; — illi, 60 ; — Jocerannus, 27,36 ; — Wilelmus, 27. — *Valétine, c° de Colombier-en-Brionnais*.
Valle (mansus de), 220. —
Vallis (mansus in), 8 ; —, villa, 41, 50, 184. — *Vaux*....
Vallis Aurea, cœnobium, 213,214, = Aurea Vallis.
Vals (de) Bernardus, 90 ; — Hugo, 87, 90, 155 ; — Petrus, 90. — *Vaux*....
Varena (a la), terra, 59. —
Varena, V-as, V-nis, V-nnas, V-nes, V-nens, V-nnis (apud), 216 ; — (de) Bernard, 104 ; — Constantinus, 216 ; — Durannus, 221 ; — Gaufredus, 42, 103, 105, 107, 156 ; — Gerardus, Gir-s, 55, 105 ; —

Guillaume, 156 ; — Hugo, 104 ; Jocerannus, Jodc-s, Jodze-s, Josserand, 55. 104, 105, 106, 161 ; — Petrus, Pierre. 105, 156. 161 ; — villa, 112 ; — Wigo, 105, 112 ; — Wilelmus, 105, 107, 111, 161. — *Varennes.*

Varnutias, villa, 73. —
VASLET (Walterius), 166.
Vaura (de) Hugo, 207 ; — villa, 148. *La Vèvre ?*
Velicourt (Guillaume de), 113,119.—
Velorbain. V-ania (de) Gaufridus, 54 ; — Letbaldus, 159. = Villæ Orbanæ.
Velum ante altare in XL ma, 230.14.
Vendenesse. V-si (Jocerannus), 27. — *Vendenesse-lès-Charolles.*
Vercelgum (apud), 160. — *Versaugues.*
Vercheria, 18, 22, 24, 32, 35, 88, 41, 50, 72, 79, 89, 93, 99, 117, 129, 191.
Vergeio, V-erio, V-eyo (de) decanus, 246.10 ; — domus, 234.5, 240.6. — V-cium, V-eyum, Vergiacum (apud), 230.20, 232.20-23, 233.9, 235.2. 236.13, 237.13, 238.8, 239.15, 241.20, 243.15, 246.9 10. — *Vergy (Côte-d'Or).*
Vernol, V-nul [de] Atto, 49 ; — Bernardus, 49. 97 ; — villa, 58.— *Verneuil.*
Verreriis, mansus, 93. —
Verreris, locus, 150. — *Verrière-la-Grande.*
VERT (Girbaldus), 34.
VESONTIOLA (Gaufredus, Hugo, Wilelmus), 151.
Vestiarium, 235.14, 238.11, 241.12, 243.5, 246.18.
Vetul', V-lac', V-ai', V-lis (de) Vilelmus, Vui-s, Wi-s, 108, 111, 115-6. —
Vetula Curia (Vuilelmus de), 97. — *Viécours, c° de St-G....*
Vetulæ Fontis pratum, 93. —
Vetulas Milerias, campus, 103 ; — villa, 187. —
VETULUS (Rainerius), 123.
Vetus Vinea, villa, 176. — *St-Bonnet-de-Vieille-Vigne.*
Vcura (in), 32. — *Le Vevra, c° de St-Julien-de-Civry.*
VICARIUS (Adalbertus), 215.
Vichiaco (Tetardus dc), 144. — *Vichy (Allier).*
Vico (domus de), 204. —
Victriacensis parrochia, 120.— *Viry.*

Vigiaco (Rotbertus de), 207. —
Vilate (apud), 280.27. = Villeta.
Vileret = Villeret.
Vilers (de) Jocerannus, Jotc-s, 17,20, 107,119, 158, 210 ; — Richard, 121 ; — Wicardus, 109. — *Villers.*
Vilete (apud), 237.8. = Villeta.
Villa Nova (de) domus, 232.10, 234. 19, 240.12 ; — prior, 237 ; — prioratus, 233.27 ; — villa, 185. — V-am N-am (apud), 229.18, 230.11, 233.19, 235.13, 236.2, 237.22, 238.25, 239.2. 241.10, 243.7. — *Villeneuve (Ain).*
Villæ Orbanæ, Ur-æ (Jodcerannus, 86 ; — Letbaldus, 97. — *Villorbaine.*
Villareium, villa, 224. —
Villata (domus de), 233.2. = Villeta.
Villena (de) mansus, 22 ; — villa, 99. — *Villaine.*
Villerel, villa, 100. = Villeret.
Villeret (de), 56 ; — Deodatus, Girardus, 50 ; — mansus, 22 ; — villa, 50. — V-t, V-tum (in), 56, 145. — *Villeret.*
Villeta (domus de), 232.31. — *Villette (Ain).*
Villon (de) Achardus, 22 ; — Girbaldus, Rainerius, 34. —
Villula, 148, 212, 214.
Vilorbana, V-ne (de) Bertrannus, 25 ; — Gaufridus, 28. = Villæ Orbanæ.
VIMBERGA, mulier, 51.
Vinal (Walterius de), 200. —
Vinam (ad), 41. —
Vinario (Constantinus de), 44.—
VINCENTIUS (sus), 188.
Vinzæ (Girardus), 34. —
Viridiarium, 69, 93.
VISUNTIOLE (Gaufridus), 59.
VITALIS (Bernardus), 136.
Vitreæ, 235.8-9, 243.15.
Vitri, V-iacensis, V-co, V-ie (dc), barrochia, 48,112 ; — ecclesia, 18 ; — parochia, 118 ; — Petrus, 202 ; — Rodulfus, 95, 200 ; — Seguinus, 107. — *Vitry-en-Charollais.*
Vivent, V-tio, V-ntz, V-nz (de) terra, 145 ; — villa, 6, 151, 154, 157, 158. — *Vivent, c° de....*
Volabrensis ager, 125. — *Volesvres.*
Volabro (decimus de), 204.= *précéd.*
Volauro, ecclesia, 59. = *précéd.*
Voldrach, fluvius, 52. — *L'Oudrache, riv.*

Volobrensis villa, 81. = Volab-s.
Vosensola (de) Gaufredus, Hugo, Wilelmus, 154. —

WALBURGA, uxor, 69.
WALO, testis, 77, 134, 188.
WALTERIUS, archidiaconus [Æduen.], 189 ; —, decanus [Æduen., *1055*], 16 ; —, episcopus Æduensis [*v. 977-†1024*], 15,213 ; —, filius, 74 ; —, infans, 170 ; —, pontonarius, 130 ; —, servus, 116, 151 ; —, testis, 29, 77, 85, 140, 199.
WANDALMUDA, soror, 84.
Werpire, 76, 87, 91, 142, 167, 177, 189, 208.
Werpitio, 49, 66, 68, 82, 103, 115, 179.
WICHARDUS, camararius, 190 ; —, eleemosynarius, 46, 47, 48 ; — filius, 44, 45, 140 ; —, frater, 18 ; —, monachus, 212 ; —, obedientiarius, 171, 175 ; —, testis, 21,98.
WIDO, abbas, 213 ; —, archidiaconus [Æduen.],16,25 ; [Nivernen.], 145 ; —, comes, 213 ; —, domnus, 171 ; —, donator, 8 ; — filius, 99 ; — nauta, 123 ; —, presbyter, 212 ; —, testis, 58, 134.
WIGO, filius, 99 ; —, testis, 100.
WILELMUS, WILL-S, clericus com.

Cabilon. 229 ; —, comes, 185 ; Cabilonensis [*I, 1113-v. 1168*]; 201, 204, 209 ; [*II,1168-1203*], 221, 222 ; —, —Nivernensis [*1089-*], 189 ; —, filius, 17 ; —, Judæus, 6, —, testis, 17,32, 74, 184, 210.
WILENGUS, testis, 213.
WINEBALD (Rainardus), 48.
WINEBALDUS, testis, 193.
WINEBALT. mancipium, 71.
WITBERTUS, miles, 8.
WITBURGIS, mater, 210.
WLFERIUS, miles, 86.

XARTINES (Hugo), 190.

YMARUS, testis, 196.
YSABELLIS, uxor, 242.
YSARDUS, episcopus, 165.
YSILIARDUS, miles, 168.
Yspania. 237.19. — *Espagne.*
Yvo, abbas [Cluniacensis *II, 1275-† 1289*], 236.16.

ZACARIAS, canonicus Autisiodorensis, 225.
Zucdebulda (villa de), 204.— *Zublé*, c° *de Massy.*

Montbéliard.— Imp. P. HOFFMANN.

Chevalier, Ulysse (éd.)
Mémoires de la société

4650

www.ingramcontent.com/pod-product-compliance
Lightning Source LLC
Chambersburg PA
CBHW061955180426
43198CB00036B/1189